D1868693

Ganz blaues Meer

Eine literarische Seefahrt

Herausgegeben von
German Neundorfer

Fischer Taschenbuch Verlag

Originalausgabe

Veröffentlicht im Fischer Taschenbuch Verlag,
einem Unternehmen der S. Fischer Verlag GmbH,
Frankfurt am Main, Juni 2010

Für diese Ausgabe:
© S. Fischer Verlag GmbH, Frankfurt am Main 2010
Satz: MedienTeam Berger, Ellwangen
Druck und Bindung: CPI – Clausen & Bosse, Leck
Printed in Germany
ISBN 978-3-596-90278-1

Unsere Adressen im Internet:
www.fischerverlage.de
www.fischer-klassik.de

Inhalt

Drittes Kapitel

In welchem von den gefährlichen Fahrten und Schiffbrüchen und vom wankenden Glück auf hoher See berichtet wird
Begleitet von einer philosophischen Nachbemerkung

Viertes Kapitel

Das von den Sitten und Gebräuchen der Piraten und Flibustier erzählt und davon, was man in einer Apfeltonne hört
Gefolgt von einer erhellenden Weisung der Stadt Hamburg

Fünftes Kapitel

In welchem von den natürlichen und den künstlichen Inseln die Rede ist
Vermehrt um Nachrichten von den Gewürzinseln in Scheerau

Sechstes Kapitel

Welches einen Blick eröffnet auf die mythologische Vielfalt der Meeresbewohner, auf die Propheten und vielgestaltigen Fische
Ergänzt um einen Blick auf die neuen Meergötter

Siebentes Kapitel

Das sich dem geheimnisvollen Verschwinden der Seemänner widmet, fürderhin dem Schrecken der Gespensterschiffe und den späten Konsequenzen des fliegenden Holländers
Gemäßigt durch aufklärende Worte zum Seespuk

Achtes und abschließendes Kapitel

Worin sehr knapp von Meeresimpressionen vornehmlich in den bildenden Künsten gehandelt wird
Mit einer Schlusskadenz aus Königsberg

Friedrich Schiller

Die Majestät der Natur – Einleitende Worte

Solange der Mensch bloß Sklave der physischen Notwendigkeit war, aus dem engen Kreis der Bedürfnisse noch keinen Ausgang gefunden hatte und die hohe *dämonische* Freiheit in seiner Brust noch nicht ahndete, so konnte ihn die *unfaßbare* Natur nur an die Schranken seiner Vorstellungskraft, und die *verderbende* Natur nur an seine physische Ohnmacht erinnern. Er mußte also die erste mit Kleinmut vorübergehen und sich von der andern mit Entsetzen abwenden. Kaum aber macht ihm die freie Betrachtung gegen den blinden Andrang der Naturkräfte Raum, und kaum entdeckt er in dieser Flut von Erscheinungen etwas Bleibendes in seinem eigenen Wesen, so fangen die wilden Naturmassen um ihn herum an, eine ganz andere Sprache zu seinem Herzen zu reden: und das relativ Große außer ihm ist der Spiegel, worin er das absolut Große in ihm selbst erblickt. Furchtlos und mit schauerlicher Lust nähert er sich jetzt diesen Schreckbildern seiner Einbildungskraft und bietet absichtlich die ganze Kraft dieses Vermögens auf, das Sinnlich-Unendliche darzustellen, um, wenn es bei diesem Versuche dennoch erliegt, die Überlegenheit seiner Ideen über das Höchste, was die Sinnlichkeit leisten kann, desto lebhafter zu empfinden. Der Anblick unbegrenzter Fernen und unabsehbarer Höhen, der weite Ozean zu seinen Füßen und der größere Ozean über ihm entreißen seinen Geist der engen Sphäre des Wirklichen und der drückenden Gefangenschaft des physischen Lebens. Ein größerer Maßstab der Schätzung wird ihm von der simpeln Majestät der Natur vorgehalten, und von ihren großen Gestalten umgeben, erträgt er das Kleine in seiner Denkart nicht mehr. Wer weiß, wie manchen Lichtgedanken oder Heldenentschluß, den kein Studierkerker und kein Gesellschaftsaal zur Welt gebracht haben möchte, nicht schon dieser mutige Streit des Gemüts mit dem großen Naturgeist auf einem Spaziergang gebar – wer weiß, ob es nicht dem seltenern Verkehr mit diesem großen Genius zum Teil zuzuschreiben ist, daß der Charakter der Städter sich so gerne zum Kleinlichen wendet, verkrüppelt und welkt, wenn der Sinn des Nomaden offen und frei bleibt, wie das Firmament, unter dem er sich lagert.

Erstes Kapitel

Welches von dem Menschen und dem Meer, der bildenden Kraft der Meere und vom großen Schweigen erzählt
Nebst einer Bemerkung zur Hebung des Fremdenverkehrs

Johann Christoph Adelung

Das Meer

Das Meer, des -es, *plur.* die -e, Diminut. das Meerchen, Oberd. Meerlein. 1) * Überhaupt, eine jede große Masse Wassers, eine Sammlung vielen Wassers. In dieser weitesten im Hochdeutschen ungewöhnlichen Bedeutung heißt in der Deutschen Bibel 1 Kön. 7, 23 f. 2 Kön. 25, 13 u. s. f. das große eherne Wasserfaß in dem Vorhofe des Tempels, nach dem Vorgange des Hebräischen Grundtextes, das eherne Meer. Im Mittlern Lat. kommt in einer Urkunde Herzogs Hugo von Burgund bey dem Du Fresne *Mare vitreum* gleichfalls von einem gläsernen Gefäße vor. 2) In engerm Verstande, eine beträchtliche Sammlung Wassers auf dem Erdboden, besonders eine solche, auf welcher das Wasser Wellen schläget; in welchem Verstande verschiedene Landseen oder stehende Wassersammlungen, welche keinen sichtbaren Abfluß haben, oder rings um mit Land umgeben sind, ein Meer genannt werden. Dahin gehören nicht nur das todte Meer und das Galiläische Meer im Jüdischen Lande, welche eigentlich beträchtliche Landseen sind, sondern auch das Kaspische Meer in dem nördlichen Asien. Am Niederrheine und in Nieder-Deutschland ist diese Benennung noch sehr üblich, wo mehrere beträchtliche Landseen Meere genannt werden. Dahin gehören das Harlemer Meer in der Provinz Holland, das Lacher Meer im Trierschen, das Steinhuder Meer im Bückeburgischen, welches über eine Meile lang und eine halbe breit ist, und andere mehr. Außer diesen Fällen, in welchen es als ein eigenthümlicher Nahme angesehen wird, ist es im Hochdeutschen in dieser Bedeutung nicht üblich. 3) Am häufigsten und gewöhnlichsten wird die große Sammlung Wassers, welche das feste Land des Erdbodens umgibt, und welches auch die See, das Weltmeer heißt, das Meer schlechthin genannt. Das Wasser, die Fische im Meer. Ein Sturm auf dem Meere Jenseit des Meeres. Auf dem Meere fahren. Im

Meere fischen. Ein am Meere gelegenes Land. In vielen Fällen ist es gleichgültig, ob man in diesem Verstande See oder Meer gebraucht, in allen aber nicht. So sagt man nicht zu Meere fahren, zu Meere handeln, eine Reise zu Meer u. s. f. wo nur allein See üblich ist. Überhaupt ist im Niederdeutschen, und der ganzen daher rührenden Seesprache in diesem Verstande das Wort See üblicher, so wie Meer den Oberdeutschen am geläufigsten zu seyn scheinet. Einzelne Theile dieses großen Weltmeeres führen im Hochdeutschen häufiger den Nahmen des Meeres als der See, ja einige leiden das letztere Wort gar nicht. Das rothe Meer, das schwarze Meer, das weiße Meer, das mittelländische Meer, das Griechische Meer, das Eismeer, das atlantische Meer, das stille Meer, das Japanische Meer u. s. f. Dagegen in Nordsee, Ostsee, Südersee, Südsee, und andern das Wort See üblicher ist. Figürlich pflegt man, besonders in der höhern Schreibart, auch wohl eine jede große Menge ein Meer zu nennen.

Wie brausend
Ein Meer von Feinden ihn umfing,
Raml.

Anm. Dieses alte und sehr weit ausgebreitete Wort lautet bey dem Notker *ther Mere,* bey dem Ulphilas *Marei,* im Schwed. und Isländ. *Mar,* im Angels. *Mere,* im Bretagnischen *Mor,* im Lat. *Mare,* im Böhm. und Russ. *More,* bey den Krainerischen Wenden *Murje,* im Lettischen *Marrios,* im Esthnischen *Merri,* im Pohln. *Morze.* Es scheinet den Begriff der Menge, und den damit verbundenen Begriff der Bewegung zu haben, und zu dem Geschlechte unsers mehr, *plus,* mähren, rühren, sich bewegen, des Griech. μυρειν, fließen, u. a. m. zu gehören. Die figürliche Bedeutung der Menge, in welcher See nicht üblich ist, bestätiget diese Ableitung. Unser Moor und Morast sind nur auf eine entferntere Art damit verwandt, indem selbige zunächst zu der Familie des Wortes mürbe, Nieders. mör, gehören. In der Zusammensetzung bedeutet es theils etwas, was dem Meere eigen ist, von demselben gesagt wird, theils Dinge, welche in und an dem Meere angetroffen werden, theils aber auch Körper, welche über Meer, oder vermittelst der Schifffahrt zu uns kommen, wie in Meerschwein, Meerkatze u. s. f. Viele derselben sind auch mit dem Worte See üblich, viele aber auch nicht, so wie andere nur das See allein leiden.

Charles Baudelaire

Der Mensch und das Meer

Freier mensch! das meer ist dir teuer allzeit ·
Es ist dein spiegel · das meer · du kannst dich beschauen
In seiner wellen unendlichem rollendem grauen ·
In deinem geist ist ein abgrund nicht minder weit.

Gerne versenkest du dich tief in dein bild ·
Ziehst es an dich mit auge und hand – deine sinne
Halten manchmal im eigenen tosen inne
Bei dem geräusch dieser klage unzähmbar und wild.

Beide lebt ihr in finstrer und heimlicher flucht.
Mensch noch sind unerforscht deine innersten gründe!
Meer noch sind unentdeckt deine kostbarsten schlünde!
Euer geheimnis bewahrt ihr mit eifersucht.

Und seit unzähligen jahren rollet ihr weiter
Ohne mitleid ohne reuegefühl ·
So sehr liebet ihr blut und totengewühl –
Unversöhnliche brüder! ewige streiter!

Heinrich Heine

Geister der Nordsee

Es geht ein starker Nordostwind, und die Hexen haben wieder viel Unheil im Sinne. Man hegt hier nämlich wunderliche Sagen von Hexen, die den Sturm zu beschwören wissen; wie es denn überhaupt auf allen nordischen Meeren viel Aberglauben giebt. Die Seeleute behaupten, manche Insel stehe unter der geheimen Herrschaft ganz besonderer Hexen, und dem bösen Willen derselben sei es zuzuschreiben, wenn den vorbeifahrenden Schiffen allerlei Widerwärtigkeiten begegnen. Als ich voriges Jahr einige Zeit auf der See lag, erzählte mir der Steuermann unseres Schiffes, die Hexen wären besonders mächtig auf der Insel Wight, und suchten jedes Schiff, das bei Tage dort vorbeifahren wolle, bis zur Nachtzeit aufzuhalten, um es alsdann an Klippen oder an die Insel selbst zu treiben. In solchen Fällen höre man diese Hexen so laut durch die Luft sausen und um das Schiff herumheulen, daß der Klabotermann ihnen nur mit vieler Mühe widerstehen könne. Als ich nun fragte, wer der Klabotermann sei, antwortete der Erzähler sehr ernsthaft: Das ist der gute, unsichtbare Schutzpatron der Schiffe, der da verhütet, daß den treuen und ordentlichen Schiffern Unglück begegne, der da überall selbst nachsieht und sowohl für die Ordnung, wie für die gute Fahrt sorgt. Der wackere Steuermann versicherte mit etwas heimlicherer Stimme, ich könne ihn selber sehr gut im Schiffsraume hören, wo er die Waaren gern noch besser nachstaue, daher das Knarren der Fässer und Kisten, wenn das Meer hoch gehe, daher bisweilen das Dröhnen unserer Balken und Bretter; oft hämmere der Klabotermann auch außen am Schiffe, und Das gelte dann dem Zimmermanne, der dadurch gemahnt werde, eine schadhafte Stelle ungesäumt auszubessern; am liebsten aber setze er sich auf das Bramsegel, zum Zeichen, daß guter Wind wehe oder sich nahe. Auf meine Frage, ob man ihn nicht sehen könne, erhielt ich zur

Antwort: nein, man sähe ihn nicht, auch wünsche Keiner ihn zu sehen, da er sich nur dann zeige, wenn keine Rettung mehr vorhanden sei. Einen solchen Fall hatte zwar der gute Steuermann noch nicht selbst erlebt, aber von Andern wollte er wissen, den Klabotermann höre man alsdann vom Bramsegel herab mit den Geistern sprechen, die ihm unterthan sind; doch wenn der Sturm zu stark und das Scheitern unvermeidlich würde, setze er sich auf das Steuer, zeige sich da zum erstenmal und verschwinde, indem er das Steuer zerbräche. Diejenigen aber, die ihn in diesem furchtbaren Augenblick sähen, fänden unmittelbar darauf den Tod in den Wellen.

Der Schiffskapitän, der dieser Erzählung mit zugehört hatte, lächelte so fein, wie ich seinem rauhen, wind- und wetterdienenden Gesichte nicht zugetraut hätte, und nachher versicherte er mir, vor funfzig und gar vor hundert Jahren sei auf dem Meere der Glaube an den Klabotermann so stark gewesen, daß man bei Tische immer auch ein Gedeck für Denselben aufgelegt, und von jeder Speise, etwa das Beste, auf seinen Teller gelegt habe, ja, auf einigen Schiffen geschähe Das noch jetzt. –

Ich gehe hier oft am Strande spazieren und gedenke solcher seemännischen Wundersagen. Die anziehendste derselben ist wohl die Geschichte vom fliegenden Holländer, den man im Sturm mit aufgespannten Segeln vorbeifahren sieht und der zuweilen ein Boot aussetzt, um den begegnenden Schiffern allerlei Briefe mitzugeben, die man nachher nicht zu besorgen weiß, da sie an längst verstorbene Personen adressiert sind. Manchmal gedenke ich auch des alten, lieben Märchens von dem Fischerknaben, der am Strande den nächtlichen Reigen der Meernixen belauscht hatte und nachher mit seiner Geige die ganze Welt durchzog und alle Menschen zauberhaft entzückte, wenn er ihnen die Melodie des Nixenwalzers vorspielte. Diese Sage erzählte mir einst ein lieber Freund, als wir, im Koncerte zu Berlin, solch einen wundermächtigen Knaben, den Felix Mendelssohn-Bartholdy, spielen hörten.

Einen eigenthümlichen Reiz gewährt das Kreuzen um die

Insel. Das Wetter muß aber schön sein, die Wolken müssen sich ungewöhnlich gestalten, und man muß rücklings auf dem Verdecke liegen und in den Himmel sehen und allenfalls auch ein Stückchen Himmel im Herzen haben. Die Wellen murmeln alsdann allerlei wunderliches Zeug, allerlei Worte, woran liebe Erinnerungen flattern, allerlei Namen, die wie süße Ahnung in der Seele wiederklingen – »Evelina!« Dann kommen auch Schiffe vorbeigefahren, und man grüßt, als ob man sich alle Tage wiedersehen könnte. Nur des Nachts hat das Begegnen fremder Schiffe auf dem Meere etwas Unheimliches; man will sich dann einbilden, die besten Freunde, die wir seit Jahren nicht gesehen, führen schweigend vorbei und man verlöre sie auf immer.

Ich liebe das Meer wie meine Seele.

Oft wird mir sogar zu Muthe, als sei das Meer eigentlich meine Seele selbst; und wie es im Meere verborgene Wasserpflanzen giebt, die nur im Augenblick des Aufblühens an dessen Oberfläche heraufschwimmen, und im Augenblick des Verblühens wieder hinabtauchen, so kommen zuweilen auch wunderbare Blumenbilder heraufgeschwommen aus der Tiefe meiner Seele, und duften und leuchten und verschwinden wieder – »Evelina!«

Man sagt, unfern dieser Insel, wo jetzt Nichts als Wasser ist, hätten einst die schönsten Dörfer und Städte gestanden, das Meer habe sie plötzlich alle überschwemmt, und bei klarem Wetter sähen die Schiffer noch die leuchtenden Spitzen der versunkenen Kirchthürme, und mancher habe dort in der Sonntagsfrühe sogar ein frommes Glockengeläute gehört. Die Geschichte ist wahr; denn das Meer ist meine Seele –

Johann Gottfried Herder

Von der bildenden Kraft der Meere

Ich will nur einige Worte über die Ufer des Meers sagen: sein Schauplatz ist so weit, als mannigfaltig und groß die Aussicht des festen Landes. Was ist's, das Asien so zusammenhängend an Sitten und Vorurtheilen, ja recht eigentlich zum ersten Erziehungshause und Bildungsplatz der Völker gemacht hat? Zuerst und vorzüglich, daß es solch eine große Strecke festen Landes ist, in welchem Völker sich nicht nur leicht fortbreiten, sondern auch lange und immer zusammenhangen mußten, sie mochten wollen oder nicht. Das große Gebirge trennt Nord- und Süd-Asien; sonst aber trennet diese weiten Strecken kein Meer; der einzige Caspische See ist als ein Rest des alten Weltmeers am Fuß des Caukasus stehengeblieben. Hier fand also die Tradition so leicht ihren Weg, und konnte durch neue Traditionen aus derselben oder einer andern Gegend verstärkt werden. Hier wurzelte also alles so tief, Religion, Vateransehen, Despotismus! Je naher nach Asien, desto mehr sind diese Dinge als alte ewige Sitte zu Hause, und ungeachtet aller Verschiedenheiten einzelner Staaten sind sie über das ganze Südasien gebreitet. Das nördliche, das durch hohe Bergmauern von jenem geschieden ist, hat sich in seinen vielen Nationen anders, aber trotz aller Verschiedenheit der Völker unter sich, auf einen ebenso einförmigen Fuß gebildet. Der ungeheuerste Strich der Erde, die Tartarey, wimmelt von Nationen verschiedner Abkunft, die doch beynah alle auf Einer Stufe der Kultur stehen: denn kein Meer trennt sie; sie tummeln sich alle umher auf einer großen, nordwärts hinab gesenkten Tafel.

Dagegen, was macht das kleine rothe Meer für Unterscheidung! Die Abessinier sind ein Arabischer Völkerstamm, die Aegypter ein Asiatisches Volk: und welch eine andre Welt von Sitten und Lebensweise errichtete sich unter ihnen! An den untersten Ecken von Asien zeigt sich ein Gleiches. Der kleine Persische Meerbusen, wie sehr trennt er Arabien und Persien! Der kleine Malayische Sinus, wie sehr unterscheidet er die Malayen und Kambojer voneinander! Bei Afrika ist's offenbar, daß die Sitten seiner Einwohner weniger verschieden sind, weil diese durch keine Meere und Meerbusen, sondern vielleicht nur durch die Wüsten voneinander getrennt werden. Auch fremde Nationen haben daher weniger auf dasselbe wirken können, und uns, die wir alles durchkrochen haben, ist dieser ungeheure Erdtheil so gut als unbekannt; bloß und allein, weil er keine tiefe Einschnitte des Meers hat und sich wie ein unzugangbares Goldland mit Einer stumpfen Strecke ausbreitet. Amerika ist vielleicht auch deswegen voll so viel kleiner Nationen*, weil es nord- und südlich mit Flüssen, Seen und Bergen durchschnitten und zerhackt ist. Seiner Lage nach ist's von außen das zugangbarste Land, da es aus zwey Halbinseln bestehet, die nur durch einen engen Isthmus zusammen hangen, an dem die tiefe Einbucht noch einen Archipelagus von Inseln bildet. Es ist also gleichsam ganz Ufer: und daher auch der Besitz fast aller europäischen Seemächte, so wie im Kriege immer der Apfel des Spiels. Günstig ist diese Lage für uns Europäische Räuber; ungünstig war seine innere Durchschnittenheit für die Bildung der alten Einwohner. Sie lebten von einander durch Seen und Ströme, durch plötzlich abbrechende Höhen und Tiefen zu sehr gesondert, als daß die Kultur Eines Erdstrichs oder das alte Wort der Tradition ihrer Väter sich wie in dem breiten Asien hätte befestigen und ausbreiten mögen.

Warum zeichnet sich Europa durch seine Verschiedenheit von Nationen, durch seine Vielgewandtheit von Sitten und Künsten, am meisten aber durch die Wirksamkeit aus, die es auf alle Theile der Welt gehabt hat? Ich weiß wohl, daß es einen Zusammenfluß von Ursachen gibt, den wir hier nicht auseinander leiten können; physisch aber ist's unleugbar, daß sein durchschnittenes, vielge-

* Die selbst in ihren Sprachen gar keine Uebereinstimmung zeigen; Herr von *Humboldt* fand dieses.

staltiges Land mit dazu eine veranlassende und fördernde Ursache gewesen. Als auf verschiednen Wegen und zu verschiednen Zeiten sich die Völker Asiens hieher zogen: welche Buchten und Busen, wie viele und verschieden laufende Ströme, welche Abwechselung kleiner Bergreihen fanden sie hier! Sie konnten zusammen sein und sich trennen, auf einander wirken und wieder in Friede leben; der vielgegliederte kleine Welttheil ward also der Markt und das Gedränge aller Erdvölker im kleinen. Das einzige mittelländische Meer, wie sehr ist es die Bestimmerin des ganzen Europa worden! so daß man beynah sagen kann, daß dies Meer allein den Ueber- und Fortgang aller alten und mittlern Kultur gemacht habe. Die Ostsee stehet ihm weit nach, weil sie nördlicher, zwischen härtern Nationen und unfruchtbarern Ländern, gleichsam auf einer Nebenstraße des Weltmarkts, liegt; indessen ist auch sie dem ganzen Nord-Europa das Auge. Ohne sie wären die meisten ihr angränzenden Länder barbarisch, kalt und unbewohnbar. Ein gleiches ist's mit dem Einschnitt zwischen Spanien und Frankreich, mit dem Canal zwischen diesem und England, mit der Gestalt Englands, Italiens, des alten Griechenlands. Man ändere die Gränzen dieser Länder, nehme hier eine Meerenge weg, schließe dort eine Straße zu, und die Bildung und Verwüstung der Welt, das Schicksal ganzer Völker und Welttheile geht Jahrhunderte durch auf einem andern Wege.*

* Selbst im Kleinern. Ohne den Vier-Waldstetten See wäre keine Schweiz entstanden.

Friedrich Nietzsche

Im grossen Schweigen

Hier ist das Meer, hier können wir der Stadt vergessen. Zwar lärmen eben jetzt noch ihre Glocken das Ave Maria – es ist jener düstere und thörichte, aber süsse Lärm am Kreuzwege von Tag und Nacht –, aber nur noch einen Augenblick! Jetzt schweigt Alles! Das Meer liegt bleich und glänzend da, es kann nicht reden. Der Himmel spielt sein ewiges stummes Abendspiel mit rothen, gelben, grünen Farben, er kann nicht reden. Die kleinen Klippen und Felsenbänder, welche in's Meer hineinlaufen, wie um den Ort zu finden, wo es am einsamsten ist, sie können alle nicht reden. Diese ungeheure Stummheit, die uns plötzlich überfällt, ist schön und grausenhaft, das Herz schwillt dabei. – Oh der Gleissnerei dieser stummen Schönheit! Wie gut könnte sie reden, und wie böse auch, wenn sie wollte! Ihre gebundene Zunge und ihr leidendes Glück im Antlitz ist eine Tücke, um über dein Mitgefühl zu spotten! – Sei es drum! Im schäme mich dessen nicht, der Spott solcher Mächte zu sein. Aber ich bemitleide dich, Natur, weil du schweigen musst, auch wenn es nur deine Bosheit ist, die dir die Zunge bindet: ja, ich bemitleide dich um deiner Bosheit willen! – Ach, es wird noch stiller, und noch einmal schwillt mir das Herz: es erschrickt vor einer neuen Wahrheit, *es kann auch nicht reden*, es spottet selber mit, wenn der Mund Etwas in diese Schönheit hinausruft, es geniesst selber seine süsse Bosheit des Schweigens. Das Sprechen, ja das Denken wird mir verhasst: höre ich denn nicht hinter jedem Worte den Irrthum, die Einbildung, den Wahngeist lachen? Muss ich nicht meines Mitleidens spotten? Meines Spottes spotten? – Oh Meer! Oh Abend! Ihr seid schlimme Lehrmeister! Ihr lehrt den Menschen *aufhören*, Mensch zu sein! Soll er sich euch hingeben? Soll er werden, wie ihr es jetzt seid, bleich, glänzend, stumm, ungeheuer, über sich selber ruhend? Über sich selber erhaben?

Klabund

Das Meer

Ich schwelle in meiner Flut über die Erde.
Es wirft meine wilde Welle Tang an den Strand,
Muscheln, violette Quallen und kleine Seepferde.

Aber der Ekel zischt, daß ich mich gezeigt.
Ich krieche in mich zurück,
Und der Nordwind schweigt.

Ebbe ist … Kinder gehen, sammeln, suchen
Und sehen Krabben, nasse Sterne,
Erstaunlichstes Getier.

Ich aber bin längst in der Ferne wieder bei mir.

Und was ich an den Strand warf, stirbt in der Luft
Oder in des Menschen Hand. –
Nur die Taschenkrebse graben sich
Mit ihren Scheren in den Sand.
Sechs Stunden warten sie bis zur nächsten Flut. –
Die Taschenkrebse kennen mich gut.

Georg Christoph Lichtenberg

Warum hat Deutschland noch kein großes öffentliches Seebad?

Diese Frage ist, dünkt mich, vor mehreren Jahren schon einmal im Hannöverschen Magazin aufgeworfen worden. Ob sie jemand beantwortet hat, weiß ich nicht zuverlässig, ich glaube es aber kaum. Noch weniger glaube ich, daß eine öffentliche Wiederholung derselben jetzt nicht mehr Statt findet. Denn wo gibt es in Deutschland ein Seebad? Hier und da vielleicht eine kleine Gelegenheit sich an einem einsamen Ort, ohne Gefahr und mit Bequemlichkeit in der See zu baden, die sich allenfalls jeder, ohne jemanden zu fragen, selbst verschaffen kann, mag wohl alles sein. Allein wo sind die Orte, die, wie etwa Brighthelmstone, Margate und andere in England, in den Sommermonaten an Frequenz selbst unsere berühmtesten einländischen Bäder und Brunnenplätze übertreffen? Ich weiß von keinem. Ist dieses nicht sonderbar? Fast in jedem Dezennium entsteht ein neuer Bad- und Brunnenort, und hebt sich, wenigstens eine Zeit lang. *Neue Bäder heilen gut.* Warum findet sich bei dieser Bereitwilligkeit unsrer Landsleute, sich nicht bloß neue Bäder empfehlen, sondern sich auch wirklich dadurch heilen zu lassen, kein spekulierender Kopf, der auf die Einrichtung eines Seebades denkt? Vielleicht kömmt durch diese neue Erinnerung die Sache einmal ernstlich zur Sprache, wo nicht in einem medizinischen Journal, doch in einem des Luxus und der Moden, oder, weil die Sache auf beide Bezug hat, in beiden zugleich. Bis dahin mögen einige flüchtige Bemerkungen eines Laien in der Heilkunde, der seinem Aufenthalte zu Margate die gesündesten Tage seines Lebens verdankt, hier stehen. An empfehlenden Zeugnissen einiger der ersten Eingeweiheten in der Wissenschaft fehlt es ihm indessen nicht; er hält sie aber bei einer so ausgemachten Sache, wenigstens hier für entbehrlich. Denn weder der *Medecin Penseur* noch der *Medecin Seigneur* werden jetzt den Nutzen des Seebades leugnen. Von dem erstern wenigstens ist nichts zu befürchten, und der andere würde schweigen, sobald man ihm sagte, daß in England nicht allein eine sehr hohe Noblesse, sondern die Königliche Familie selbst, vermutlich durch Penseurs und den glücklichsten unverkennbaren Erfolg geleitet, sich dieser Bäder jetzt vorzüglich bedient. Was aber außer der Heilkraft jenen Bädern einen so großen Vorzug vor den inländischen gibt, ist der unbeschreibliche Reiz den ein Aufenthalt am Gestade des Weltmeers in den Sommermonaten, zumal für den Mittelländer hat. Der Anblick der Meereswogen, ihr Leuchten und das Rollen ihres Donners, der sich auch in den Sommermonaten zuweilen hören läßt, gegen welchen der hochgepriesene Rheinfall wohl bloßer Waschbecken-Tumult ist; die großen Phänomene der Ebbe und Flut, deren Beobachtung immer beschäftiget ohne zu ermüden; die Betrachtung, daß die Welle, die jetzt hier meinen Fuß benetzt, ununterbrochen mit der zusammenhängt, die Otaheite und China bespült, und die große Heerstraße um die Welt ausmachen hilft; und der Gedanke, dieses sind die Gewässer, denen unsre bewohnte Erdkruste ihre Form zu danken hat, nunmehr von der Vorsehung in diese Grenzen zurück gerufen, – alles dieses, sage ich, wirkt auf den gefühlvollen Menschen mit einer Macht, mit der sich nichts in der Natur vergleichen läßt, als etwa der Anblick des gestirnten Himmels in einer heitern Winternacht. Man muß kommen und sehen und hören. Ein Spaziergang am Ufer des Meeres, an einem heitern Sommermorgen, wo die reinste Luft, die uns selbst das Eudiometer noch auf der Oberfläche unsers Wohnorts kennen gelehrt hat, Eßlust und Stärkung zuträgt, macht daher einen sehr großen Kontrast mit einem in den dumpfigen Alleen, der einländischen Kurplätze. Doch das ist bei weitem noch nicht alles. Das übrige wird sich erst alsdann beibringen lassen, wenn wir erst über die Gegend eins geworden sind, wo nun in Deutschland ein solches Bad angelegt werden könnte. Die ganze Küste der Ostsee ist mir unbekannt, und ich für mein Teil würde sie dazu nicht wählen, solange nur noch ein

Fleckchen an der Nordsee übrig wäre, das dazu taugte, weil dort das unbeschreiblich große Schauspiel der Ebbe und Flut, wo nicht fehlt, doch nicht in der Majestät beobachtet werden kann, in welcher es sich an der Nordsee zeigt. Es gibt da zu tausend Unterhaltungen Anlaß, und ich würde kaum glauben, daß ich mich an der See befände, wo der Größe dieser Naturszene etwas abginge. Wenn ich, jedoch ohne das übrige nötige Lokale genau zu kennen, wählen dürfte, so würde ich dazu Ritzbüttel, oder eigentlich Cuxhaven oder das Neue Werk, oder sonst einen Fleck in jener Gegend vorschlagen. Freilich nicht jeder Seeort taugt zu einem öffentlichen Seebad, das auf große Aufnahme hoffen kann. Es kömmt sehr viel auf die Beschaffenheit des Bodens der See an. Zu Margate ist es der feinste und dabei festeste Sand, der auch den zartesten Fuß nicht verletzt, ihm vielmehr bei der Berührung behaglich ist, und gerade einen solchen Boden habe ich bei dem Neuen Werk gefunden. Der Beschaffenheit des Bodens zu Cuxhaven erinnere ich mich nicht mehr genau. Allein wo auch der Boden nicht günstig ist, läßt sich leicht eine Einrichtung treffen, die alle Unbequemlichkeiten hebt, und die ich zu Deal gesehen habe. Dieses zu verstehen, muß ich unsere Leser vor allen Dingen mit der Art bekannt machen, wie man sich an diesen Orten in der See badet. Man besteigt ein zweirädriges Fuhrwerk, einen Karren, der ein von Brettern zusammen geschlagnes Häuschen trägt, das zu beiden Seiten mit Bänken versehen ist. Dieses Häuschen, das einem sehr geräumigen Schäferkarren nicht unähnlich sieht, hat zwei Türen, eine gegen das Pferd und den davor sitzenden Fuhrmann zu, die andere nach hinten. Ein solches Häuschen faßt vier bis sechs Personen, die sich kennen, recht bequem, und selbst mit Spielraum, wo er nötig ist. An die hintere Seite ist eine Art von Zelt befestigt, das wie ein Reifrock aufgezogen und herabgelassen werden kann. Wenn dieses Fuhrwerk, das an den Badorten eine Maschine (a machine) heißt, auf dem Trocknen in Ruhe steht, so ist der Reifrock etwas aufgezogen, vermittelst eines Seils, das unter dem Dach des Kastens weg nach dem Fuhrmanne hingeht. An der hintern Türe findet sich eine schwebende aber sehr feste Treppe, die den Boden nicht ganz berührt. Über dieser Treppe ist ein freihängendes Seil befestigt, das bis an die Erde reicht und den Personen zur Unterstützung dient, die, ohne schwimmen zu können, untertauchen wollen, oder sich sonst fürchten. In dieses Häuschen steigt man nun und während der Fuhrmann nach der See fährt, kleidet man sich aus. An Ort und Stelle, die der Fuhrmann sehr richtig zu treffen weiß, indem er das Maß für die gehörige Tiefe am Pferde nimmt, und es bei Ebbe und Flut, wenn man lange verweilt, durch Fortfahren oder Hufen immer hält, läßt er das Zelt nieder. Wenn also der ausgekleidete Badgast alsdann die hintere Tür öffnet, so findet er ein sehr schönes dichtes leinenes Zelt, dessen Boden die See ist, in welche die Treppe führt. Man faßt mit beiden Händen das Seil und steigt hinab. Wer untertauchen will, hält den Strick fest und fällt auf ein Knie, wie die Soldaten beim Feuern im ersten Gliede, steigt alsdann wieder herauf, kleidet sich bei der Rückreise wieder an usw. Es gehört für den Arzt zu bestimmen, wie lange man diesem Vergnügen (denn dieses ist es in sehr hohem Grade,) nachhängen darf. Nach meinem Gefühl, war es vollkommen hinreichend, drei bis viermal kurz hinter einander im ersten Gliede zu feuern, und dann auf die Rückreise zu denken. Beim ersten Male wollte ich, um seinen eignen Körper erst kennen zu lernen, raten nur einmal unterzutauchen, und dann sich anzukleiden, und nie die Zeit zu überschreiten, da die angenehme Glut, die man beim Aussteigen empfinden muß, in Schauder übergeht. Da das schöne Geschlecht von Anfang, wie ich gehört habe, auch hier, gegen das Unversuchte einige Schüchternheit äußern soll, so finden sich an diesen Orten vortreffliche Kupplerinnen zwischen der Thetis und ihnen, die sie sehr bald dahin bringen selbst wieder Kupplerinnen zu werden. Dieses sind in Margate junge Bürgerweiber die sich damit abgeben, die Damen aus- und ankleiden zu helfen, auch eine Art von losem Anzug zu vermieten, der, ob er gleich schwimmt, doch beim Baden das Sicherheitsgefühl der Bekleidung unterhält, das der Unschuld selbst im Weltmeere so wie in der dicksten Finsternis immer heilig ist. Unter diesen Weibern gibt es natürlich, so wie bei den fern verwandten Hebammen, immer einige, die durch Sittsamkeit, Reinlichkeit, Anstand und Gefälligkeit vor den übrigen Eindruck machen und Beifall erhalten. Ich habe eine darunter gekannt, die damals Mode war. Diese besorgte öfters zwei bis drei Fahrzeuge zugleich. Und da war es lustig vom Fenster anzusehen, wie diese Sirene, wenn sie mit Einer Gesellschaft fertig war, von einem Karren nach dem andern oft 20 bis 30 Schritte weit wanderte. Es war bloß der mit Kopfzeug und Bändern gezierte Kopf, was man sah, der wie ein Karussellkopf aus Pappdeckel auf der Oberfläche des Meeres zu schwimmen schien. – Ist nun der Boden der See wie der zu Deal, der aus Geschieben von Feuersteinen etc. besteht, nicht günstig, so endigt sich die Freitreppe in einen geräumigen viereckigten Korb, in dem man also steht, ohne je den Boden zu berühren. Doch ich glaube nicht, daß diese Einrichtung, die mir im ganzen nicht recht gefällt, in Cuxhaven nötig sein wird. Geschiebe von Feuersteinen sind da gewiß nicht, ob nicht Schlamm oder glitschiges Seekraut so etwas nötig machen könnte, getraue ich mir nicht schlechtweg zu entscheiden, glaube es aber kaum. Überdas aber kömmt noch bei jenen Gegenden der sehr wenig inklinierte Boden in Betracht. Das Meer tritt da, auf den sogenannten Watten bei der Ebbe sehr weit zurück, ein zwar großes und herrliches Schauspiel, das aber für die Hauptabsicht Unbequemlichkeiten haben könnte. Denn die eigentliche Badezeit ist von Sonnenaufgang an bis etwa um 9 Uhr, da es anfängt heiß zu werden. Die größte Frequenz war zu Margate immer zwischen 6 Uhr und halb 9 im Julius und August. Nun könnte es kommen, oder muß vielmehr kommen, daß zuweilen gerade um diese Zeit zu Cuxhaven das Meer sehr weit von dem Wohnorte zurück getreten wäre, dieses würde oft eine kleine Reise im Schäferkarren nach dem Wasser, und selbst bei der Ankunft bei dem Wasser noch eine kleine Seereise auf der Axe nötig machen, um die gehörige Tiefe zu gewinnen. So etwas ist zwar, wie ich aus Erfahrung weiß, den gesunden Patienten nichts weniger als unangenehm, zumal wenn ihrer mehrere die mit derselben Krankheit behaftet sind, zugleich fahren, allein den Patienten im eigentlichen Verstand könnte doch so etwas lästig sein. – Aber auch hier ließe sich vielleicht Rat schaffen. Wie? das gehört nicht hieher. Ich hoffe mein Freund, Herr Woltmann zu Cuxhaven, der bekanntlich mit sehr tiefen Kenntnissen die größte Tätigkeit verbindet, soll nun hier den Faden anfassen wo ich ihn fahren lasse, wenn er es der Mühe wert hält. Sein Gutachten wird hier, in einer wichtigen Angelegenheit entscheidend sein. –

Nun aber vorausgesetzt, daß dort alle Bequemlichkeit zum Baden erhalten werden könnte, woran ich nicht zweifle, so hat jene Gegend Vorzüge, deren sich vielleicht wenige Seeplätze in Europa rühmen können. Die glückliche Lage zwischen zwei großen Strömen, der Elbe und der Weser, auf denen alle nur ersinnliche Bedürfnisse für Gesunde und Kranke, auch mineralische Wasser leicht zugeführt werden können. Die Phänomene der Ebbe und Flut, die dort auffallender erscheinen als an wenigen Orten, vielleicht keinem in Europa. Zwischen Ritzbüttel und dem Neuen Werk könnte noch heute einem verfolgenden Heere begegnen, was Pharao mit dem seinigen begegnete. Man macht da die Hinreise auf der Axe, und einige Stunden darauf über demselben Gleise die Rückreise in einem bemasteten Schiff. Mit Entzücken erinnre ich mich der Spaziergänge auf dem soeben von dem Meere verlassenen Boden, ja ich möchte sagen, selbst auf dem noch nicht ganz verlassenen, wo noch der Schuh, *ohne Gefahr von Erkältung* überströmt ward; der Tausenden von Seegeschöpfen die in den kleinen Vertiefungen zurückbleiben, deren einige man selbst für die Tafel sammeln kann, und die den Gleichgültigsten zum Naturaliensammler machen können, wenn er es nicht schon ist; des Heeres von See- und andern Vögeln, (auch darunter Naturalien für die Tafel,) die sich dann einfinden und die angenehmste Jagd zu Fuß an der Stelle gewähren, über die man noch vor einigen Stunden wegsegelte und nach wenigen wieder wegsegeln kann. Hierzu kömmt nun das ununterbrochene Aus- und Einsegeln oft majestätischer Schiffe mehrerer Nationen, die Cuxhaven gegenüber vor Anker gehen, und die man besteigen oder wenigstens in kleinen Fahrzeugen besuchen und umfahren kann, immer unter dem Anwehen der reinsten Luft und der Eßlust. Freilich werden diese kleinen gar nicht gefährlichen Reisen, öfters kleine Vomitiv-Reischen, und dafür nur desto gesünder. Ich habe von einem der römischen Kaiser gelesen, wo ich nicht irre, so war es August selbst, der in der reinen Seeluft jährlich solche Vomitivreisen unternahm. – Der gesunden Patienten wegen merke ich noch an, daß man hier alle Arten von Seefischen und Schalentieren immer aus der ersten Hand hat, und gerade um diese Zeit den Hering, noch ehe er das Mittelland erreicht. Die wohlschmeckendste Auster, frischriechend bei der heißen Sonne und den königlichen Steinbütt! Eine mächtige Unterstützung für das Geschäfte im Schäferkarren. – Und nun *Helgoland!* Kleine geschlossene Gesellschaften unternehmen, statt Ball und Pharao, eine Reise nach dieser außerordentlichen Insel. Die Vomitivchen unterwegs verschwinden in dem Genuß dieses großen Anblicks. Wer so etwas noch nicht gesehen hat, datiert ein neues Leben von einem solchen Anblick, und liest alle Beschreibungen von Seereisen mit einem neuen Sinn. Ich glaube jeder Mann von Gefühl, der das Vermögen hat sich diesen großen Genuß zu verschaffen und es nicht tut, ist sich Verantwortung schuldig. Nie habe ich mit so vieler fast schmerzhafter Teilnehmung an meine hinterlassenen Freunde in den dumpfigen Städten zurück gedacht, als auf Helgoland. Ich weiß nichts hinzu zu setzen, als: man komme und sehe und höre. – Sollte eine solche Anstalt in jenem glücklichen Winkel nicht möglich sein? Ich glaube es. Von Hamburg läßt sich alles erwarten. Diese vortreffliche Stadt mit ihren Gesellschaften, könnte, verbunden mit Bremen, Stade, Glückstadt etc. schon allein einem solchen Bade Aufnahme verschaffen, der Fremde bedürfte weiter nichts. Sollte unter den vielen spekulierenden Köpfen dort nicht einer sein, der ein solches Unternehmen beförderte, auf dessen Ausführung keine geringe Anzahl von Teilnehmern wartet, wenn ich aus meiner Bekanntschaft auf die übrigen schließen darf? Große Anstalten wären zum ersten Versuch nicht nötig, nur Bequemlichkeit für die Gäste. Fürs erste, keine Komödienhäuser, keine Tanzsäle, (das würde sich am Ende alles von selbst finden) und keine *Pharaobänke. Pharao* mit seinem Heer gehört zwischen Ritzbüttel und das Neue Werk zur Zeit der Flut. Nun noch eine kurze Antwort zu Hebung von einem Paar Bedenklichkeiten, die ich habe äußern hören:

1) Der Ort sei zu weit abgelegen, und

2) verdiene bei einem Seebad, das Schicksal des Propheten Jonas immer eine kleine Beherzigung, und der häßliche Rachen eines Haifisches sei im Grunde am Ende nicht viel besser als eine Pharaobank.

Was die erste Bedenklichkeit betrifft, so ist sie freilich so ganz ungegründet nicht. Allein nicht zu gedenken, daß alle Seebäder den natürlichen Fehler haben, daß sie an der Grenze der Länder liegen, wo sie sich befinden, so könnte man fragen: was ist ein *abgelegner Ort* im allgemeinen Verstand, so wie das Wort hier genommen wird, ohne etwa Wien oder Prag oder sonst einen Ort zu nennen, der weit von Ritzbüttel abliegt? Mit ein wenig Überlegung wird es sich bald finden, daß Ritzbüttel diese Benennung nicht verdient, weil nicht allein ein reiches, sondern auch ein bevölkertes Land in der Nachbarschaft liegt. Hat es freilich auf einer Seite, wie alle Seebäder, kein festes Land, so hat es dafür eine Fläche die einem großen Teil des festen Landes die Passage dahin sehr erleichtert, zumal hier vermittelst der Elbe und der Weser. Dies ist so wahr, daß ich hiervon einen Beweis nicht zurückhalten will, ob ich gleich merke, daß er für eine Empfehlung fast etwas zu viel beweiset. Das schön gelegene Margate wird von Vornehmen nicht so häufig besucht als andere Seebäder, die die schöne Nachbarschaft nicht haben, eben weil die Themse die Passage dahin, zumal von London aus, zu sehr erleichtert. Daher geschieht es denn, daß sich eine Menge von allerlei Gesindel einfindet, das sich seiner oft guten Kleider wegen nicht ganz von den Gesellschaften zurückhalten läßt, und welches dennoch unerträglich zu finden ein gesitteter Mann eben keine Ahnen nötig hat. Zum Glück sind Hamburg und Bremen, ihres übrigen Reichtums ungeachtet, noch immer arm an dieser Menschenklasse. – Vor dem Schicksal des Jonas wird nicht leicht jemanden im Ernste bange sein, der das Lokale dieser Örter kennt. Die Fische, die einen Propheten fressen könnten, sind da so selten als die Propheten. Eher könnte man die dortigen Fische vor den Badegästen warnen. Seit jeher sind zwar die Fische dort, zumal von Fremden, mit großer Prädilektion gespeiset worden, es ist mir aber nicht bekannt, daß je einer von ihnen das Kompliment erwidert hätte.

Zweites Kapitel

Worin von den Zurüstungen, Aufbrüchen und Überfahrten und vom Seemann und seinem Priem gehandelt wird
Vermehrt um einen wichtigen Hinweis an die russische Flotte

François Rabelais

Wie Pantagruel nach dem Orakel der Göttin Bakbuk in See ging

Im Monat Junius, am Tag des Vestalien-Festes, dem nämlichen an welchem Brutus Spanien bezwang und die Spanier ihm unterwarf, an welchem auch der geizige Crassus von den Parthern besiegt und erlegt ward, beurlaubt' sich Pantagruel von seinem Vater dem guten Gargantua, unter dessen heissen Gebeten, (wie es in der ersten Kirch bey den heiligen Christen der löbliche Brauch war) für seines Sohnes und seiner Gefährten glückliche Fahrt; und ging im Hafen von Thalass zur See, begleitet von Panurgen, Bruder Jahnen von Klopfleisch, Epistemon, Gymnastes, Eusthenes, Rhizotomus, Karpalim und andern seinen alten Dienern und Hausgenossen: deßgleichen auch von Xenomane dem grossen Pilgrim und Durchkreuzer gefährlicher Weg, der auf Panurgens Erfordern etliche Tage vorher zu ihnen gestossen. Derselbe hätt aus mehreren guten und triftigen Gründen in seiner grossen Universalhydographi dem Gargantua die Straß verzeichnet hinterlassen, die sie auf ihrer Fahrt zum Orakel der göttlichen Boutelge Bakbuk einschlagen wollten.

Die Zahl der Fahrzeug und das Geschwader an Triremen, Rambergen, Galionen, Liburnen, war, wie ichs euch im dritten Buch erzählt hab; in derselben Anzahl: wohl equipirt, kalfatert, und mit Pantagruelion reichlich verschanzt. Die Versamlung sämmtlicher Offizierer, Dolmetscher, Steuermänner, Hauptleut, Schiffer, Matrosen, Bootsknecht und Rudrer war auf dem Thalamegus. Also hieß das grosse Admiralschiff Pantagruels: am Hinter-Kastell führt' es als Sinnbild eine grosse geräumige Boutelge, halb aus blankem, hellpolirtem Silber, halb Gold mit incarnatenem Schmelzwerk. Woraus man leicht sehn mocht daß Weiß und Röthlich die Farben der edeln Pilger waren und daß ihre Reis geraden Wegs nach dem Boutelgen-Wörtlein ging.

Am Hinter-Kastell des zweyten stund hoch aufgerichtet eine antike Latern aus specularischem Stein oder Phengites geschickt verfertigt, anzuzeigen daß sie durch das Laternen-Land passiren würden. Des dritten Devis war ein schöner und tiefer Humpen von Porzelan. Das viert trug ein gülden Krüglein mit zween Henkeln, gleich einer antikischen Urn. Das fünft eine stattliche Schleifkann von Prasemstein. Das sechst einen manachalischen Tummler aus allen vier Erzen zumal gemacht. Das siebt einen Trichter von Ebenholz ganz eingelegt mit güldenen Reifen in Marqueteri. Das acht einen köstlichen Epheu-Becher in Gold getrieben, damaszirt. Das neunt einen Stauffen von feinem Jungfern-Gold. Das zehnt einen Stamper von würzigem Agallochum, (Aloe heißt ihrs) mit Cyprischem Gold in Azemin-Arbeit durchfadmet. Das eilft eine güldene Tragbutt, auf musivisch. Das zwölft ein Stückfaß von Mattgold mit einem Rankenwerk umzirkt von grossen indianischen Perlen, in topiarischer Arbeit. Also, daß kein Mensch so traurig, mürrisch, betrübt noch melancholisch seyn konnt, ja wärs auch selbst der Greiner Heraklitus gewesen, der, wenn er dieß edle Schiffs-Geschwader an seinen Devisen erkannt hätt, nicht von neuem lustig wär worden, nicht frisch von der Leber weg gelacht, geschworen hätt die Mannschaft drauf, das müßten lauter tapfere Zecher und brave Leut seyn, und ihnen nicht das sichre Prognostikon gestellt hätt, daß ihre Fahrt, so hin- als heimwärts in alle Weg gedeihlich und erfreulich würd von Statten gehen.

Auf dem Thalamegus also war Aller Versamlung. Da hielt ihnen Pantagruel eine kurze und fromme Ermahnung auf lauter Sprüch der heiligen Schrift, anlangend Seefahrt gebauet. Nach deren Endigung thäten sie ein lautes und vernehmliches Gebet zu Gott, daß alle Leut und Bürger von Thalass die auf den Molo strömten die Einschiffung mit anzusehn, es deutlich verstehn und hören konnten.

Auf das Gebet ward dann melodisch der Psalm des heiligen Königs David gesungen, der anfängt: »*Da Israel aus Aegypten zog.*« Am Schluß des Psalmes schlug man die Tafeln auf dem Verdeck auf, und trug die Speisen flink herbey. Auch die Thalassier, die gleichfalls den Psalmen mitgesungen, liessen aus ihren Häusern brav Wein und Zehrung bringen. Alle thäten ihnen frisch Bescheid, sie wieder allen. Dieß war die Ursach warum sich niemand aus ihrer Schaar jemals im Meer erbrach, noch Kopf- oder Magenweh spüret': als welchem Uebel sie nicht so leicht entgangen wären, wenn sie auch etliche Tag zuvor Seewasser, lauter oder mit Wein vermengt getrunken, oder Quittenfleisch, Zitronenschaalen, sauersüssen Granatensaft verschluckt, oder lange Fasten gehalten, oder den Magen mit Papier bedeckt, oder sich anderer thörigter Mittel so die Aerzt den Schiffern rathen, bedienet hätten.

Nach oft und fleissig wiederholter Umzech ging ein Jeder auf sein Schiff, und lichteten zu guter Stund mit griechischem Nord-Ostwind die Anker, nach welchem ihr Ober-Steuermann, Jack Brayer, die Fahrt bestimmt, und alle Kompaß-Nadel gerichtet hätt. Denn seyn, wie auch Xenomanis Rath war, hinsichtlich der Göttin Bakbuk Orakel in Ober-Indien bey Catay lag, nicht den gewöhnlichen Weg der Portugiesen zu nehmen, die über die heisse Zon und um das Capo di Bona Speranza an der südlichen Spitz von Afrika, den Gleicher schneidend, die Wegweisung des nördlichen Polarsterns aus den Augen verlieren und eine ungeheuere Fahrt thun, sondern vielmehr so nah als möglich mit Indien parallel zu bleiben, und westlich um sothanen Pol herumzulenken, dergestalt, daß wenn sie im Norden sich wendeten, sie ihn in gleicher Pol-Höh hätten wie in dem Hafen zu Olon', ohn ihm sich mehr zu nähern, aus Furcht ins Eismeer zu geraten, und darinn stecken zu bleiben. Und daß sie ihn, wenn sie in gleicher Parallel diese kanonische Seitenwendung weiter verfolgten, im Osten dann zur Rechten hätten, der bey der Abfahrt ihnen zur Linken gewesen war.

Welches ihnen dann auch unglaublich zu Statten kam: denn sonder Schiffbruch, Lebensgefahr noch Leut-Verlust, bey schönstem Wetter, bis auf Einen Tag beym Eiland der Makräonen, legten sie in noch nicht vier Monden den Weg nach Ober-

Indien zurück, wohin die Portugiesen kaum mit tausend Kreuz und unsäglichen Gefahren in drey Jahren kämen. Und bin, mit Respekt vor besserm Urtheil, der Meinung, daß dieß dieselbige Glückstraß gewesen, die jene Indier einschlugen, die nach Teutschland schifften, und von dem Schwedenkönig gastfrey bewirthet wurden zu der Zeit, als Q. Metellus Celer Proconsul in Gallien war, wie solchs berichten Corn. Nepos, Pomp. Mela, und nach ihnen Plinius.

Thomas Mann

Meerfahrt mit ›Don Quijote‹

Den 19. Mai 34

Wir haben gedacht, wir wollten zunächst einmal in der Bar einen Wermut trinken, und das tun wir nun, in stiller Erwartung der Abfahrt. Dies Heft und eines der vier orangefarbenen Leinenbändchen des ›Don Quijote‹, der mich begleitet, habe ich aus der Handtasche genommen; mit dem weiteren Auspacken hat es keine Eile. Wir haben ja neun bis zehn Tage vor uns, ehe wir bei den Gegenfüßlern aussteigen; es wird wieder Sonnabend werden und Sonntag wie morgen, dazu noch Montag und Dienstag, bis dieses gesittete Abenteuer zu Ende geht – schneller tut der behäbige Holländer es nicht, dessen Planken wir vor kurzem beschritten haben. Warum sollte er auch? Das Zeitmaß, mit dem seine sympathische Mittelgröße es hält, ist ohne Frage natürlicher und gesünder als die schütternde Rekordsucht jener Kolosse, die in sechs oder gar vier Tagen die ungeheuren Weiten durchrasen, die vor uns liegen. Langsam, langsam. Richard Wagner meinte, das eigentliche deutsche Tempo sei das Andante – nun, es liegt reichliche Willkür in solchen Teilbeantwortungen der ewig offenen Frage »Was ist deutsch?«; sie wirken vorwiegend negativ, indem sie dazu ermutigen, alles mögliche »undeutsch« zu schelten, was es durchaus nicht ist, wie zum Beispiel das Allegretto, Scherzando und Spirituoso. Der Wagner'sche Spruch wäre glücklicher, wenn er das Nationelle beiseite gelassen, das ihn sentimentalisiert, und sich an die sachliche Würde der Langsamkeit gehalten, wegen der ich ihm beistimme. Gut Ding will Weile haben. Auch groß Ding will das, anders gesagt: der Raum will seine Zeit. Daß eine Art von Hybris, etwas Frevelhaftes darin liegt, ihm eine Dimension zu stehlen oder sie ihm zu verkümmern, nämlich die ihm natürlich verbundene Zeit, ist mir ein vertrautes Gefühl. Goethe, der gewiß ein Freund des

Menschen war, aber die künstliche Steigerung seiner Wahrnehmungsfähigkeit, Mikroskope und Fernrohre, nicht liebte, hätte wohl diesen Skrupel gebilligt. Freilich fragt sich, wo dann die Grenze des Sündhaften liegt und ob zehn Tage nicht ebenso schlimm sind wie sechs oder vier. Frommerweise müßte man dem Ozean ebenso viele Wochen darangeben und mit dem Winde reisen, der eine Naturkraft ist – und das ist auch die Dampfkraft. Übrigens heizen wir mit Öl. – Aber das alles fängt an, nach Gedankenflucht auszusehen.

Erklärliche Erscheinung. Sie ist ein Merkmal heimlicher Aufregung. Ich habe einfach Lampenfieber – ist es ein Wunder? Meine Jungfernfahrt über den Atlantik, die erste Begegnung und Bekanntschaft mit dem Weltmeer steht mir bevor, und am Ende, jenseits der Erdkrümmung, über die das Riesenwasser sich zieht, erwartet uns Neu-Amsterdam, die Weltstadt. Solcher gibt es vier oder fünf, und sie bilden eine Sonder- und Monstregattung des Städtischen, übermäßigen Stils und heraustretend auch aus der Klasse der Großstädte, ähnlich wie im Bereich der Natur und des Landschaftlichen die Kategorie des Erz- und Elementarnatürlichen, Wüste, Hochgebirge und Meer, sich ungeheuerlich absondert. Ich bin an der Ostsee erwachsen, einem provinziellen Gewässer, und meine Blutsüberlieferung ist alt- und mittelstädtisch, eine mäßige Zivilisation, deren nervöse Einbildungskraft den Ehrfurchtsschrecken kennt vor dem Elementarischen – und auch seine ironische Ablehnung. Iwan Gontscharow wurde während eines Sturmes auf hoher See vom Kapitän aus seiner Kajüte geholt: er sei ein Dichter, er müsse das sehen, es sei großartig. Der Verfasser des ›Oblomow‹ kam an Deck, sah sich um und sagte: »Ja, Unfug, Unfug!« Dann ging er wieder hinunter.

Beruhigend wirkte der Gedanke, daß wir der Großwildnis im Bunde mit der Gesittung und in ihrem Schutze begegnen werden: auf diesem guten Schiff, dessen Wandeldecks, lackierte Kabinenkorridore, Salons und teppichbelegte Treppen wir eben flüchtig besichtigten und dessen wackere Führer und Mannschaft überhaupt nichts anderes gelernt haben, als das Element zu meistern. Es wird uns hindurchtragen, wie der weiße Luxuszug mit blauen Fensterscheiben den Khartumreisenden durchs Gräuliche trägt, zwischen den toddrohenden Gluthügeln hindurch der Libyschen und der Arabischen Wüste ... »Aussetzung« – man braucht nur das Wort zu denken, um zu empfinden, was das ist: das Geborgensein in der menschlichen Zivilisation. Ich achte denjenigen nicht hoch, der im Anblick der Elementarnatur sich nur der lyrischen Bewunderung ihrer ›Großartigkeit‹ überläßt, ohne sich mit dem Bewußtsein ihrer gräßlich gleichgültigen Feindseligkeit zu durchdringen.

Es ist aber zweitens die Jahreszeit, die das Abenteuer mildert und jener Feindseligkeit gewisse freundliche Schranken setzt. Das Frühjahr ist vorgeschritten: allzu tobende Extravaganzen sind vom Ozean um diese Zeit nicht mehr zu erwarten, und billigen Anforderungen hoffen wir unsere Seefestigkeit gewachsen, besonders im stillen Gedanken an die Vasano-Tabletten in meiner Handtasche, auch einer humanen Rückendeckung. Etwas anderes, wenn Winter wäre! Freunde, ziehende Virtuosen haben mir von den lächerlichen Schrecken einer solchen Überfahrt erzählt, denen mich eines Tages zu stellen auch mir kaum erspart bleiben wird. Wellen? Es sind Berge! Es sind Gaurisankars! Das Betreten des Decks ist verboten – der verärgerte Gontscharow würde nicht herausgeholt werden, man sieht das besser nur durch das stark versicherte Bullauge. Du liegst befestigt in deiner Bettstatt, du steigst, du stürzest, es ist die komplizierte, die Richtungen vermischende, Hirn und Magen umkehrende Taumelbewegung gewisser Marterbelustigungen der Festwiesen. Aus schwindelnder Höhe siehst du deinen Waschtisch auf dich zukommen und auf der wechselnd schiefen Ebene der Kabine treiben sich, karambolierend, in plumpem Reigen deine Koffer umher. Es herrscht ein grauenhafter, ein Höllenlärm, hervorgerufen teils durch die außen rasenden Elemente, teils durch das kämpfend immer noch vorwärts strebende und bis in seine letzten Bestandteile durcheinandergerüttelte Schiff. Das dauert drei Tage und drei Nächte lang – nimm an, du hättest zwei davon hinter dir, und es wäre die dritte. Du hast nichts gegessen so lange; der Augenblick kommt, wo du dich dieser Gewohnheit erinnern mußt. Da du nicht stirbst, wozu du ganze Viertelstunden lang unumwunden bereit wärest, mußt du irgendwann einmal wieder essen, und du schellst dem Aufwärter, denn die elektrische Glocke funktioniert, und der erstklassige Hotelbetrieb des Schiffes bleibt mitten im Weltuntergang aufrecht, diszipliniert bis ans Ende – es ist der zarte und hochachtungswerte Heroismus der menschlichen Zivilisation. Der Mann kommt, mit Serviette und weißer Jacke – er fällt nicht herein, er hält sich brav in der Tür. Im Höllenskandal erlauscht er deine matte Bestellung, geht und kommt wieder, mit nachgiebigem Arme das wild gefährdete Gleichgewicht seiner warmen Platte wahrend. Er muß seinen Augenblick abwarten, einen bestimmten, wo ihm die Weltlage gestattet, in einem wenn nicht beherrschten, so doch berechneten Bogen das Gericht auf deinem Bette zu landen. Er nimmt ihn wahr, seinen Augenblick, was an ihm liegt, leistet er mit Mut und Intelligenz, und der Schwung scheint zu gelingen. In derselben Sekunde aber hat sich die Weltlage in dem Sinn und zu dem Effekte geändert, daß du die Platte, ihren Boden nach oben, auf dem Bett deiner Frau gewahrst. Es ist nicht möglich …

So die Erzählungen, und wie sollte ich mich ihrer nicht erinnern, während wir an unserem Abschiedswermut nippen und ich diese Zeilen kritzle? Meinen Respekt zu beleben vor unserem Unternehmen, wären sie freilich kaum nötig, einfach, weil ich überhaupt ein respektvoller Mensch bin und sozusagen die Augenbrauen hochtrage, wie jeder, dem die unterhaltliche, aber provinzielle Gabe der Phantasie zuteil wurde. Man wird niemals ein Weltmann mit dieser Gabe, denn sie ›bewahrt‹ – wenn das lobende Wort am Platze ist – vor Überlegenheit bis ins Alter. Phantasie haben heißt nicht, sich etwas ausdenken; es heißt, sich aus den Dingen etwas machen – und das ist natürlich nicht weltmännisch. Wir sind unwahrscheinlicherweise im Begriffe, die Kolumbusfahrt ins Überwestliche zu erneuern; wir werden tagelang im Kosmisch-Leeren (wenn auch erstklassig versorgt) zwischen den Kontinenten schweben – nun gut, ich glaube nicht, daß die Mehrzahl unserer Mitreisenden sich irgend etwas, nämlich ebendies, dabei denkt. Wo sind sie übrigens? Wir sind allein in dem ledergepreßten und gemütlich gähnenden Trinkraum, und mir fällt ein, daß wir auf dem Tender, der uns über das Hafenwasser von Boulogne-Maritime hierherbrachte, so gut wie allein waren. Der Bar-Steward tritt zu uns und berichtet kopfschüttelnd, vier Passagiere erster Klasse, uns miteingerechnet, seien hier an Bord gegangen, ein Dutzend etwa seien von Rotterdam her da, und weitere vier würden heute abend in Southampton sich einfinden. Das sei alles. Was wir dazu sagten? Wir sagen dazu, daß bei solcher Reise die Linie unweigerlich viel Geld zusetzen wird. Sehr schmerzlich, es sei die Krise, die Depression. Aber in umgekehrter Richtung, so kommen wir mit ihm überein, wird es besser sein. Im Juni beginnt die Europasaison für die Amerikaner: es winken Salzburg, Bayreuth, Oberammergau, da kann es nicht fehlen. Gemeint ist stillschweigend: an Trinkgeldern. Halbwegs bei deutlichen Zweifeln, gibt der bekümmerte Mann sich damit zufrieden, indes wir von unserm Standpunkt erwägen, daß es sehr hübsch sein wird, auf einem so leeren Schiff zu reisen. Fast allein wird es uns gehören, es wird ein Leben sein wie auf einer Privatjacht. Und der Gedanke der Ungestörtheit bringt mich wieder auf meine Reiselektüre, das orangefarbene Bändchen, das, Teil nur eines weitläufigen Ganzen, neben mir liegt.

Reiselektüre – ein Gattungsbegriff voller Anklänge der Minderwertigkeit. Die Meinung ist weitverbreitet, was man auf Reisen lese, müsse vom Leichtesten und Seichtesten sein, dummes Zeug, das ›die Zeit vertreibe‹. Ich habe das niemals verstanden. Denn abgesehen davon, daß sogenannte Unterhaltungslektüre zweifellos die langweiligste auf Erden ist, will mir nicht eingehen, warum man gerade bei so festlich-ernster Gelegenheit, wie eine Reise sie darstellt, unter seine geistigen Gewohnheiten hinab gehen und sich aufs Alberne verlegen sollte. Ist etwa durch die enthobene und gespannte Lebenslage des Reisens eine Seelen- und Nervenverfassung geschaffen, in der das Alberne weniger anwidert als gewöhnlich? Ich schrieb vorhin vom Respekt. Da ich Achtung habe vor unserem Unternehmen, ist es recht und angemessen, daß ich auch die Lektüre achte, die es begleiten soll. Der ›Don Quijote‹ ist ein Weltbuch – für eine Weltreise ist das gerade das Rechte. Es war ein kühnes Abenteuer, ihn zu schreiben, und das rezeptive Abenteuer, das es bedeutet, ihn zu lesen, ist den Umständen ebenbürtig. Befremdlicherweise habe ich die Lesung noch nie systematisch zu Ende geführt. Ich will es tun an Bord und mit diesem Meer von Erzählung zu Rande kommen, wie wir zu Rande kommen werden binnen zehn Tagen mit dem Atlantischen Ozean.

Die Ankerwinde lärmte, während ich diesem Vorsatz schriftlichen Ausdruck gab. Wir fahren. Wir wollen auf Deck gehen, um zurückzublicken und vorwärts.

ADELBERT VON CHAMISSO

An Bord

Es ist hier der Ort, von der abgesonderten kleinen Welt, zu der ich nun gehörte, und von der Nußschale, in der eingepreßt und eingeschlossen sie drei Jahre lang durch die Räume des Ozeans geschaukelt zu werden bestimmt war, eine vorläufige Kenntnis zu geben. Das Schiff ist die Heimat des Seefahrers; bei solcher Entdeckungsreise schwebt es über zwei Drittel der Zeit in völliger Abgeschiedenheit zwischen der Bläue des Meeres und der Bläue des Himmels; nicht ganz ein Drittel der Zeit liegt es vor Anker im Angesichte des Landes. Das Ziel der weiten Reise möchte sein, in das fremde Land zu gelangen; das ist aber schwer, schwerer, als sich es einer denkt. Ueberall ist für einen das Schiff, das ihn hält, das alte Europa, dem er zu entkommen vergeblich strebt, wo die alten Gesichter die alte Sprache sprechen, wo Thee und Kaffee nach hergebrachter Weise zu bestimmten Stunden getrunken werden und wo das ganze Elend einer durch nichts verschönerten Häuslichkeit ihn festhält. Solange er vom fremden Boden noch die Wimpel seines Schiffes wehen sieht, hält ihn der Gesichtsstrahl an die alte Scholle festgebannt. – – Und er liebt dennoch sein Schiff! – wie der Alpenbewohner die Hütte liebt, worin er einen Teil des Jahres unter dem Schnee freiwillig begraben liegt.*

Hier ist, was ich zu Anfang der Reise über unsere wandernde Welt aufschrieb. Den Namen sind die Vor- und Vatersnamen hinzugefügt, bei welchen wir auf dem Schiffe nach russischer Sitte genannt wurden.

Der Kapitän Otto Astawitsch von Kotzebue. Erster Lieutenant Gleb Simonowitsch Schischmareff, ein Freund des Kapitäns, älterer Offizier als er, nur russisch redend; ein heiter strah-

* Dieses ist zu Trient in Savoyen der Fall.

lendes Vollmondsgesicht, in das man gern schaut; eine kräftige, gesunde Natur; einer, der das Lachen nicht verlernt hat. – Zweiter Lieutenant Iwan Jacowlewitsch Sacharin, kränklich, reizbar, jedoch gutmütig, versteht etwas französisch und italienisch. – Der Schiffsarzt, Naturforscher und Entomolog Iwan Iwanowitsch Eschscholtz, ein junger Doktor aus Dorpat, fast zurückhaltend, aber treu und edel wie Gold. – Der Naturforscher, ich selbst, Adelbert Loginowitsch. – Der Maler Login Andrewitsch Choris, der Herkunft nach ein Deutscher, der, jetzt noch sehr jung, bereits als Zeichner Marschall von Bieberstein auf einer Reise nach dem Kaukasus begleitet hatte. – Freiwilliger Naturforscher Martin Petrowitsch Wormskiold. – Drei Untersteuerleute: Chramtschenko, ein sehr gutmütiger, fleißiger Jüngling; Petroff, ein kleiner, launig-lustiger Bursche; der dritte, Konieff, uns ferner stehend. – Zwei Unteroffiziere und zwanzig Matrosen.

Die Seeleute, unter denen, die sich freiwillig zu dieser Expedition gemeldet haben, ausgesucht, sind ein hochachtbares Volk; handfeste Leute, der strengsten Mannszucht unbedingt unterwürfig, sonst von tüchtiger, ehrgeiziger Gesinnung, stolz auf ihren Beruf als Weltumsegler.

Der Kapitän, der in seiner frühesten Jugend mit Krusenstern auf der Nadeshda die Reise um die Welt gemacht, ist der einzige an seinem Bord, der die Linie überschritten hat; – der Älteste an Jahren bin ich selbst.

Der Rurik, dem der Kaiser auf dieser Entdeckungsreise die Kriegsflagge zu führen bewilligt hat, ist eine sehr kleine Brigg, ein Zweimaster von 180 Tonnen, und führt acht kleine Kanonen auf dem Verdeck. Unter Deck nimmt die Kajüte des Kapitäns den Hinterteil des Schiffes ein. Von ihr wird durch die gemeinschaftliche Treppe die Kajüte de Campagne getrennt, die am Fuß des großen Mastes liegt. Beide bekommen das Licht von oben. Der übrige Schiffsraum bis zu der Küche am Fuße des Vordermastes dient den Matrosen zur Wohnung.

Die Kajüte de Campagne ist beiläufig zwölf Fuß ins Gevierte.

Der Mast, an dessen Fuß ein Kamin angebracht ist, bildet einen Vorsprung darin. Dem Kamine gegenüber ist ein Spiegel und unter dem, mit der einen Seite an der Wand befestigt, der viereckige Tisch. In jeglicher Seitenwand der Kajüte sind zwei Kojen befindlich, zu Schlafstellen eingerichtete Wandschränke, beiläufig sechs Fuß lang und dritthalb breit. Unter denselben dient ein Vorsprung der Länge der Wand nach zum Sitz und gibt Raum für Schubladen, von denen je vier zu jeder Koje gehören. Etliche Schemel vollenden das Ameublement.

Zwei der Kojen gehören den Offizieren, die zwei anderen dem Doktor und mir. Choris und Wormskiold schlafen im Schiffsraum in Hängematten. Meine Koje und drei der darunter befindlichen Schubkasten sind der einzige Raum, der mir auf dem Schiffe angehört; von der vierten Schublade hat Choris Besitz genommen. In dem engen Raume der Kajüte schlafen vier, wohnen sechs und speisen sieben Menschen. Am Tische wird morgens um 7 Uhr Kaffee getrunken, mittags um 12 gespeist und sodann das Geschirr gescheuert, um 5 Uhr Thee getrunken und abends um 8 der Abhub der Mittagstafel zum zweitenmal aufgetragen. Jede Mahlzeit wird um das Doppelte verlängert, wenn ein Offizier auf dem Verdecke die Wache hat. In den Zwischenzeiten nimmt der Maler mit seinem Reißbrett zwei Seiten des Tisches ein, die dritte Seite gehört den Offizieren, und nur wenn diese sie unbesetzt lassen, mögen die andern sich darum vertragen. Will man schreiben oder sonst sich am Tische beschäftigen, muß man dazu die flüchtigen, karggezählten Momente erwarten, ergreifen und geizig benutzen; aber so kann ich nicht arbeiten. Ein Matrose hat den Dienst um den Kapitän, Scheffecha, ein kleiner Tatar, ein Mohammedaner; ein anderer in der Kajüte de Campagne, Sikoff, einer der tüchtigsten, ein Russe fast herkulischen Wuchses. – Es darf nur in der Kajüte Tabak geraucht werden. – Es ist wider die Schiffsordnung, das Geringste außerhalb des jedem gehörigen Raumes unter Deck oder auf dem Verdeck ausgesetzt zu lassen. – Der Kapitän protestiert beiläufig gegen das Sammeln auf der Reise, indem der Raum des Schiffes es nicht gestatte und ein Maler zur Disposition des Naturforschers stehe, zu zeichnen, was dieser begehre. Der Maler aber protestiert, er habe nur unmittelbar vom Kapitän Befehle zu empfangen.

Zu Kopenhagen wurde über die oben angeführte Zahl der Schiffsmannschaft noch ein Koch angeworben, ein verwahrlostes Kind der See: der Gesichtsbildung nach ein Ostindier oder ein Malaye; der Sprache nach, die aus allen Dialekten der redenden Menschen undeutlich zusammengemischt war, kaum ein Mensch. Außerdem ward ein Lotse für die Fahrt im Kanal und nach Plymouth an Bord genommen, und dieser brachte die Zahl unserer Tischgesellschaft auf acht, die am kleinen Tische nicht mehr Raum hatten.

Der Rurik war am 30. Juli 1815 – zwei Tage früher, als mir gemeldet worden – von Kronstadt ausgelaufen und am 9. August auf der Rhede von Kopenhagen angelangt. Wir lichteten am 17. um 4 Uhr des Morgens die Anker, die wir vier Stunden später vor Helsingör wiederum auswerfen mußten. Der Wind, der abwechselnd nur zur Ein- oder Ausfahrt das Thor offenhält, ward uns erst am Morgen des 19. günstig, an welchem Tage wir um 10 Uhr des Morgens durch den Sund fuhren und mit uns zugleich über 60 andere Schiffe, die auf denselben Moment gewartet hatten. Wir salutierten die Festung, ohne ein Boot abzuwarten, das vom Blockschiff auf uns zu ruderte; und rascher segelnd als die Kauffahrer um uns her, überholten wir schnell die vordersten und ließen bald ihr Geschwader weit hinter uns. Der Augenblick war wirklich schön und erhebend.

Wir hatten auf der Fahrt durch die Nordsee fast anhaltend widrige Winde bei naßkaltem Wetter und bedecktem Himmel. Nach langem Lavieren mußte uns ein Schiff, das wir anriefen, das Leuchtschiff am Ausfluß der Themse zeigen, das wir noch nicht entdeckt hatten. Ich ward in der Nacht vom 31. August zum 1. September auf das Verdeck gerufen, um die Feuer der französischen Küste bei Kalais brennen zu sehen; der Eindruck entsprach nicht ganz meiner Erwartung. Am Morgen brachte uns ein günstiger Windhauch durch die Doverstraße. Albion mit seinen hohen weißen Küsten lag uns nahe zur Rechten, fern zur Linken dämmerte Frankreich im Nebel; wir verloren es allmählich außer Sicht, und es ward nicht wieder gesehen. Wir mußten noch am selben Tage die Anker auf einige Stunden fallen lassen. Am 7. September mittags gingen wir vor der Stadt Plymouth im Catwater vor Anker.

Die Zeit dieser Fahrt war für mich eine harte Lehrzeit. Ich lernte erst die Seekrankheit kennen, mit der ich unausgesetzt rang, ohne sie noch zu überwinden. Es ist aber der Zustand, in den diese Krankheit uns versetzt, ein erbärmlicher. Teilnahmslos mag man nur in der Koje liegen oder oben auf dem Verdecke, am Fuße des großen Mastes, sich vom Winde anwehen lassen, wo näher dem Mittelpunkte der Bewegung dieselbe unmerklicher wird. Die eingeschlossene Luft der Kajüte ist unerträglich, und der bloße Geruch der Speisen erregt einen unsäglichen Ekel. Obgleich mich der Mangel an Nahrung, die ich nicht bei mir behalten konnte, merklich schwächte, verlor ich dennoch nicht den Mut. Ich ließ mir von andern erzählen, die noch mehr gelitten als ich, und von Nelson, der nie zur See gewesen, ohne krank zu sein. Ich duldete um des freudigen Zieles willen die Prüfung ohne Murren.

Wormskiold hatte indes die meteorologischen Instrumente zu beobachten übernommen. Seine Kenntnis des Seelebens gab ihm einen großen Vorsprung vor mir, der ich, in die neuen Verhältnisse uneingeweiht, durch manchen Verstoß unvorteilhafte Vorurteile wider mich erweckte. Ich wußte z. B. noch nicht, daß man nicht ungerufen den Kapitän in seiner Kajüte aufsuchen darf; daß ihm, wenn er auf dem Verdeck ist, die Seite über dem Wind ausschließlich gehört und daß man ihn da nicht auch anreden soll; daß diese selbe Seite, wenn sie der Kapitän nicht einnimmt, dem wachthabenden Offizier zukommt; ich wußte vieles der Art nicht, was ich nur gelegentlich erfuhr.

Ich hatte nicht bemerkt, daß in Hinsicht der Bedienung ein Unterschied zwischen den Offizieren und uns anderen gemacht werde. Als wir in Plymouth einliefen, gab ich unserm Sikoff meine Stiefeln zu putzen; er empfing sie aus meiner Hand und setzte sie vor meinen Augen sogleich da wieder hin, wo ich sie eben hergenommen hatte. So ward mir kund, daß er nur seinen Offizieren zu dienen habe. Ich mußte von dem Tage an auf die kleinen Dienste Verzicht leisten, die er mir bis dahin freiwillig geleistet hatte; der wackere Kerl war mir von Herzen gut, ich glaube, er würde für mich durchs Feuer gegangen sein; aber meine Stiefeln hätte er nicht wieder angerührt. Solche Dienste wußte sich Choris von andern Matrosen zu verschaffen; Eschscholtz wußte sie sich selber zu leisten; ich aber wußte mich darüber hinwegzusetzen und ihrer zu entbehren.

Ich ward, sobald das Schiff vor Anker lag, zu dem Kapitän gerufen. Ich trat zu ihm in seine Kajüte ein. Er redete mich ernst und scharf an, mich ermahnend, meinen Entschluß wohl zu prüfen; wir seien hier in dem letzten europäischen Hafen, wo zurückzutreten mir noch ein leichtes sei. Er gebe mir zu überlegen, *daß ich als Passagier an Bord eines Kriegsschiffes, wo man nicht gewohnt sei, welche zu haben, keinerlei Ansprüche zu machen habe.* Ich entgegnete ihm betroffen: es sei mein unabänderlicher Entschluß, die Reise unter jeder mir gestellten Bedingung mitzumachen, und ich würde, wenn ich nicht weggewiesen würde, von der Expedition nicht abtreten.

Die Worte des Kapitäns, die ich hier wiederholt habe, wie ich sie damals niederschrieb, wie sie ausgesprochen wurden und mir unvergeßlich noch im Ohre schallen, waren für mich sehr niederschlagend. Ich glaubte nicht, Veranlassung dazu gegeben zu haben. Ich kann aber dem Kapitän bei dieser Gelegenheit nicht Unrecht geben. Es scheint so natürlich, daß ein Titulargelehrter, Teilnehmer einer gelehrten Unternehmung, begehren werde, dabei eine Autorität zu sein, daß dem Schiffskapitän nicht zu verargen ist, es zu erwarten und dem vorzubeugen. Denn zwei Autoritäten können auf einem Schiffe nicht zusammen bestehen, und das lehrt die Erfahrung auch auf Kauffahrteischiffen, wo es meist unerfreulich zugeht, wann neben dem Kapitän ein Superkargo und Stellvertreter des Eigentümers ist. Man nimmt auch, wo das Seewesen verstanden wird, Rücksicht darauf. In Frankreich und England werden auf Entdeckungsreisen keine Titulargelehrten mehr mitgenommen, sondern es wird dafür gesorgt, daß alle Teilnehmer der Expedition Gelehrte seien; bei den amerikanischen Kauffahrern ist der Führer des Schiffes zugleich der Handelsmann, und die Handelskompanieen haben Faktoreien, zwischen welchen und dem Mutterland das betrachtete Schiff zu fahren dem unumschränkt an seinem Bord gebietenden Offizier einzig obliegt. Ob es gleich in der Wesenheit der Dinge liegt, ist es doch zu bedauern, daß der Gelehrte, dem es in der Regel am Bord eines Kauffahrers so wohl ergeht, so beengt wird da, wo sich ihm ein weiterer Wirkungskreis zu eröffnen scheint. Voller Lust und Hoffnung, voller Thatendurst kommt er hin und muß zunächst erfahren, daß die Hauptaufgabe, die er zu lösen hat, darin besteht, sich so unbemerkbar zu machen, sowenig Raum einzunehmen, so wenig da zu sein als immer möglich. Er hat hochherzig von Kämpfen mit den Elementen, von Gefahren, von Taten geträumt und findet dafür nur die gewohnte Langeweile und die nie ausgehende Scheidemünze des häuslichen Elendes, ungeputzte Stiefeln und dergleichen.

Meine nächste Erfahrung war eben auch nicht ermutigend. Ich hatte mich vorsorglich über das Prinzip und den Bau der Filtrierfontäne belehrt und erbot mich, eine solche zu verfertigen. Das zur ungünstigsten Zeit geschöpfte und jetzt schon sehr übel riechende Wasser der Newa, welches wir tranken, schien meinen Antrag zu unterstützen. Nichtsdestoweniger fand er keinen Anklang. Es fehlte an Raum, an Zeit, an andern Erfordernissen, und zuletzt war der Kapitän der Meinung: »das Filtrieren werde dem Wasser die nahrhaften Teile entziehen und es weniger gesund machen.« Ich sah ein, daß ich die Sache fallenlassen müsse.

Johann Gottfried Seume

Transportschiff in die neue Welt

So fuhren wir denn den ganzen Strom hinab von Minden bis zu Bremerlee, wo uns die englischen Transportschiffe erwarteten. In Minden auf der Wiese besichtigte uns der Mäkler Fawcet; und es gab von den Dragoner-Unterofficieren und Gardisten einige freundliche Rippenstöße, weil wir nicht laut und voll und sonorisch genug: Es lebe der König! schrien. Da ich als ein kleiner Kerl im Ranzengliede, das heißt im mittelsten, stand, entging ich den Puffen, ohne eine Sylbe zu sagen genöthigt zu seyn. Aber den Hut mußte ich wenigstens mit schwingen.

Es würde mir ein hoher Genuß gewesen seyn, an der Hand eines Freundes und Geschichtskenners die Parthien der Weser von Korvey bis Bremen zu besehen, wo die Schönheiten der Natur durch den Gedanken der alten jetzt verlornen Nationalehre magisch beleuchtet werden: aber damals war unsere Reise ein sklavisches dumpfes Hinstarren auf die Gegenden, wo ehemals Männer für ein besseres nicht so üppiges Vaterland kämpften. Von Varus bis zu Bonifaz herab schwebten mir dunkel die Scenen vor; Bonifaz, der mit heiliger Einfalt die heroische Tugend vertrieb und die feiner gewebte Sklaverei spann, die uns zum Spielwerk anderer gemacht hat. Von Bremen bis Bremerlee fuhren wir in andern Fahrzeugen, die schon See halten können, aber sich nicht weit von den Küsten entfernen. Unbekümmert legte ich mich Abends hin und schlief mitten auf dem Strome und war sehr verblüfft, als unsere ganze kleine Flotte des Morgens am Ufer ganz trocken da saß, und wartete bis die Fluth sie wieder empor hob: doch waren wir alle nicht halb so verblüfft, als bei der ähnlichen Erscheinung Alexanders Soldaten auf dem Indus.

In den englischen Transportschiffen wurden wir gedrückt, geschichtet und gepökelt wie die Heringe. Den Platz zu sparen hatte man keine Hangematten, sondern Verschläge in der Tabulatur des Verdecks, das schon niedrig genug war: und nun lagen noch zwei Schichten übereinander. Im Verdeck konnte ein ausgewachsener Mann nicht gerade stehen, und im Bettverschlage nicht gerade sitzen. Die Bettkasten waren für sechs und sechs Mann; man denke die Menage. Wenn viere darin lagen, waren sie voll; und die beiden letzten mußten hinein gezwängt werden. Das war bei warmem Wetter nicht kalt: es war für einen Einzelnen gänzlich unmöglich sich umzuwenden und eben so unmöglich auf dem Rücken zu liegen. Die geradeste Richtung mit der schärfsten Kante war nöthig. Wenn wir so auf einer Seite gehörig geschwitzt und gebratet hatten, rief der rechte Flügelmann: Umgewendet! und es wurde umgeschichtet: hatten wir nun auf der andern Seite *quantum satis* ausgehalten, rief das nämliche der linke Flügelmann; und wir zwängten uns wieder in die vorige Quetsche. Das war eine erbauliche vertrauliche Lage, ungefähr wie im hohen Paradiese, wenn auf der Bühne des Volks Lieblingsstück gegeben wird.

Ich habe vor vielen vielen Jahren diese liebliche Fahrt als Ouvertüre meines Schriftstellerwesens in Archenholzens nun fast vergessenem Journal Literatur- und Völkerkunde mitdrukken lassen, will aber hier, um den Faden nicht zu unterbrechen, das wesentlichste wieder hersetzen. Daß das obengenannte Menschenragout die Unterhaltung unterhielt, wird man nicht zweifeln. Die Seele derselben war ein dort vergessener ehemaliger französischer Officier aus dem siebenjährigen Kriege, mit Namen Dechar, der seit der Zeit abwechselnd gemeiner Preußischer Dragoner und Füselier-Unterofficier und Sprachmeister und Fechtmeister, Unterofficier und Polnischer Revolutions-Hauptmann gewesen war, abwechselnd Gassen gelaufen, unter dem Galgen gestanden und im Felde Kanonen genommen hatte, der in Frankfurt am Mayn und Kassel, Berlin und Warschau, Breslau und Jauer alle Winkel kannte, alles Gute und Schlechte wußte, wie ein Achill focht und wie ein Heliogabal fraß und soff, wie Aristarchus sprach und wie Epikurs Küchenjunge lebte. Das Leben dieses Abentheurers allein würde Stoff zu einem großen

Gemälde geben. Der schlechteste, gelehrteste und traurigste Gesellschafter war der gute Exmönch aus Würzburg, von dessen entsetzlichem Ende ich hernach noch einiges sagen will.

Es war mir doch ein sonderbares Gefühl, als ich den andern Morgen auf das Verdeck trat, und zum ersten Mal nichts als Himmel und Wasser um mich sah. Der Ocean wogte majestätisch, und die Schiffe tanzten magisch wie kleine Spielwerke auf der unbegränzten, ungeheuren Fläche: der Himmel war bewölkt und theilte dem Wasser seine tiefe ernsthafte Farbe mit. Ich war wirklich in einer andern Welt und fühlte mich abwechselnd größer und kleiner, nach dem eine erhabene oder bange Empfindung eben in der Seele herrschte. So war es, als unter meinem Fuße Gewitter rollten und furchtbar schöne Zauberwelten bildeten, neben mir die schwarzrothen Wolkensäulen des Ätna stürmten, und über mir die milden Sonnenstrahlen Wärme umher gossen und weit weit hin die ganze große Insel mit ihrer Fabelwelt magisch färbten. Bald kam Sturm und mit ihm die Seekrankheit. Beide waren weiter nicht gefährlich; aber doch den Neulingen furchtbar genug. Fünfe von der sechsmännischen Menage waren krank; ich blieb leider allein gesund. Die Seekrankheit ist nichts als die Wirkung der ungewöhnlich heftigen Bewegung, der man nicht Einhalt thun kann. Man hat ähnliche Erscheinungen genug auf dem Lande. Reiten und Fahren, vorzüglich rücklings, Schaukeln, Karousseldrehen und ähnliche gymnastische Übungen sind die besten Vorbereitungen zu Seereisen. Die nächsten Vorkehrungen sind, wenig essen und hart und kalt, und wenig trinken und kalt und säuerlich: also ist Wurst, Schinken und dergleichen und Limonade und Wein vielleicht die gemessenste Diät die ersten Tage zur See. Ich sage, ich blieb leider gesund; auch für mich leider. Die Seeluft giebt gewaltigen Appetit; die Schiffsportionen waren klein. Da niemand aus der Menage essen konnte, hatte ich die Fülle zur Sättigung und konnte Vorrath von Zwieback sammeln, so daß ich wirklich eine ganze große Nachtmütze voll hatte. Bald kam einer und forderte seine Portion, dann der andere, dann der dritte, und so fort; in kurzer Zeit war ich auf mein eigenes kleines Kontingent gesetzt. Die Genesenen waren durch die Krankheit und das Fasten gehörig auf die beschränkte Portion vorbereitet; die Gesunden hingegen hatten eine sehr unangenehme Speisekapacität gewonnen. Bald war mein kleiner Vorrath aufgezehrt, und mein Magen war bei der ganzen Portion auf ein sehr unbehagliches Halbfasten reduciert. Hier sorgte denn zufällig die freundliche Muse für ihren Zögling. Ich saß auf dem Quarterdeck und las eben Horazens *Angustam, amici, pauperiem*, als der dicke Steuermann mich sehr unfreundlich von der Bank schleudern wollte. Ich brummte meine Unzufriedenheit in meinem Bißchen Englisch, das ich von Rogler gelernt hatte, so gut ich konnte, und wollte hinunter in meinen Kasten schleichen, wo ich mich von niemand hudeln ließ. Der Kapitän kam dazu, guckte mir in das Buch und hieß mich sitzen bleiben. Als er einige Anordnungen gemacht hatte, kam er zurück und fing eine Art von Unterhaltung mit mir an: *You read latin, my boy? – Yes, Sir. – And you understand it? – I believe, I do. – Very well; it is a very good diversion in the situation, you are in. – So I find, Sir; indeed a great consolation.** So ging es denn freundlich und theilnehmend weiter. Er nahm mich mit sich in seine Kajüte und zeigte mir seine Reisebibliothek, die aus guten Engländern und einigen Klassikern bestand, und versprach mir, wenn ich die Bücher gut halten würde, mir zuweilen eins daraus zu leihen. Durch seine Freundschaft erhielt ich etwas mehr Freiheit auf dem Schiffe, zumal da ich etwas Vergnügen am Seewesen zeigte und in wenigen Tagen mir die Nomenklatur der Taue und Segel merkte und sehr flink und sicher oben in dem Mastwerke mit herum lief. Es war wieder das Bedürfniß der Thätigkeit, die mir allerhand kleine Vortheile schaffte und mich vorzüglich gesund erhielt. Da der Kapitän wohl merkte, daß die Schiffsportion meinem exemplarischen Appetit nicht zureichend war, ließ er mir

* »Du liest Latein, mein Sohn?« – Ja, Herr! – »Und Du verstehst es?« – Ich glaube. – »Sehr gut; das ist eine sehr gute Zerstreuung in Deiner Lage.« – Ich finde das auch, mein Herr; es ist in der That ein großer Trost für mich.

großmüthig heimlich zuweilen eine Nachtmütze voll Zwieback und Rindfleisch zukommen, welches in der That im eigentlichsten Verstande ein sehr wohlthätiges Stipendium war.

Die Kost war übrigens nicht sehr fein, so wie sie nicht sehr reichlich war. Heute Speck und Erbsen und morgen Erbsen und Speck; übermorgen *pease and pork* und sodann *pork and pease*: das war fast die ganze Runde. Zuweilen Grütze und Graupen, und zum Schmause Pudding, den wir aus muffigem Mehl halb mit Seewasser, halb mit süßem Wasser, und altem altem Schöpsenfett machen mußten. Der Speck mochte wohl vier oder fünf Jahre alt seyn, war von beiden Seiten am Rande schwarzstriefig, weiter hinein gelb, und hatte nur in der Mitte noch einen kleinen weißen Gang. Eben so war es mit dem gesalzenen Rindfleische, das wir in beliebter Kürze oft roh als Schinken aßen. In dem Schiffsbrote waren oft viel Würmer, die wir als Schmalz mitessen mußten, wenn wir nicht die schon kleine Portion noch mehr reducieren wollten: dabei war es so hart, daß wir nicht selten Kanonenkugeln brauchten es nur aus dem gröbsten zu zerbrechen; und doch erlaubte uns der Hunger selten es einzuweichen; auch fehlte es oft an Wasser. Man sagte uns, und nicht ganz unwahrscheinlich, der Zwieback sei französisch; die Engländer haben ihn noch im siebenjährigen Kriege den Franzosen abgenommen, seit der Zeit habe er in Portsmouth im Magazine gelegen, und nun füttere man die Deutschen damit, um wieder in Amerika die Franzosen unter Rochambeau und Lafayette, so Gott wolle, todt zu schlagen. Gott muß aber doch nicht recht gewollt haben. Das schwergeschwefelte Wasser lag in tiefer Verderbniß. Wenn ein Faß heraufgeschroten und aufgeschlagen wurde, roch es auf dem Verdeck wie Styx, Phlegethon und Kocytus zusammen: große fingerlange Fasern machten es fast konsistent; ohne es durch ein Tuch zu seigen war es nicht wohl trinkbar: und dann mußte man immer noch die Nase zuhalten, und dann schlug man sich doch noch, um nur die Jauche zu bekommen. An Filtrieren war für die Menge nicht zu denken. Guten ehrlichen Landmenschen kommt dieses ohne Zweifel schrecklich vor: aber wer Feldzüge und Seefahrten mitgemacht hat, findet darin nichts ungewöhnliches. Rum wurde gegeben und zuweilen etwas Bier, welches dem Porter ähnlich war und bei den Matrosen *strong beer* hieß. Da ich den ersten nicht genießen konnte, tauschte ich ihn gegen das letzte aus, welches mir Wohlthat war. Zuweilen wurde mir auch aus der Kajüte eine Flasche Porter zugesteckt, da ich am Wein durchaus keinen Geschmack fand.

Stürme hatten wir oft, und einmal so stark, daß uns der Aufsatz des Vordermastes und die große Raa zerbrach. Die Thürmung der Wogen, das Heulen der Winde durch die Segel, das Schlagen und Klirren der Taue, das Donnern der Wellen an die Borde, das Geschrei und Lärmen des Schiffsvolks, der ganze furchtbar empörte Ocean, alles ist dem Neuling schrecklich: aber bald wird man es gewohnt und schläft ruhig unter dem Kampfe der Elemente. Der sybaritische Amtmann am Rheine, der die Nachtigallen wegschießen ließ, weil sie ihn im Schlafe störten, könnte keine bessere Kur brauchen, als eine Reise über den Ocean; zumal in einem englischen Transportschiffe. Nichts giebt aber auch dem Sinn ein größeres Bild von der Kraft des menschlichen Geistes als das Regiment eines großen Schiffes. Man nehme eines aus der Linie. Man gebe ihm neunzig Kanonen; es ist noch keines von den ersten. Sie sind alle von dem größten Kaliber. Für jedes Stück habe man zwei hundert Schüsse an Pulver und Kugeln: welcher Vorrath! Segel und Taue und Stangenwerk; vieles doppelt: eine Besatzung aus tausend Mann; welche ungeheuere Masse für ein Auge, das sie zusammen auf dem Lande sieht! Für diese Mannschaft Lebensmittel an Essen und Trinken für viele Monate. Dieses alles in einer einzigen Maschine beisammen, mit welcher die Wogen wie mit einem Federballe spielen: und dieses ungeheuere Ganze führt der menschliche Geist stolz und ruhig durch empörte Elemente hin und her nach seiner Wahl. Kurio's Theater, die sich mit halb Rom auf einem Schwerpunkt drehten, als ob sie der Weltbeherrscher spotteten, waren kaum eine größere Erscheinung.

Wir fuhren nicht durch den Kanal und die spanische See, weil damals noch die Franzosen und Spanier dort mit Flotten kreuzten und auf uns lauerten; sondern segelten um die Inseln nördlich an den Orkaden weg. Der Sturm trieb uns weit weit nordwärts; und der Sicherheit wegen gab man vielleicht mehr nach als nöthig war. Wir konnten muthmaßlich nicht weit von Grönland seyn; wir froren tief im Sommer, daß wir zitterten Tag und Nacht. Alles ging schlecht genug: wir brachten über einer Fahrt, die sonst gewöhnlich nur vier Wochen dauert, zwei und zwanzig zu. Die Portionen wurden noch knapper an Brot und Fleisch und Wasser; und meine Bekanntschaft mit dem Kapitän war mir noch wohlthätiger. Krankheiten nahmen sehr überhand; doch starben von ungefähr fünf hundert Mann nur sieben und zwanzig, wenn ich nicht irre. Einige meiner nähern Bekannten waren darunter, und unter andern der Exmönch aus Würzburg. Er hatte für einen Mönch recht artige Kenntnisse, wußte viel Geschichte und Mathematik und sprach besser als gewöhnlich Latein. Er war vom Anfange an meine Zuflucht gewesen, wenn die Langeweile sich meiner zuweilen zu bemächtigen drohte: aber vom Anfange an zeigte er einen Mißmuth und eine Gleichgültigkeit gegen das Leben, die ich für nichts weniger als philosophisch hielt. *Perfer et obdura* war schon damals eines meiner Schibolete, und ich hielt es billig für entehrend, mich von gewöhnlichen Streichen des Schicksals niederschlagen zu lassen. In Ziegenhayn und auf dem Marsche hatte ich alle Mühe, den Kleinmüthigen einigermaßen aufrecht zu halten. Auf dem Flusse waren wir getrennt, und als wir auf dem großen Schiffe wieder zusammen kamen, hatte er so völlig Verzicht auf das Leben gethan, daß keine Kraft mehr zu wecken war. Das Kloster ist freilich keine Vorbereitung zum Felde. Es fehlte ihm nichts als Lebensmuth; aber Faulheit und Indolenz, die er wohl Resignation und Apathie nannte, hatten sich seiner in einem solchen Grade bemächtigt, daß er sich fast nicht mehr von der Stelle bewegte. Ein Faulthier war die Thätigkeit selbst gegen ihn. Wenn ich auch über den Ocean komme, sagte er, so geht dort drüben das Elend erst recht an. Noth und

Mangel und Mühseligkeit ist die ganze Aussicht, bis uns ein Rifleman durch die Lunge schießt oder ein Mohak skalpiert. Da hatte die Klosterseele freilich nicht ganz Unrecht; aber ein braver Kerl hält aus bis zuletzt: und es ist doch wohl der schändlichste Tod, aus reiner absoluter Faulheit zu sterben. Nur im Kloster kann eine solche Gedankenmißgeburt entstehen. Er blieb entschlossen, dem Elend nicht entgegen zu leben: und mir war es eine neue Erscheinung, von welcher mir keine Erfahrungsseelenkunde etwas gesagt hatte, daß man ohne alle weitere Krankheit und Veranlassung aus bloßer Indolenz sterben könne. Kein Arzt konnte die geringste Krankheitsanzeige finden, und er klagte über nichts, als über das jämmerliche Leben und die noch jämmerlichere Aussicht. Man prügelte ihn zur Bewegung, zum Luftschöpfen, zum Waschen, zum Essen sogar; ohne Prügel that er von allen dem nichts: nur Rum trank er noch ein wenig ungeprügelt. Endlich ward man das Prügeln überdrüssig und ließ ihn liegen: von dem Augenblicke an wurde nichts mehr gewaschen, gekämmt und gebürstet, und fast nichts mehr gegessen. Er lag in dem Hinbrüten des Todes. So lange ich konnte, besuchte ich ihn in seinem Kasten neben den Aufgegebenen und versuchte noch was Vernunft vermochte; endlich machte es mir die Selbsterhaltung zur Pflicht, mich zu entfernen. Nach dem Tode wollte das Klosterkadaver niemand anrühren, welches sehr zu entschuldigen war. Man suchte die schmutzigsten Gesellen aus und gab ihnen zur Belohnung Rum, daß sie den Todten über Bord warfen. Ich hatte doch noch so viel Theilnahme oder Neugierde, man nenne es wie man will, mich zu nähern und die Erscheinung zu sehen. Es war ein gräßliches Bild menschlichen Elends und menschlicher Verworfenheit, das ich, Gott sei Dank, bei aller meiner Erfahrung nie wieder gesehen habe. Einige Monate hatte sich der Mensch nicht rasiert und in seinem Unrath gelegen. Das Hemde, dessen Farbe man nicht mehr erkennen konnte, das Kopfhaar, der Bart und die Augenbraunen und Wimpern wimmelten von Insekten, als ob er an der Phthiriase gestorben wäre, welches doch bestimmt der Fall nicht war: denn vorher hielt er sich leidlich reinlich.

Einige Monate ist das Herumschwimmen auf dem Ocean, bei gehörigen Veränderungen, so lange die Erscheinungen neu sind, keine üble Parthie; zumal wenn man in so zahlreicher Gesellschaft segelt wie wir. Unsere Flotte von Transportschiffen aller Art, begleitenden Kriegsschiffen und Kaufmannsfahrzeugen, die die Gelegenheit der Sicherheit benutzten, mochte sich wohl auf siebzig Segel belaufen: und der Abend und Morgen einer solchen schwimmenden Kolonie hat sein angenehmes, wenn die See nicht zu hoch und nicht zu still ist. Besonders hat das Geläute etwas traulich heimisches und doch etwas sehr feierliches auf der unermeßlichen Fläche, daß ich nicht selten zu einem sehr innigen Gebet gestimmt wurde. Was weder Vernunft noch Gefahr bewirken, bewirkt oft die magische Psychagogie der Töne durch das Gefühl.

Wenn ich nicht mit den Matrosen arbeitete, lag ich bei schönem Wetter mit dem Virgil oben im Mastkorbe und verglich unsern überstandenen Sturm mit dem seinigen, und fand ihn nie so lebendig wahr, als eben jetzt, wo ich an den vorigen dachte und den kommenden erwartete. Sein *Insequitur clamorque virum, stridorque rudentum* ist einfach malerisch schön, daß es den ganzen Auftritt giebt. Das hat er selbst gefühlt, weil es mit wenigen Veränderungen in allen seinen Beschreibungen des Seesturms wieder kommt. Wenn wir auch nicht wüßten, daß er zur See war, aus diesen Stellen würden wir es fast untrüglich schließen können; so wie ich aus seiner Beschreibung des Atlas schließe, daß er nie auf einem Berge der ersten Höhe war. Ob ich gleich viele Hülfsmittel der Beschäftigung in und außer mir hatte, die den andern fehlten, so fing das Einerlei der Scenen doch endlich an mir lästig zu werden. Das Kabeliauangeln und das Einsalzen zu Laberdan auf einigen Bänken in der Nähe von Amerika gab einige Tage wieder gutes Essen und gute Unterhaltung. Ich erinnere mich, daß wir einmal so reichlich fingen, daß außer der Vertheilung eilf Tonnen in einem Nachmittage eingesalzen wurden. Keine Leber von irgend einem Thier zu Wasser und zu Lande ist mir feiner und schmackhafter vorgekommen, als die

Leber vom Kabeliau; so wie der Fisch selbst, frisch zubereitet und genossen, einer der köstlichsten ist. Ich würde ihn gleich nach dem Sterled und Thunfisch setzen, und ihn dem Lachse vorziehen; zumal da er auch viel zarter und gesunder ist.

Endlich bekamen wir das Ufer von Akadien zu Gesichte und liefen unter allgemeinem Freudengeschrei in der Bucht von Hallifax ein. Hallifax ist unstreitig einer der besten Hafen am Ocean, vielleicht der beste, für eine unzählige Menge Schiffe; sicher gegen alle Stürme. Die Insel und das Fort St. George nebst einigen starken Landbatterien vertheidigen den Eingang: und es gehört schon eine ziemliche Macht dazu, ihn zu forcieren. Seine Lage ist so, daß er mit Fleiß und Aufwand unbezwinglich gemacht werden kann, wenn man nur die Landseite zu vertheidigen im Stande ist.

Man brachte uns wahrscheinlich nach Hallifax, weil es in Neuyork und den andern Provinzen schon höchst mißlich mit den Royalisten stand, und man das Ausschiffen dort kaum wagen durfte. Der Tag der Ausschiffung war einer der schönsten und einer der schlimmsten. Zwei und zwanzig Wochen waren wir herum geschwommen, ohne das geringste Land gesehen zu haben. Da wir keine brittischen Amphibienseelen waren, sehnte sich alles ohne Ausnahme nach festem Fuße; zumal da der Scharbock empfindlich zu werden anfing. Es war aber ein Hungertag, da uns die Schiffe an das Land wiesen, und das Landkommissariat, zumal da das Ausschiffen sich sehr spät verzögerte, noch nicht geliefert hatte. Doch vergaß jeder in der Freude gern die Forderung des Magens, wenn er nur den Boden begrüßen konnte. Ich erinnere mich dabei eines sehr wehmüthigen Auftritts. Ich war einer der ersten am Lande, und hatte nebst einigen andern eine kleine Quelle herrlichen Wassers am Ufer im Sande entdeckt. Lange hatten wir diese köstliche Erquickung entbehrt; wir tranken mit Wollust und großen Zügen. Schnell erscholl die Entdeckung und die Hungrigen und Durstigen stürzten in Haufen nach dem kleinen spiegelhellen Wasserschatze, drängten sich, stießen sich, jeder wollte gierig der erste Theilnehmer seyn: in dem Getümmel gerieth der Sand des abschüssigen Ufers in Unordnung, gab nach, und in einem Augenblicke war die ganze kleine herrliche Quelle versandet. Sie brauchte Stunden um sich wieder zu läutern, und die Menge stand traurig um sie herum und betrachtete lechzend den Verlust.

Als ich vom Schiffskapitän Abschied nahm, drückte er mir mit herzlicher Freundlichkeit die Hand. *»It is a pity, my boy«*, sagte er, *»you do not stay with us; you would soon become a very good sailor.« Heartily I would*, sagte ich, *but you see, it is impossible. »So it is«*, rief er, *»god speed you well!«* *

* »Es thut mir leid, mein Sohn, daß Du nicht bei uns bleibst; Du würdest bald ein guter Seemann geworden seyn.« – Herzlich gern wollte ich es; aber Sie sehen, daß es unmöglich ist. – »Das ist es; Gott sei mit Dir.« –

Kurt Tucholsky

Der Priem

Alle Rechte vorbehalten
Unter vielem Spucken zu singen

Es haben die Matrosen
wohl auf dem blauen Meer
nicht nur die weiten Hosen –
sie haben noch viel mehr.
Denn gibt es nichts zu rauchen,
weißt du, was sie da brauchen
bei Nacht und auch bei Tag?
Den Kautabak – den Kautabak –
ein kleines Stückchen Kautabak
von der Firma Eckenbrecht
aus Kiel.

Es heulen die Sirenen.
Die Braut in Tränen schwimmt.
Es schwimmt die Braut in Tränen,
wenn der Seemann Abschied nimmt.
Sie drücken sich die Hände;
dann gibt sie ihm am Ende
verschämt ein kleines Pack
mit Kautabak – mit Kautabak –
mit nem halben Pfündchen Kautabak
von der Firma Eckenbrecht
aus Kiel.

Da hinten liegt sein Kutter,
da hinten liegt sein Kahn.
Sie sagt, sie fühlt sich Mutter,
er sieht sie blöde an.

Er läßt sich von ihr kosen,
die Hände in den Hosen,
dann nimmt er einen Schlag
vom Kautabak – vom Kautabak –
ein kleines Stückchen Kautabak
von der Firma Eckenbrecht
aus Kiel.

Das Schiff fährt in den Hafen
wohl in Batavia.
Mit den Mädchen muß man schlafen,
wozu sind sie sonst da!
Die er geliebkost hatte,
liegt nackt auf einer Matte;
er holt aus seinem Pack
den Kautabak – den Kautabak –
ein kleines Stückchen Kautabak
von der Firma Eckenbrecht
aus Kiel.

Das Schiff tät nicht versaufen,
in Hamburg legt es an.
Marie mußt sich verkaufen
nachts auf der Reeperbahn.
Nun spürt der arme Junge
grad unter seiner Zunge
den bitteren Geschmack
vom Kautabak – vom Kautabak –
vom kleinen Stückchen Kautabak
von der Firma Eckenbrecht
aus Kiel.

Wie dem Seemann mit den Frauen,
uns gehts genau wie ihm.
Das Leben muß man kauen,
das Dasein ist ein Priem.

Es schmeckt dem Knecht und Ritter
mal süß und auch mal bitter . . .
Spuck ihn aus, wer ihn nicht mag!
        Den Kautabak – den Kautabak –
        das kleine Stückchen Kautabak
        von der Firma Eckenbrecht
                aus Kiel!

Octave Mirbeau

Vom Roten Meer in den Indischen Ozean

Obwohl wir erst Oktober schrieben, war die Fahrt durch das Rote Meer doch äußerst unangenehm. Die Hitze war so vernichtend, die Luft so schwer für unsere europäischen Lungen, daß ich oft erstickt zu sterben glaubte. Tagsüber verließen wir den Salon gar nicht mehr, wo der große indische *Punka*, der sich ohne Unterlaß bewegte, uns die rasch entschwindende Illusion einer frischen Brise gab. Die Nacht verbrachten wir auf dem Verdeck, wo wir übrigens ebenso wenig wie in unseren Kabinen schlafen konnten. Der normannische Edelmann schnaufte wie ein kranker Ochse und dachte gar nicht mehr daran, seine tonkingischen Jagdgeschichten zu erzählen. Von den Reisenden waren diejenigen, die vorher am meisten geprahlt und sich möglichst widerstandsfähig gezeigt hatten, am meisten herunter gekommen, ihre Glieder waren erschöpft, ihr Atem ging pfeifend, wie der eines übermüdeten Rindviehs. Man kann sich gar nichts Lächerlicheres vorstellen als das Aussehen dieser Leute, die in ihre vielfarbigen *Pidjamus* versenkt waren ... Nur die beiden Chinesen schienen von dieser Feuertemperatur unberührt. Sie hatten nichts an ihren Gewohnheiten oder an ihren Kleidungen geändert und verbrachten ihre Zeit mit schweigsamen Spaziergängen auf dem Deck oder Karten- und Würfelpartien in ihren Kabinen.

Wir interessierten uns für nichts. Nichts konnte uns übrigens zerstreuen, da wir die Qual erlitten, mit der Langsamkeit und Regelmäßigkeit eines Ofentopfes gekocht zu werden. Das Paketboot fuhr in der Mitte des Golfes: ober uns, rings um uns sahen wir nichts als den blauen Himmel und das blaue Meer, ein düsteres Blau, ein heißes, metallisches Blau, wie es manchmal in den Hochöfen zu erblicken ist, kaum konnten wir die Somaliküsten, die ferne rote Masse unterscheiden, bedeckt mit jenen glühenden Sandhügeln, wo kein Baum, kein Kraut wächst, die wie ein unablässig brennender Feuerherd dieses schreckliche Meer umgürten, das einem ungeheuern Behältnis kochenden Wassers gleicht.

Ich muß sagen, daß ich während dieser Ueberfahrt großen Mut bewies und nichts von meinem in der Tat sehr leidenden Zustand zeigte. Ich erreichte dies durch Ergebenheit in mein Schicksal und durch Liebe.

Der Zufall – war es wirklich der Zufall oder nur der Kapitän? – hatte mir Miß Clara als Tischnachbarin gegeben. Ein Zwischenfall bei der Bedienung brachte es zustande, daß wir fast ohne Verzug genaue Bekanntschaft schlossen. Uebrigens berechtigte meine hohe Stellung in der Wissenschaft und die Neugierde, deren Gegenstand ich war, mich zu gewissen Abweichungen von den gewohnten Höflichkeitsformen.

Wie mir der Kapitän mitgeteilt hatte, kehrte Miß Clara nach China zurück, nachdem sie den Sommer abwechselnd in England, ihrer Geschäfte halber, in Deutschland, um eine Kur durchzumachen und in Frankreich, um, sich zu unterhalten, verbracht hatte. Sie gestand mir, daß Europa sie immer mehr anwidere ... Sie könne diese hektischen Sitten, diese lächerlichen Moden, diese frostigen Landschaften nicht länger ertragen ... Nur in China fühle sie sich glücklich und frei ... So wie sie war, mit ihrem entschlossenen Benehmen, mit ihrem höchst außergewöhnlichen Lebenswandel, plauderte sie zuweilen kreuz und quer, zuweilen auch mit einem lebhaften Verständnis für alle Dinge, mit fieberhafter und dem Fremdartigen zugeneigter, sentimentaler und philosophischer, unwissender und gebildeter, unreiner und keuscher, kurz geheimnisvoller Lustigkeit ... Sicher hatte sie Lücken in ihrem Wissen, unverständliche Launen, schreckliche Gelüste ... mit einem Wort, sie verwirrte mich im höchsten Grade, obwohl man doch von einer Engländerin jegliche Exzentrizitäten erwarten muß. Ich zweifelte von allem Anfang nicht daran, ich, der ich in bezug auf Frauen nur Pariser Kokotten und, was noch ärger ist, politische und literarische Weiber gekannt hatte, ich zweifelte nicht daran, daß ich Jene leicht verführen könnte und nahm mir vor, durch sie in unvorhergesehener und reizender Weise meine Reise zu verschönern. Ihr Haar war rötlich, ihre Haut glänzend, ein Lächeln schien stets bereit, auf ihren schwellenden und roten Lippen zu erklingen. Sie war in der Tat die Freude des ganzen Schiffes, die Seele dieses Fahrzeuges, das tollen Abenteuern, der paradiesischen Freiheit ursprünglicher Länder und feurigen Tropen entgegenzog. Die Eva eines wundervollen Edens, selbst eine Blume, eine berauschende Blume und die köstliche Frucht ewiger Lust streifte sie und sie sprang, wie ich mir deutlich vorstellen konnte, zwischen den Blumen und den goldigen Früchten dieser paradiesischen Gärten herum, nicht mehr in diesem modernen Kostüme aus weißem Piquetstoff, das ihre biegsame Taille eng umschloß und das kraftvolle Leben ihrer fruchtartigen Büste einengte, sondern in dem übernatürlichen Glanze ihrer biblischen Nacktheit.

Ich erkannte nur allzubald, daß ich mich in meiner galanten Diagnose geirrt hatte und daß Miß Clara, meine eitle Einbildung Lügen strafend, unantastbare Ehrbarkeit besaß. Aber weit davon entfernt, durch diese Feststellung enttäuscht zu werden, erschien sie mir nur noch hübscher und ich fühlte wirklichen Stolz darüber, daß dieses reine, tugendhafte Wesen mich, den niedrigen Wüstling, mit so einfachem und graziösem Vertrauen aufgenommen hatte … Ich wollte auf die innere Stimme nicht hören, die mir zurief: »Dieses Weib lügt, dieses Weib macht sich über Dich lustig! Aber Du Dummkopf, so sieh' doch mal ihre Augen an, die alles erblickt haben, diesen Mund, der alles geküßt hat, diese Hände, die alles geliebkost haben, diesen Leib, der überoft in jedem Wollustrausch und jeglicher Umarmung erschauerte! Sie und keusch? … Ach was! ach was! … Und diese wissenden Gebärden? Und diese Weichheit und Biegsamkeit, diese Bewegungen des Leibes, der all die Formen einer wollüstigen Umschlingung bewahrt hat? Und diese geschwellte Büste, die einer, von Pollen trunkenen Blume gleicht?« … Nein, wahrhaftig, ich hörte auf diese Stimme nicht und ich hatte ein köstlich keusches Gefühl, das aus zärtlicher Dankbarkeit und Stolz zusammengesetzt war, eine Regung moralischer Wiedergeburt, als ich so täglich mehr, in vertraulichen Verkehr mit diesem schönen, tugendhaften Weib kam, von dem ich im vorhinein annehmen konnte, daß es mir nie etwas Anderes sein könnte als eine seelische Freundin! ... Dieser Gedanke erhob mich und rehabilitierte mich in meinen eigenen Augen. Dank dieser täglichen reinen Berührung gewann ich, ja wahrhaftig, gewann ich wieder Selbstachtung. Der ganze Schmutz meiner Vergangenheit verwandelte sich in leuchtenden Azur und ich sah die Zukunft durch den ruhigen, klaren Smaragdglanz geregelten Glückes ... Ach, wie weit waren Eugène Mortain, Frau G ... und Ihresgleichen von mir! ... Wie verrannen die Gesichter all dieser grinsenden Phantome jeden Augenblick mehr unter dem himmlischen Blick dieses strahlenden Geschöpfes, durch den ich mich selbst als ein neuer Mensch enthüllte, mit edlen Anwandlungen, zärtlichen Gefühlen und einer Begeisterungsfähigkeit, die ich noch nie an mir bemerkt hatte.

O Ironie dieses zärtlichen Liebesrausches! O Komödie der Begeisterung, die im Menschenherzen ruht! Wie oft glaubte ich in Claras Nähe an die große Aufgabe meiner Forschungsreise und war ich überzeugt, daß ich das Genie besaß, um all die Embryologien, all die Planeten des Weltalls in Aufruhr zu versetzen.

Wir langten rasch bei vertraulichen Geständnissen an. Dies geschah in einer Reihe von Lügen, die geschickt vorgebracht wurden, einerseits aus Eitelkeit, andererseits aus dem natürlichen Wunsche, mich in den Augen meiner Freundin nicht zu entwerten; ich suchte mich also möglichst vorteilhaft in der Rolle eines Gelehrten zu zeigen, erzählte von meinen biologischen Entdeckungen und meinen Erfolgen an der Akademie, ich sprach von all der Hoffnung, die die berühmtesten Männer der Wissenschaft auf meine Methode und meine Reise setzten. Dann verließ ich diese all zu steilen Höhen und beschäftigte mich mit halb gesunden, halb perversen Anekdoten aus dem gesellschaftlichen Leben und Bemerkungen über Literatur und Kunst, die den Geist einer Frau zur Genüge interessieren konnten, ohne ihn zu verwirren. Und diese frivolen und leichten Unterhaltungen, denen ich einen geistreichen Anstrich zu geben bestrebt war, verliehen meiner ernsten Persönlichkeit eines Gelehrten einen seltsamen, vielleicht einzig in seiner Art dastehenden Charakter. Ich erwarb mir Claras Zuneigung vollständig während dieser Fahrt durchs Rote Meer. Indem ich mein eigenes Unwohlbefinden unterdrückte, fand ich geschickte Aufmerksamkeiten und zarte Rücksichten gegen sie, die ihr Leiden einschläferten. Als die Saghalien in Aden vor Anker ging, um Kohlen aufzunehmen, waren wir beide vertraute Freunde geworden, erfüllt mit jener wunderbaren Freundschaft, die kein Blick, keine Gebärde trübt, die keine schuldige Absicht in ihrer schönen Reinheit beflecken kann. Und dennoch rief die innere Stimme ohne Unterlaß in mir: »Aber sieh' doch nur diese Nüstern, die mit schrecklicher Wollust das Leben in seiner Gänze einatmen ... Betrachte diese Zähne, die sich unzählige Male in die blutige Frucht der Sünde gegraben haben.« Heldenhaft gebot ich dieser Stimme Stillschweigen.

Es war eine unendliche Freudenstimmung, als wir in die Gewässer des indischen Ozeans einliefen; nach den tödlichen, folternden Tagen, die wir auf dem Roten Meere verbracht hatten, erschien mir dies wie eine Wiedergeburt. Ein neues Leben, ein Leben voll Freude und Tätigkeit entstand an Bord. Obwohl die Temperatur noch recht heiß war, konnte man doch köstlich atmen, es war, als ob man den Duft von Pelzwerk, das eine Frau eben ausgezogen hat, einsöge. Eine leichte Brise, die, wie man annehmen konnte, mit all den Düften der tropischen Flora geschwängert war, erfrischte Leib und Seele. Um uns ging ein förmliches Wunder vor. Der Himmel war von der Durchsichtigkeit einer Märchengrotte, goldgrün mit rosigen Flammen gefärbt; das Meer dehnte sich ruhig unter dem kraftvoll rhythmischen Hauch des Monsuns in weiter blauer Fläche aus, die hie und da mit smaragdfarbenen Lichtern geschmückt war. Wir fühlten tatsächlich körperlich etwas wie eine Liebkosung, als wir den magischen Erdteilen nahten, den licht erfüllten Ländern, wo das Leben an einem geheimnisvollen Tage seine ersten Zuckungen gehabt. Und wir alle, selbst der normannische Edelmann, trugen auf den Gesichtern etwas von diesem Himmel, von diesem Licht.

Miß Clara zog – wie sich das von selbst versteht – die Blicke der Männer auf sich, die sie in Aufruhr versetzte; sie hatte stets einen ganzen Hof von leidenschaftlichen Verehrern um sich. Ich fühlte keine Eifersucht, da ich überzeugt war, daß sie diese Leute für lächerlich hielt und mich allen anderen vorzog, selbst den bei den Chinesen, mit denen sie sich häufig unterhielt, die sie aber nicht mit solchen Blicken wie mich ansah; mit diesen seltsamen Blicken, in denen ich mehrfach trotz aller erzwungenen Zurückhaltung eine gewisse geistige Mitschuld und ich weiß nicht, welches geheime Einverständnis zu lesen glaubte. Unter ihren leidenschaftlichsten Anbetern, befanden sich ein französischer Forschungsreisender, der sich nach der malaiischen Halbinsel begab, um dort die Kupferbergwerke zu untersuchen, und ein englischer Offizier, der in Aden das Schiff bestiegen hatte und nach seiner Garnison Bombay zurückkehrte. Beide waren in ihrer Art grobe, doch unterhaltende Barbaren, die Clara mit Vorliebe zur Zielscheibe ihres Spottes machte. Der Forschungsreisende wurde nicht müde, von seinen früheren Fahrten durch Zentral-Afrika zu erzählen. Was den englischen Offizier betrifft, der Hauptmann in einem Artillerieregimente war, so suchte er uns durch die Beschreibung aller seiner ballistischen Erfindungen zu verblüffen.

Eines Abends befanden wir uns nach dem Diner sämtlich um Clara herum vereint, die graziös auf einem Rocking-chair ausgestreckt lag. Die einen rauchten Zigaretten, die anderen waren in Nachdenken versunken. Wir alle trugen das gleiche Verlangen nach Clara in uns; wir alle folgten mit demselben Gedanken wilden Genusses den Bewegungen ihrer kleinen Füßchen, die in rosigen Pantoffeln steckten und bei dem Wiegen des Stuhles aus dem duftenden Kelch ihrer Röcke wie Staubfäden herauswuchsen. Wir sprachen kein Wort. Und die Nacht war voll von märchenhafter Wonne, das Schiff glitt wollüstig über das Meer wie über eine Seidenfläche. Clara wandte sich an den Forschungsreisenden:

»Ist es also wahr?« rief sie mit boshafter Stimme, »oder soll das vielleicht nur Scherz sein? Sie haben wirklich Menschenfleisch gegessen?«

»Ja, selbstverständlich!« antwortete er stolz und in einem Tone, der unbestreitbare Ueberlegenheit über uns markieren sollte. »Ich mußte wohl oder übel, man ißt, was man eben hat.«

»Und wie schmeckt das?« fragte sie ein wenig angeekelt.

Er überlegte einen Augenblick lang, dann bemerkte er mit einer ungewissen Gebärde:

»Mein Gott! ... wie soll ich Ihnen dies definieren ... Stellen Sie sich vor, anbetungswürdige Miß, stellen Sie sich Schweinefleisch vor, Schweinefleisch, das ein wenig in Nußöl eingemacht ist.«

Nachlässig und resigniert fügte er hinzu:

»Es ist nicht gerade sehr gut, man ißt es ja übrigens auch nicht aus Feinschmeckerei ... Ich ziehe jedenfalls Hammelkeule oder Beefsteak vor.«

»Das begreife ich wohl!« stimmte Clara bei. Und als ob sie aus Höflichkeit den Schrecken dieser Menschenfresserei hätte mildern wollen, spezialisierte sie:

»Zumal Sie doch zweifellos nur Negerfleisch gegessen haben!«

Johann Gottfried Herder

Warum Rußland noch keine gute Seeflotte hat

Das Schiff ist das Urbild einer sehr besondern und strengen Regierungsform. Da es ein kleiner Staat ist, der überall Feinde um sich siehet, Himmel, Ungewitter, Wind, See, Strom, Klippe, Nacht, andre Schiffe, Ufer, so gehört ein Gouvernement dazu, das dem Despotismus der ersten feindlichen Zeiten nahekommt. Hier ist ein Monarch und sein erster Minister, der Steuermann; alles hinter ihm hat seine angewiesenen Stellen und Ämter, deren Vernachlässigung und Empörung insonderheit so scharf bestraft wird. Daß Rußland noch keine gute Seeflotte hat, hängt also von zwei Ursachen ab. Zuerst, daß auf ihren Schiffen keine Subordination ist, die doch hier die strengste sein sollte; sonst geht das ganze Schiff verloren. Anekdoten im Leben Peters zeigen, daß er sich selbst dieser Ordnung unterwerfen und mit dem Degen in der Hand in die Kajüte habe hineinstoßen lassen müssen, weil er unrecht kommandierte. Zweitens, daß nicht jedes seinen bestimmten Platz hat, sondern alles zu allem gebraucht wird. Der alte, abgelebte Soldat wird Matrose, der nichts mehr zu lernen Lust und Kraft [hat], und dünkt sich bald, wenn er kaum ein Segel hinanklettern kann, Seemann. In den alten Zeiten wäre dies tunlich gewesen, da die Seefahrt als Kunst nichts war, da die Schiffe eine Anzahl Ruder und Hände und Menschen und Soldaten und weiter nichts enthielten. Jetzt aber gibt's keine zusammengesetztere Kunst als die Schiffskunst. Da hängt von einem Versehen, von einer Unwissenheit alles ab. Von Jugend auf müßte also der Russe so zur See gewöhnt [werden] und unter andern Nationen erst lernen, ehe er ausübt. Aber, sagt mein Freund, das ist ihr Grundfehler in allem: leichter, nachzuahmen, zu arripieren ist keine Nation als sie; alsdenn aber, da sie alles zu wissen glaubt, forscht sie nie weiter und bleibt also immer und in allem stümperhaft. So ist's: auf Reisen, welche Nation nachahmender; in den Sitten und der französischen Sprache, welche leichter; in allen Handwerken, Fabriken, Künsten? Aber alles nur bis auf einen gewissen Grad. Ich sehe in dieser Nachahmungsbegierde, in dieser kindischen Neuerungssucht nichts als gute Anlage einer Nation, die sich bildet und auf dem rechten Wege bildet; die überall lernt, nachahmt, sammlet: Laß sie sammlen, lernen, unvollkommen bleiben; nur komme auch eine Zeit, ein Monarch, ein Jahrhundert, das sie zur Vollkommenheit führe. Welche große Arbeit des Geistes ist's hier für einen Politiker, darüber zu denken, wie die Kräfte einer jugendlichen halbwilden Nation können gereift und zu einem Originalvolk gemacht werden! – – Peter der Große bleibt immer Schöpfer, der die Morgenröte und einen möglichen Tag schuf; der Mittag bleibt noch aufgehoben und das große Werk »Kultur einer Nation zur Vollkommenheit«!

Drittes Kapitel

In welchem von den gefährlichen Fahrten und Schiffbrüchen und vom wankenden Glück auf hoher See berichtet wird
Begleitet von einer philosophischen Nachbemerkung

Johann Wolfgang von Goethe

Vor dem Golf von Neapel

Messina und auf der See, Montag
den 13. Mai 1787

Beide wir erwachten mit gleicher Empfindung, verdrießlich, daß wir durch den ersten wüsten Anblick von Messina zur Ungeduld gereizt, uns entschlossen hatten mit dem französischen Kauffahrer die Rückfahrt abzuschließen. Nach dem glücklich beendigten Abenteuer mit dem Gouverneur, bei dem Verhältnis zu wackern Männern, denen ich mich nur näher zu bezeichnen brauchte, aus dem Besuch bei meinem Banquier, der auf dem Lande in der angenehmsten Gegend wohnte, ließ sich für einen längern Aufenthalt in Messina das Angenehmste hoffen. Kniep, von ein paar hübschen Kindern wohl unterhalten, wünschte nichts mehr als die längere Dauer des sonst verhaßten Gegenwindes. Indessen war die Lage unangenehm, alles mußte gepackt bleiben und wir jeden Augenblick bereit sein zu scheiden.

So geschah denn auch dieser Aufruf gegen Mittag, wir eilten an Bord und fanden unter der am Ufer versammelten Menge auch unsern guten Consul, von dem wir dankbar Abschied nahmen. Der gelbe Laufer drängte sich auch herbei, seine Ergötzlichkeiten abzuholen. Dieser ward nun belohnt und beauftragt, seinem Herrn unsere Abreise zu melden und mein Außenbleiben von Tafel zu entschuldigen. – Wer absegelt ist entschuldigt! rief er aus, sodann, mit einem seltsamen Sprung sich umkehrend, war er verschwunden.

Im Schiffe selbst sah es nun anders aus als auf der neapolitanischen Corvette; doch beschäftigte uns, bei allmähliger Entfernung vom Ufer, die herrliche Ansicht des Palastzirkels, der Zitadelle, der hinter der Stadt aufsteigenden Berge. Calabrien an der andern Seite. Nun der freie Blick in die Meerenge nord- und südwärts, bei einer ausgedehnten, an beiden Seiten schön beuferten

Breite. Als wir dieses nach und nach anstaunten, ließ man uns links, in ziemlicher Ferne, einige Bewegung im Wasser, rechts aber, etwas näher, einen vom Ufer sich auszeichnenden Felsen bemerken, jene als Charybdis, diesen als Scylla. Man hat sich bei Gelegenheit beider, in der Natur so weit aus einander stehenden, von dem Dichter so nah zusammengerückten Merkwürdigkeiten, über die Fabelei der Poeten beschwert und nicht bedacht, daß die Einbildungskraft aller Menschen durchaus Gegenstände, wenn sie sich solche bedeutend vorstellen will, höher als breit imaginiert und dadurch dem Bilde mehr Charakter, Ernst und Würde verschafft. Tausendmal habe ich klagen hören, daß ein durch Erzählung gekannter Gegenstand in der Gegenwart nicht mehr befriedige, die Ursache hievon ist immer dieselbe: Einbildung und Gegenwart verhalten sich wie Poesie und Prosa, jene wird die Gegenstände mächtig und steil denken, diese sich immer in die Fläche verbreiten. Landschaftsmaler des sechszehnten Jahrhunderts gegen die unsrigen gehalten, geben das auffallendste Beispiel. Eine Zeichnung von Jodocus Momper, neben einem Kniepschen Contour würden den ganzen Kontrast sichtbar machen.

Mit solchen und ähnlichen Gesprächen unterhielten wir uns, indem selbst für Kniep die Küsten, welche zu zeichnen er schon Anstalt getroffen hatte; nicht reizend genug waren.

Mich aber befiel abermals die unangenehme Empfindung der Seekrankheit und hier war dieser Zustand nicht wie bei der Überfahrt durch bequeme Absonderung gemildert; doch fand sich die Kajüte groß genug um mehrere Personen einzunehmen, auch an guten Matratzen war kein Mangel. Ich nahm die horizontale Stellung wieder an, in welcher mich Kniep gar vorsorglich mit rotem Wein und gutem Brot ernährte. In dieser Lage wollte mir unsere ganze sicilianische Reise in keinem angenehmen Lichte erscheinen. Wir hatten doch eigentlich nichts gesehen, als durchaus eitle Bemühungen des Menschengeschlechts sich gegen die Gewaltsamkeit der Natur, gegen die hämische Tücke der Zeit und gegen den Groll ihrer eigenen feindseligen

Spaltungen zu erhalten. Die Carthager, Griechen und Römer und so viele nachfolgende Völkerschaften haben gebaut und zerstört. Selinunt liegt methodisch umgeworfen, die Tempel von Girgent niederzulegen waren zwei Jahrtausende nicht hinreichend, Catania und Messina zu verderben wenige Stunden, wo nicht gar Augenblicke. Diese wahrhaft seekranken Betrachtungen eines auf der Woge des Lebens hin- und wieder Geschaukelten, ließ ich nicht Herrschaft gewinnen.

Auf der See, Dienstag den 13. Mai 1787

Meine Hoffnung diesmal schneller nach Neapel zu gelangen, oder von der Seekrankheit eher befreit zu sein, war nicht eingetroffen. Verschiedenemal versuchte ich, durch Kniep angeregt, auf das Verdeck zu treten, allein der Genuß eines so mannigfaltigen Schönen war mir versagt, nur einige Vorfälle ließen mich meinen Schwindel vergessen. Der ganze Himmel war mit einem weißlichen Wolkendunst umzogen, durch welchen die Sonne, ohne daß man ihr Bild hätte unterscheiden können, das Meer überleuchtete, welches die schönste Himmelsbläue zeigte die man nur sehen kann. Eine Schar Delphine begleitete das Schiff, schwimmend und springend blieben sie ihm immer gleich. Mich deucht sie hatten das aus der Tiefe und Ferne ihnen als ein schwarzer Punkt erscheinende Schwimmgebäude für irgend einen Raub und willkommene Zehrung gehalten. Vom Schiff aus wenigstens behandelte man sie nicht als Geleitsmänner, sondern wie Feinde: einer ward mit dem Harpun getroffen, aber nicht herangebracht.

Der Wind blieb ungünstig, den unser Schiff, in verschiedenen Richtungen fortstreichend, nur überlisten konnte. Die Ungeduld hierüber ward vermehrt als einige erfahrne Reisende versicherten: weder Hauptmann noch Steurer verstünden ihr Handwerk, jener möge wohl als Kaufmann, dieser als Matrose gelten, für den Wert so vieler Menschen und Güter seien sie nicht geeignet einzustehen.

Ich ersuchte diese übrigens braven Personen, ihre Besorgnisse geheim zu halten. Die Anzahl der Passagiere war groß, darunter Weiber und Kinder von verschiedenem Alter, denn alles hatte sich auf das französische Fahrzeug gedrängt, die Sicherheit der weißen Flagge vor Seeräubern, sonst nichts weiter bedenkend. Ich stellte vor: daß Mißtrauen und Sorge jeden in die peinlichste Lage versetzen würde, da bis jetzt alle in der farb- und wappenlosen Leinwand ihr Heil gesehen.

Und wirklich ist zwischen Himmel und Meer dieser weiße Zipfel als entscheidender Talisman merkwürdig genug. Wie sich Abfahrende und Zurückbleibende noch mit geschwungenen weißen Taschentüchern begrüßen und dadurch, wechselseitig, ein sonst nie zu empfindendes Gefühl der scheidenden Freundschaft und Neigung erregen, so ist hier in dieser einfachen Fahne der Ursprung geheiligt; eben als wenn einer sein Taschentuch an eine Stange befestigte, um der ganzen Welt anzukündigen, es komme ein Freund über Meer.

Mit Wein und Brot von Zeit zu Zeit erquickt, zum Verdruß des Hauptmanns, welcher verlangte daß ich essen sollte was ich bezahlt hatte, konnte ich doch auf dem Verdeck sitzen und an mancher Unterhaltung Teil nehmen. Kniep wußte mich zu erheitern indem er nicht wie auf der Corvette, über die vortreffliche Kost triumphierend, meinen Neid zu erregen suchte, mich vielmehr diesmal glücklich pries daß ich keinen Appetit habe.

Montag den 14. Mai 1787

Und so war der Nachmittag vorbeigegangen ohne daß wir unsern Wünschen gemäß in den Golf von Neapel eingefahren wären. Wir wurden vielmehr immer westwärts getrieben und das Schiff, indem es sich der Insel Capri näherte, entfernte sich immer mehr von dem Cap Minerva. Jedermann war verdrießlich und ungeduldig, wir beiden aber, die wir die Welt mit malerischen Augen betrachteten, konnten damit sehr zufrieden sein, denn bei Sonnenuntergang genossen wir des herrlichsten Anblicks den uns die ganze Reise gewährt hatte. In dem glänzendsten Farbenschmuck lag Cap Minerva mit den daranstoßenden

Gebirgen vor unsern Augen, indes die Felsen die sich südwärts hinabziehen schon einen blaulichen Ton angenommen hatten. Vom Cap an zog sich die ganze erleuchtete Küste bis Sorrent hin. Der Vesuv war uns sichtbar, eine ungeheure Dampfwolke über ihm aufgetürmt, von der sich ostwärts ein langer Streif weit hinzog, so daß wir den stärksten Ausbruch vermuten konnten. Links lag Capri steil in die Höhe strebend; die Formen seiner Felswände konnten wir durch den durchsichtigen, bläulichen Dunst vollkommen unterscheiden. Unter einem ganz reinen, wolkenlosen Himmel glänzte das ruhige, kaum bewegte Meer, das bei einer völligen Windstille endlich wie ein klarer Teich vor uns lag. Wir entzückten uns an dem Anblick, Kniep trauerte daß alle Farbenkunst nicht hinreiche diese Harmonie wiederzugeben, so wie der feinste englische Bleistift die geübteste Hand nicht in den Stand setze diese Linien nachzuziehen. Ich dagegen, überzeugt daß ein weit geringeres Andenken als dieser geschickte Künstler zu erhalten vermochte in der Zukunft höchst wünschenswert sein würde, ich ermunterte ihn Hand und Auge zum letztenmal anzustrengen; er ließ sich bereden und lieferte eine der genausten Zeichnungen die er nachher kolorierte und ein Beispiel zurückließ, daß bildlicher Darstellung das Unmögliche möglich wird. Den Übergang vom Abend zur Nacht verfolgten wir mit eben so begierigen Augen. Capri lag nun ganz finster vor uns und zu unserm Erstaunen entzündete sich die vesuvische Wolke so wie auch der Wolkenstreif, je länger, je mehr und wir sahen zuletzt einen ansehnlichen Strich der Atmosphäre im Grunde unseres Bildes erleuchtet, ja wetterleuchten.

Über diese uns so willkommenen Szenen hatten wir unbemerkt gelassen daß uns ein großes Unheil bedrohe, doch ließ uns die Bewegung unter den Passagieren nicht lange in Ungewißheit. Sie, der Meeresereignisse kundiger als wir, machten dem Schiffsherrn und seinem Steuermanne bittre Vorwürfe: daß über ihre Ungeschicklichkeit nicht allein die Meerenge verfehlt sei, sondern auch die ihnen anvertraute Personenzahl, Güter und alles umzukommen in Gefahr schwebe. Wir erkundigten uns nach der

Ursache dieser Unruhe, indem wir nicht begriffen daß bei völliger Windstille irgend ein Unheil zu befürchten sei. Aber eben diese Windstille machte jene Männer trostlos: wir befinden uns, sagten sie, schon in der Strömung die sich um die Insel bewegt und durch einen sonderbaren Wellenschlag so langsam als unwiderstehlich nach den schroffen Felsen hinzieht, wo uns auch nicht ein fußbreit Vorsprung oder Bucht zur Rettung gegeben ist.

Aufmerksam durch diese Reden, betrachteten wir nun unser Schicksal mit Grauen: denn obgleich die Nacht die zunehmende Gefahr nicht unterscheiden ließ, so bemerkten wir doch daß das Schiff, schwankend und schwippend, sich den Felsen näherte, die immer finsterer vor uns standen, während über das Meer hin noch ein leichter Abendschimmer verbreitet lag. Nicht die geringste Bewegung war in der Luft zu bemerken: Schnupftücher und leichte Bänder wurden von jedem in die Höhe und ins Freie gehalten, aber keine Andeutung eines erwünschten Hauches zeigte sich. Die Menge ward immer lauter und wilder. Nicht etwa betend knieten die Weiber mit ihren Kindern auf dem Verdeck, sondern, weil der Raum zu eng war sich darauf zu bewegen, lagen sie gedrängt an einander. Sie noch mehr als die Männer, welche besonnen auf Hülfe und Rettung dachten, schalten und tobten gegen den Kapitän. Nun ward ihm alles vorgeworfen was man auf der ganzen Reise schweigend zu erinnern gehabt: für teures Geld einen schlechten Schiffsraum, geringe Kost, ein zwar nicht unfreundliches aber doch stummes Betragen. Er hatte niemand von seinen Handlungen Rechenschaft gegeben, ja selbst noch den letzten Abend ein hartnäckiges Stillschweigen über seine Manövres beobachtet. Nun hieß er und der Steuermann hergelaufene Krämer, die, ohne Kenntnis der Schiffkunst, sich aus bloßem Eigennutz den Besitz eines Fahrzeuges zu verschaffen gewußt und nun, durch Unfähigkeit und Ungeschicklichkeit, alle die ihnen anvertraut zu Grunde richteten. Der Hauptmann schwieg und schien immer noch auf Rettung zu sinnen; mir aber, dem von Jugend auf Anarchie verdrießlicher gewesen als der Tod selbst, war es unmöglich länger zu schweigen. Ich trat vor sie hin und redete ihnen zu, mit ohngefähr eben so viel Gemütsruhe als den Vögeln von Malsesine. Ich stellte ihnen vor: daß gerade in diesem Augenblick ihr Lärmen und Schreien denen von welchen noch allein Rettung zu hoffen sei, Ohr und Kopf verwirrten, so daß sie weder denken noch sich unter einander verständigen könnten. Was euch betrifft, rief ich aus, kehrt in euch selbst zurück und dann wendet euer brünstiges Gebet zur Mutter Gottes auf die es ganz allein ankommt ob sie sich bei ihrem Sohne verwenden mag, daß er für euch tue was er damals für seine Apostel getan, als auf dem stürmenden See Tiberias die Wellen schon in das Schiff schlugen, der Herr aber schlief; der jedoch, als ihn die Trost- und Hülflosen aufweckten, sogleich dem Winde zu ruhen gebot, wie er jetzt der Luft gebieten kann sich zu regen, wenn es anders sein heiliger Wille ist.

Diese Worte taten die beste Wirkung. Eine unter den Frauen, mit der ich mich schon früher über sittliche und geistliche Gegenstände unterhalten hatte, rief aus: Ah! il Barlamé! benedetto il Barlamé! und wirklich fingen sie, da sie ohnehin schon auf den Knieen lagen, ihre Litaneien mit mehr als herkömmlicher Inbrunst leidenschaftlich zu beten an. Sie konnten dies mit desto größerer Beruhigung tun als die Schiffsleute noch ein Rettungsmittel versuchten das wenigstens in die Augen fallend war: sie ließen das Boot hinunter das freilich nur sechs bis acht Männer fassen konnte, befestigten es durch ein langes Seil an das Schiff, welches die Matrosen durch Ruderschläge nach sich zu ziehen kräftig bemüht waren. Auch glaubte man einen Augenblick daß sie es innerhalb der Strömung bewegten und hoffte es bald aus derselben herausgerettet zu sehen. Ob aber gerade diese Bemühungen die Gegengewalt der Strömung vermehrt, oder wie es damit beschaffen sein mochte, so ward mit einmal an dem langen Seile das Boot und seine Mannschaft im Bogen rückwärts nach dem Schiffe geschleudert, wie die Schmitze einer Peitsche wenn der Fuhrmann einen Zug tut. Auch diese Hoffnung ward aufgegeben! – Gebet und Klagen wechselten ab und der Zustand wuchs um so schauerlicher da nun oben auf den Felsen die Ziegenhirten, deren Feuer man schon längst gesehen hatte, hohl aufschrien: da unten strande das Schiff! Sie riefen einander noch viel' unverständliche Töne zu, in welchen einige, mit der Sprache bekannt, zu vernehmen glaubten, als freuten sie sich auf manche Beute die sie am andern Morgen aufzufischen gedächten. Sogar der tröstliche Zweifel, ob denn auch wirklich das Schiff dem Felsen sich so drohend nähere, war leider nur zu bald gehoben, indem die Mannschaft zu großen Stangen griff um das Fahrzeug, wenn es zum äußersten käme, damit von den Felsen abzuhalten, bis denn endlich auch diese brächen und alles verloren sei. Immer stärker schwankte das Schiff, die Brandung schien sich zu vermehren und meine durch alles dieses wiederkehrende Seekrankheit drängte mir den Entschluß auf, hinunter in die Kajüte zu steigen. Ich legte mich halb betäubt auf meine Matratze, doch aber mit einer gewissen angenehmen Empfindung die sich vom See Tiberias herzuschreiben schien: denn ganz deutlich schwebte mir das Bild aus Merians Kupferbibel vor Augen. Und so bewährt sich die Kraft aller sinnlich-sittlichen Eindrücke jedesmal am stärksten, wenn der Mensch ganz auf sich selbst zurückgewiesen ist. Wie lange ich so in halbem Schlafe gelegen wüßte ich nicht zu sagen, aufgeweckt aber ward ich durch ein gewaltsames Getöse über mir; ich konnte deutlich vernehmen daß es die großen Seile waren die man auf dem Verdeck hin und wieder schleppte, dies gab mir Hoffnung daß man von den Segeln Gebrauch mache. Nach einer kleinen Weile sprang Kniep herunter und kündigte mir an, daß man gerettet sei, der gelindeste Windeshauch habe sich erhoben; in dem Augenblick sei man bemüht gewesen die Segel aufzuziehen, er selbst habe nicht versäumt Hand anzulegen. Man entferne sich schon sichtbar vom Felsen und obgleich noch nicht völlig außer der Strömung, hoffe man nun doch sie zu überwinden. Oben war alles stille; sodann kamen mehrere der Passagiere, verkündigten den glücklichen Ausgang und legten sich nieder.

Als ich früh am vierten Tage unserer Fahrt erwachte, befand

ich mich frisch und gesund, so wie ich auch bei der Überfahrt zu eben dieser Epoche gewesen war; so daß ich also auf einer längern Seereise wahrscheinlich mit einer dreitägigen Unpäßlichkeit meinen Tribut würde bezahlt haben.

Vom Verdeck sah ich mit Vergnügen die Insel Capri in ziemlicher Entfernung zur Seite liegen und unser Schiff in solcher Richtung daß wir hoffen konnten in den Golf hineinzufahren, welches denn auch bald geschah. Nun hatten wir die Freude nach einer ausgestandenen harten Nacht dieselben Gegenstände, die uns Abends vorher entzückt hatten, in entgegengesetztem Lichte zu bewundern. Bald ließen wir jene gefährliche Felseninsel hinter uns. Hatten wir gestern die rechte Seite des Golfs von weitem bewundert, so erschienen nun auch die Castelle und die Stadt gerade vor uns, sodann links der Pausilipp und die Erdzungen die sich bis gegen Procida und Ischia erstrecken. Alles war auf dem Verdeck, voran ein für seinen Orient sehr eingenommener griechischer Priester, der den Landesbewohnern, die ihr herrliches Vaterland mit Entzücken begrüßten, auf ihre Frage: wie sich denn Neapel zu Constantinopel verhalte? sehr pathetisch antwortete: anche questa è una città! – Auch dieses ist eine Stadt! – Wir langten zur rechten Zeit im Hafen an, umsummt von Menschen; es war der lebhafteste Augenblick des Tages. Kaum waren unsere Koffer und sonstige Gerätschaften ausgeladen und standen am Ufer, als gleich zwei Lastträger sich derselben bemächtigten und kaum hatten wir ausgesprochen daß wir bei Moriconi logieren würden, so liefen sie mit dieser Last wie mit einer Beute davon, so daß wir ihnen durch die menschenreichen Straßen und über den bewegten Platz nicht mit den Augen folgen konnten. Kniep hatte das Portefeuille unter dem Arm und wir hätten wenigstens die Zeichnungen gerettet, wenn jene Träger, weniger ehrlich als die neapolitanischen armen Teufel, uns um dasjenige gebracht hätten was die Brandung verschont hatte.

Klage

Schlaf und Tod, die düstern Adler
Umrauschen nachtlang dieses Haupt:
Des Menschen goldnes Bildnis
Verschlänge die eisige Woge
Der Ewigkeit. An schaurigen Riffen
Zerschellt der purpurne Leib
Und es klagt die dunkle Stimme
Über dem Meer.
Schwester stürmischer Schwermut
Sieh ein ängstlicher Kahn versinkt
Unter Sternen,
Dem schweigenden Antlitz der Nacht.

Schiffbruch

Lat. *Naufragium;* Fr. *Naufrage;* Holl. *Schiphreuk.* Der Unfall eines Schiffes, da dasselbe an Klippen, auf Sandbänken etc. zerbrochen oder zertrümmert wird; daher Schiffbruch leiden; aus dem Schiffbruche errettet werden etc. Man nennt aber auch uneigentlich Schiffbruch, wenn ein Schiff von einem andern übersegelt wird, oder durch Sturm zu Grunde geht. Man nennt es auch das Scheitern, Stranden oder Verunglücken eines Schiffes, Fr. *Bris* oder *Echouement.* Durch das letztere Wort versteht man den Fall, da ein Schiff auf eine Untiefe oder eine Sandbank geräth, und daselbst fest sitzen bleibt, weil es nicht genug Wasser unter sich hat, um schwimmend bleiben zu können. Dieses Uebel ist gewöhnlicher Weise mit großer Gefahr des Scheiterns verknüpft; denn hierauf folgt gewöhnlich das, was der Franzose *Bris* nennt, auch wohl der völlige Untergang, wenn das Schiff nicht glücklich abkommt.

Ehemals geschahen die Schiffbrüche viel häufiger, als jetzt, weil man die Schifffahrt nicht so gut verstand, die Schiffe nicht so tüchtig bauete; die Meere, die Winde, die Klippen, die Sandbänke und die Künsten nicht so gut kannte, als jetzt, da die Schifffahrtskunst weit vollkommener geworden ist; man das Seewesen besser versteht; die Schiffe besser und dauerhafter bauet, und vollkommenere oder vielmehr zuverläßigere Seekarten, als sonst, hat, welches lauter Mittel sind, die Gefahr, wenn auch nicht ganz abzuwenden, doch sehr zu verringern. Denn Schiffe, so lange sie in voller See sind, leiden niemals Schiffbruch, wenn es auch noch so stürmisch ist, wenn sie nur durch gute Schiffer und Steuermänner geführt werden. Es sind demnach die wahren Ursachen dieses Unglücks, theils in dem Schiffer, theils in dem Steuermann zu suchen. In dem Schiffer, wenn er das Schiff übermäßig beladet, wenn er ungeübte, dem Trunk ergebene, Schiffsknechte annimmt; wenn er die Convoy versäumt; wenn er nicht fleißig das Loth werfen und die Tiefen oder Untiefen, Klippen und Sandbänke erkundigen läßt; wenn er Betrügereien verübt; zum Beispiel statt der Stückgüter, Paquete mit Holz und Steinen geladen hat, und diesen Ballast als Güter von Werth verassecurirt; wenn er sich muthwillig, das heißt, ohne Noth und Ordre in See= oder Feindes=Gefahr begiebt. – In dem Steuermann ist die Ursache des Schiffbruchs zu suchen, wenn er den Kurs nicht versteht, das Besteck nicht gut zu machen versteht etc.

Um die Schiffsleute abzuhalten, daß sie beim Schiffbruch nicht ihre ganze Sorgfalt auf die Rettung des Pakotillguts verwenden, und darüber die Kargasonsstücke außer Acht lassen, verordnen einige Seegesetze, daß ihnen nicht allein ihr Lohn, welchen sie bis an den Tag des Unglücks zu fordern hatten, sondern auch ein Zuschuß für die außerordentliche Arbeit bezahlt werden soll. Wenn sie aber ohne Erlaubniß des Schiffers, der sich erboten hat, sie zu unterhalten, den Ort, wo das Schiff gestrandet ist, bald verlassen, obgleich noch Hoffnung zur Bergung vorhanden ist, so soll ihnen von dem Betrage des ohne ihre Hülfe Geborgenen nichts von ihrem Lohne bezahlt werden.

Edgar Allan Poe

In Seenot

Mein Name ist Artur Gordon Pym. Mein Vater war ein ehrsamer Seewarenhändler in Nantucket, meiner Geburtsstadt. Mein Großvater mütterlicherseits war ein beliebter Rechtsanwalt. Er hatte in allem Glück; seine Spekulationen in der »Neuen Bank« zu Edgarton, wie sie sich damals nannte, waren von großem Erfolg begleitet. So war es ihm möglich gewesen, eine tüchtige Summe Geldes zurückzulegen. Er liebte mich, wie ich annehmen möchte, herzlicher als irgendeinen anderen Menschen auf der Welt, und ich wurde allgemein als sein Erbe angesehen. Als ich fast sechs Jahre zählte, schickte er mich zu einem alten Herrn Ricketts in die Schule, einem einarmigen und exzentrischen Manne, den jeder in Neu-Bedford kennen dürfte. Ich blieb in dieser Schule bis zu meinem sechzehnten Jahre, um dann die Akademie des Herrn Ronald aufzusuchen, die auf der Höhe über der Stadt lag. Hier befreundete ich mich mit dem Sohne des Herrn Barnard, eines Kapitäns, der gewöhnlich im Dienste der Firma Lloyd und Vredenburgh segelte; Herr Barnard ist in Bedford ebenfalls wohlbekannt und hat, wie ich glaube, in Edgarton viele Verwandte. Sein Sohn hieß Augustus und war nahezu zwei Jahre älter als ich. Er hatte eine Walfängerfahrt an Bord des »John Donaldson« mit seinem Vater gemacht und redete von nichts anderem als von seinen Erlebnissen im Stillen Ozean. Ich begleitete ihn oft nach Hause und blieb den Rest des Tages, manchmal die Nacht hindurch bei ihm. Wir schliefen in einem Bett, und er pflegte mich bis zum Morgengrauen wach zu erhalten, indem er mir Geschichten von den Eingebornen der Insel Tinian und von anderen Orten erzählte, die er besucht hatte. Mit der Zeit konnte ich es nicht vermeiden, von seinen Erzählungen gepackt zu werden, und allmählich wuchs mein Wunsch, zur See zu gehen, ins Ungeheure. Ich besaß ein Segelboot »Ariel«, das ungefähr fünfundsiebzig Dollar wert war. Es hatte ein Halbdeck, eine Art Kombüse, und war wie eine Schaluppe getakelt; seinen Tonnengehalt weiß ich nicht mehr anzugeben, aber es konnte ohne Schwierigkeiten zehn Personen fassen. In diesem Boot wagten wir einige der tollsten Streiche, die je unternommen worden sind, und wenn ich jetzt daran denke, erscheint es mir höchst wunderbar, daß ich heute noch am Leben bin.

Ich will eines dieser Abenteuer berichten, bevor ich zu einer längeren und bedeutsameren Erzählung übergehe. Eines Abends hatte Herr Barnard Gesellschaft, und sowohl Augustus als ich waren gegen Ende des Festes nicht wenig angeheitert. Wie gewöhnlich teilte ich, anstatt nach Hause zu gehen, meines Freundes Lager. Er schlief, wie mir schien, sehr sanft ein (die Gesellschaft war gegen ein Uhr aufgebrochen), ohne vorher ein Wort über seinen Lieblingsgegenstand fallenzulassen. Wir mochten eine halbe Stunde im Bett gelegen haben, und ich wollte gerade hinüberdämmern, als er plötzlich in die Höhe fuhr und einen entsetzlichen Eid schwor, daß er keinem Artur Pym zuliebe da liegen und schlafen würde, solange eine so herrliche Brise aus Südwest wehe. Ich war in meinem Leben noch nie so erstaunt gewesen, da ich ja seine Absicht nicht kannte und der Meinung war, die Weine und Liköre hätten ihn um seinen Verstand gebracht. Jetzt aber sprach er ganz ruhig, indem er sagte, er sei keineswegs, wie ich dächte, betrunken, vielmehr sei er noch nie so nüchtern gewesen. Er habe nur keine Lust, fügte er hinzu, diese schöne Nacht wie ein Hund zu verschlafen, und sei entschlossen, aufzustehen und sich im Boot zu vergnügen. Was mich besessen hat, kann ich nicht sagen; aber er war noch nicht fertig mit seiner Rede, als ich mich von Erregung und Verlangen durchglüht fühlte und seinen wahnsinnigen Einfall als einen der köstlichsten und vernünftigsten Gedanken pries. Das Wetter war nahezu stürmisch, und wir standen tief im Oktober. Trotzdem machte ich in einer Art Ekstase einen Satz aus dem Bett und erklärte ihm, ich sei gerade so tapfer wie er und gerade so willig, einen tollen Streich zu wagen, wie irgendein Augustus Barnard in Nantucket.

Wir schlüpften eilends in unsere Kleider und liefen zum Boot hinab. Es lag an der alten, verfallenen Werft nahe dem Holzhofe von Pankey & Co. und schlug sich an den rauhen Pfählen fast zuschanden. Augustus stieg hinein und schöpfte das Boot aus, es war zur Hälfte voll Wasser. Sobald dies getan war, hißten wir Großsegel und Klüver, richteten sie nach dem Winde und stießen mutig vom Land ab.

Der Wind blies, wie ich schon gesagt habe, kräftig aus Südwest.

Die Nacht war sehr klar und sehr kalt. Augustus hatte sich ans Ruder gesetzt, ich stand am Maste auf dem Halbverdeck. Wir flogen in raschem Tempo dahin, keiner von uns hatte seit der Abfahrt eine Silbe gesprochen. Nun fragte ich meinen Begleiter, wohin er zu steuern gedenke und wann er glaube, daß wir wieder zurück sein könnten. Er pfiff eine Weile vor sich hin und gab dann widerhaarig zur Antwort: »Ich steche in See; du kannst ja nach Hause gehen, wenn du es für passend erachtest.« Ich blickte ihn an und erkannte sofort, daß er trotz seiner angenommenen Gleichgültigkeit sehr erregt war. Deutlich konnte ich ihn im Mondenscheine sehen; sein Gesicht war blässer als ein Marmorbild, seine Hand zitterte so heftig, daß er kaum das Ruder halten konnte. Ich nahm wahr, daß irgend etwas nicht in Ordnung war, und eine ernste Besorgnis befiel mich. Damals verstand ich nicht viel von der Kunst, ein Fahrzeug zu lenken, ich war völlig auf die seemännische Geschicklichkeit meines Freundes angewiesen. Dazu kam, daß der Wind mit einem Male zugenommen hatte und wir rasch auf die Luvseite des Landes gelangten; doch schämte ich mich, irgendwelche Furchtsamkeit zu zeigen, und bewahrte beinahe eine halbe Stunde ein entschlossenes Schweigen. Endlich konnte ich's nicht länger ertragen und äußerte zu Augustus, es wäre wohl am besten, wir kehrten um. Wieder dauerte es eine Minute, bis er antwortete oder überhaupt von meinem Wink Notiz nahm: »Allmählich«, sprach er endlich, »wir haben Zeit – allmählich – nach Hause.« Solche Erwiderung kam mir nicht unerwartet, aber in ihrem Ton lag etwas, das mich mit einem Gefühl nicht zu beschreibenden Grauens erfüllte. Wieder betrachtete ich aufmerksam den Sprecher. Seine Lippen waren vollkommen blutlos, und seine Knie schlugen so heftig aneinander, daß er kaum zu stehen vermochte. »Um Gottes willen, Augustus«, schrie ich jetzt in tiefer Herzensangst, »was fehlt dir? – Was ist los? – Was willst du beginnen?« – »Los«, stotterte er, scheinbar höchst verwundert, indem er zugleich das Ruder fahrenließ und nach vorn auf den Schiffsboden fiel, »los? ... nichts ist los, Lieber ... wir fahren heim ... wie du siehst!« Da flammte die Wahrheit vor meinen Augen auf, ich stürzte mich auf ihn und richtete ihn in die Höhe. Er war betrunken, viehisch betrunken; er konnte weder stehen noch sprechen noch sehen. Seine Augen waren ganz verglast; als ich ihn in meiner Verzweiflung losließ, kollerte er wie ein Klotz in das auf dem Grunde des Bootes angesammelte Wasser, aus dem ich ihn eben gezogen hatte. Es war klar, daß er im Verlaufe des Abends weit mehr getrunken hatte, als ich dachte, und daß sein Benehmen im Bett die Folge eines gesteigerten Rausches war, eines Rauschzustandes, der gleich dem Wahnsinn seinem Opfer nicht selten die Haltung eines völlig Gesunden und Vernünftigen verleiht. Die Kühle der Nachtluft hatte indessen ihre Wirkung nicht verfehlt, die erkünstelte Geistesstärke gab ihrem Einflusse nach, und eine verworrene Vorstellung von der Gefährlichkeit unserer Lage beschleunigte die Katastrophe. Er lag jetzt gänzlich bewußtlos, und es war nicht anzunehmen, daß er in den nächsten Stunden die Herrschaft über seine Sinne wiedergewinnen würde.

Es ist kaum möglich, zu schildern, wie tief ich erschrak. Die Dünste des Weins waren jetzt verraucht; ich war doppelt furchtsam und unfähig, einen Entschluß zu fassen. Ich wußte, daß ich keine Ahnung hatte, wie man ein Boot steuert, und daß ein wütender Wind und die rückflutende Ebbe uns ins Verderben jagten. Hinter uns drohte das Wetter; wir besaßen keinen Kompaß, keine Nahrungsmittel, und es war gewiß, daß wir bei unserem jetzigen Kurse das Land vor der ersten Morgenhelle aus den Augen verloren haben würden. Diese Gedanken nebst einem

Heere anderer, die nicht minder entsetzlich waren, rasten mit betäubender Geschwindigkeit durch meinen Kopf, und einige Augenblicke lang blieb ich zu sehr gelähmt, um irgendeine Anstrengung machen zu können. Das Boot flog mit furchtbarer Schnelle durch das Wasser hin, rollte vor dem Winde, ohne daß ein Segel gerefft war; der Bug verschwand vollständig unter dem Schaum der Wellen. Ein Gotteswunder, daß es nicht umschlug; Augustus hatte ja das Steuer losgelassen, und ich war zu aufgeregt, um selbst danach zu fassen. Glücklicherweise jedoch hielt es den Kurs ein, und nach und nach gewann ich einen Teil meiner Geistesgegenwart zurück. Der Wind war noch immer am Anschwellen, und sooft wir uns vom Vorwärtstauchen erhoben, fegte die See von rückwärts über Deck und überflutete uns mit Wasser. Auch war mir ein jedes Glied so benommen, daß ich fast gar keine Empfindung mehr hatte. Endlich stürzte ich mit dem Mute der Verzweiflung nach dem Großsegel und versuchte, es zu reffen. Wie zu erwarten, sauste es über den Bug, tränkte sich schwer voll Wasser und riß dadurch den Mast kurzweg über Bord. Dieser Zufall allein rettete mich vor augenblicklichem Untergang. Nur unterm Stagsegel fahrend, schoß ich vor dem Winde hin, mußte mächtige Sturzseen aushalten, war aber von unmittelbarer Todesgefahr befreit.

Ich saß am Ruder und atmete mit größerer Leichtigkeit, da ich sah, daß uns noch eine Hoffnung auf Rettung blieb. Augustus lag noch bewußtlos auf dem Boden des Schiffes; und da ihm die Gefahr des Ertrinkens drohte (das Wasser stand an der Stelle fast einen Fuß hoch), brachte ich es zuwege, ihn teilweise aufzurichten und im Sitzen zu erhalten, indem ich ihn mit einem Tau umwand und an einem Ringe auf dem Halbdeck festmachte. Nachdem ich so alles, meinem elenden Zustande zum Trotz, aufs beste eingerichtet hatte, empfahl ich mich Gott und war entschlossen, alles, was mir auch geschehen möge, mit dem ganzen Mannesmute, über den ich gebot, zu ertragen.

Kaum hatte ich diesen Entschluß gewonnen, als plötzlich ein lautes und langes Schreien oder Heulen, das aus den Kehlen von tausend Teufeln zu kommen schien, die ganze Atmosphäre rings um das Boot und über ihm zu erfüllen begann. Nie in meinem Leben werde ich die bohrende Qual des Entsetzens vergessen, das ich in diesem Augenblick empfand. Das Haar stand mir zu Berge, ich fühlte, wie das Blut in meinen Adern erstarrte, mein Herz hörte ganz und gar auf zu schlagen, und ohne ein einziges Mal meine Augen zu erheben, die Ursache meines Bangens kennenzulernen, purzelte ich kopfüber und ohne Bewußtsein auf den Körper meines Freundes.

Als ich ins Leben zurückkehrte, fand ich mich in der Kajüte eines großen Walfischfängers (des »Penguin«), der nach Nantucket segelte. Mehrere Menschen beugten sich über mich, und Augustus, bleicher als der Tod, war eifrig bestrebt, mir die Hände zu wärmen. Als ich die Augen öffnete, riefen die Äußerungen seines Dankes, seiner Freude abwechselnd Lachen und Weinen bei den Anwesenden hervor. Das Geheimnis unserer Rettung war bald enthüllt. Der Walfänger hatte uns überrannt; er lavierte mit so viel Segeln, als er zu setzen wagte, auf Nantucket zu, sein Kurs stand somit in rechtem Winkel mit unserm. Mehrere Leute lugten vorn aus, aber sie bemerkten unsere Schaluppe erst, als es schon zu spät war, den Zusammenstoß zu vermeiden; ihre Warnungsrufe hatten mich in jene fürchterliche Angst getrieben. Das gewaltige Schiff übersegelte uns, so erzählte man mir, mit einer Leichtigkeit, als ob es über eine Feder hingeglitten wäre, und ohne nur im geringsten in seinem Laufe aufgehalten zu werden. Vom Verdeck der Schaluppe ertönte kein Schrei; man hörte nur im Toben von Wind und Wellen etwas wie einen leisen, schlürfenden Laut, als die gebrechliche Barke vor dem Versinken sich am Kiel ihres Zerstörers rieb; das war alles. Der Kapitän (E. T. V. Block von Neulondon) hielt unser entmastetes Boot für weiter nichts als ein treibendes Wrack und wollte ohne nähere Untersuchung der Angelegenheit seine Fahrt fortsetzen. Glücklicherweise vermochten zwei Leute vom Ausguck einen Schwur darauf zu leisten, daß sie einen Menschen am Ruder gesehen hätten, der vielleicht noch zu retten war. Man erörterte die Sache,

Block ärgerte sich und rief nach einer Weile, er brauche nicht auf Eierschalen aufzupassen, das Schiff sollte nicht wegen solcher Dummheiten seinen Kurs ändern, und wenn einer übersegelt würde, wär's seine Schuld – er möge ersaufen und verdammt sein. Henderson, der Obersteuermann, griff jetzt den Gegenstand auf, er und die Mannschaft waren redlich entrüstet über die herzlosen Worte des Kapitäns. Er nahm kein Blatt vor den Mund, da er sich von den Leuten unterstützt wußte; er erklärte dem Schiffer, er verdiene, gehängt zu werden; er, Henderson, werde auf die Gefahr hin, ein gleiches Schicksal zu erdulden, seinem Befehl ungehorsam sein. Er stelzte nach achtern, schob Block (der sehr blaß wurde und keine Antwort gab) beiseite, ergriff das Ruder und gab den Befehl: »Hart am Lee!« Die Leute flogen an ihre Posten, und das Manöver gelang vortrefflich. All das hatte bald fünf Minuten gewährt, man mochte es kaum für möglich halten, daß jetzt noch einer gerettet werden könnte. Dennoch wurden Augustus und ich geborgen; und unsere Rettung scheint durch zwei jener unfaßlichen Glücksfälle herbeigeführt zu sein, die von den Weisen und Frommen einem besonderen Eingreifen der Vorsehung zugeschrieben werden.

Henderson ließ die Jolle herab und sprang mit den beiden, die mich zuerst am Ruder erblickt hatten, hinein. Sie waren eben aus dem Lee des Schiffes (der Mond schien noch mit hellem Lichte), als dieses lange und kräftig anluvte und Henderson im selben Moment seiner Mannschaft zurief, sie solle rückwärts rudern. Immer wiederholte er ungeduldig den Ruf: »Rückwärts! Rückwärts!« Die Leute folgten so rasch wie möglich dem Befehl, aber inzwischen war das Schiff vollkommen mit dem Bug im Wind, trotz aller Anstrengungen der Bemannung, die Segelfläche zu verringern. Obwohl es ein höchst gefährliches Beginnen war, packte Henderson die Großrüsten, sobald sie in seinen Bereich kamen. Ein neuer Stoß brachte die Steuerbordseite des Fahrzeuges fast bis zum Kiel übers Wasser hinaus, und nun erkannte man den Grund seiner Besorgnis. Ein menschlicher Körper hing auf eigentümliche Art an dem glatten und leuchtenden Schiffsboden (der »Penguin« war vollständig mit Kupfer belegt) und schlug mit jeder Bewegung des Schiffsleibes heftig dagegen an. Nach mehreren fruchtlosen Versuchen, während das Schiff hin- und herstieß und das Boot überflutet zu werden drohte, wurde ich aus dieser gefährlichen Lage befreit und an Bord gebracht. Einer der Schiffsnägel war durch das Kupfer gedrungen, an diesem hatte ich mich gefangen, als ich unter dem Rumpf dahinglitt. Der Nagel hatte den Kragen meiner grünleinenen Jacke und meinen Nacken durchbohrt, sich zwischen zwei Sehnen durchgedrängt und war hinter dem linken Ohr wieder hervorgekommen. Man legte mich ins Bett, obwohl das Leben aus mir geschwunden schien. Es gab keinen Wundarzt an Bord. Doch erwies mir der Kapitän jede Aufmerksamkeit – gewiß, um in den Augen der Mannschaft sein früheres abscheuliches Benehmen wiedergutzumachen.

Inzwischen war Henderson wieder vom Schiff abgestoßen, obgleich der Wind sich zum Orkan gesteigert hatte. Nach einigen Minuten bemerkte er einige Trümmer unseres Bootes, und bald darauf versicherte einer der Leute, er höre in den Zwischenpausen des Sturmes Hilferufe. Trotz wiederholter Signale, durch die Block sie zur Rückkehr aufforderte, suchten die braven Seeleute rastlos weiter. Es ist kaum zu glauben, daß solch schwache Jolle auch nur für einen Augenblick der drohenden Zerstörung entging. Doch war sie für den Walfang gebaut und, glaub' ich, mit Luftkästen versehen, wie man sie bei den Rettungsbooten findet, die an der Küste von Wales in Gebrauch sind.

Nach längerem vergeblichem Suchen beschloß man endlich, an Bord zurückzukehren. Kaum war dies ausgesprochen, als von einem dunklen Gegenstande, der eilig vorüberschwamm, ein matter Ruf nach Hilfe ertönte. Man holte den Gegenstand rasch ein. Es war das Halbdeck des »Ariel«. Neben ihm schwebte in Todesnöten Augustus. Er war durch ein Tau mit dem schwimmenden Deck verbunden. Dieses Tau hatte ich, wie erinnerlich sein dürfte, ihm selbst umgelegt und an einem Ring befestigt; und offenbar wurde dies die Ursache seiner Rettung. Der »Ariel« war leicht gebaut, und im Untergehen brach er auseinander; das Verdeck der Kambüse wurde durch die hereinrasende Flut hochgehoben, und Augustus entging so einem grauenvollen Tode.

Es dauerte mehr als eine Stunde, bevor er von sich zu erzählen oder den Unfall, der dem Boot widerfahren war, zu begreifen vermochte. Endlich kam er völlig zu Bewußtsein und sprach viel von dem, was er auf den Wellen empfunden hatte. Als er zuerst von seinem Rausch erwachte, fand er sich unter der Oberfläche, wurde mit unfaßbarer Schnelligkeit herumgewirbelt und fühlte einen Strick, der sich mehrfach um seinen Hals wand. Einen Augenblick später schoß er nach oben, sein Kopf schlug gegen etwas Hartes, und er wurde abermals bewußtlos. Als er noch einmal zu sich kam, war er im Besitz seiner Vernunft; doch blieb diese noch arg umwölkt und verworren. Er wußte jetzt, daß ein Unfall sich ereignet hatte und daß er im Meer schwamm, obwohl sein Mund frei war und er ohne viele Mühe Atem schöpfen konnte. Wahrscheinlich trieb das Halbdeck um diese Zeit vor dem heftigen Winde, und er wurde, auf dem Rücken liegend, von jenem geschleppt. Natürlich hätte er nicht lange in dieser Lage verharren können und wäre jedenfalls zuletzt ertrunken. Eine mächtige See schleuderte ihn über das Deck; hier hielt er sich fest, von Zeit zu Zeit nach Hilfe schreiend. Gerade vor seiner Entdeckung durch Herrn Henderson hatte er, gänzlich erschöpft, die Trümmer losgelassen und sich in sein Schicksal ergeben. Während er um sein Leben kämpfte, entschwand ihm jegliche auch noch so blasse Erinnerung an den »Ariel« und die Ursachen seines Unheils. Ein unbestimmtes Gefühl des Schreckens, der Verzweiflung hielt alle seine Sinne umfaßt. Als man ihn endlich bergen konnte, verließ ihn die Fähigkeit zu denken, und er kam, wie erwähnt, erst nach einer Stunde dazu, seinen Zustand zu erkennen. Was mich anbetrifft, so wurde ich am Rande des Grabes (nachdem jedes andere Mittel während dreieinhalb Stunden umsonst versucht worden war) durch eine gründliche Abreibung mit in heißem Öl gebadetem Flanell gerettet. Diese Kur hatte Augustus vorgeschlagen. Die Wunde am Nacken erwies sich trotz ihres garstigen Aussehens als ungefährlich, und ich erholte mich rasch von ihren Wirkungen.

Der »Penguin« lief um neun Uhr morgens in den Hafen ein, nachdem er noch einen heftigen Sturm, wie man ihn an unserer Küste selten antrifft, glücklich bestanden hatte. Augustus und ich erschienen zum Frühstück bei Barnard; erfreulicherweise wurde es, wegen des Festes vom Abend vorher, etwas spät aufgetragen. Die mit am Tisch saßen, waren zu müde, um unser klägliches Aussehen zu bemerken; aufmerksamer Beachtung wäre es freilich nicht entgangen. Aber Schuljungens können in der Verstellung Wunderbares leisten, und ich glaube in der Tat, daß kein einziger unserer Freunde in Nantucket die leiseste Ahnung hatte, die von einigen Seeleuten in der Stadt berichtete Schauermär von einem Fahrzeug mit dreißig bis vierzig Menschen, das sie auf dem Meer übersegelt hätten, habe auch nur die geringste Beziehung zum »Ariel«, meinem Gefährten oder mir selbst. Wir beide haben seitdem oftmals die Angelegenheit besprochen, jedoch niemals, ohne zu schaudern. In einem unserer Gespräche gestand mir Augustus ganz offen, daß er noch nie in seinem Leben ein so marterndes Gefühl der Verzweiflung empfunden habe, als da er an Bord unseres kleinen Bootes erkannte, daß er vollständig bezecht und unter dem Einflusse dieses Rausches die Besinnung zu verlieren im Begriff war.

Gottfried Keller

Im Meer

Der Himmel hängt, wie Blei so schwer,
Dicht auf dem wildempörten Meer;
Ein englisch Segel, fast die Quer,
Schießt wie ein Pfeil darüber her.

Ein Messer, so das Meer sich schliff,
Da starrt ein blankes Felsenriff
Und schlitzt das Engelländerschiff;
Das Meer tut einen guten Griff.

Viel tausend Bibeln sind die Fracht,
Die sinken in die Wassernacht;
Schon hat in düstrer Schuppenpracht
Das Seevolk sich herbeigemacht.

Da wimmelt es von Lurch und Fisch,
Sie sitzen am Korallentisch;
Her schießt der Leviathan risch:
Was ist das für ein Flederwisch?

Die Seeschlang', als die Königin,
Kommt auch und blättert her und hin;
Sie putzt die Brill' und liest darin
Verkehrt und findet keinen Sinn.

Sie ziehn den Steuermann empor
Und halten ihm die Bibel vor;
Doch der zu schweigen sich verschwor,
Das Meer durchbraust sein taubes Ohr.

Landolfo Ruffolo

Man rechnet das Gestade von Reggio bis Gaeta mit zu den schönsten Landschaften Italiens. Hier dehnt sich, nicht weit von Salerno, eine bergige Küste aus, die das weite Meer überschaut und von den Einwohnern die Küste von Amalfi genannt wird. Sie ist übersät mit kleinen Städten, bedeckt von Gärten und Springbrunnen und voll von Leuten, die sich durch den Handel bedeutende Reichtümer erworben haben. Unter diesen Städten ist eine, Ravello genannt, die zwar heute noch wohlhabende Einwohner hat, vor Zeiten jedoch einen besaß, der überreich war und Landolfo Ruffolo hieß. Da ihm indes seine Reichtümer noch nicht genügten und er sie zu verdoppeln trachtete, fehlte wenig daran, daß er nicht allein sie, sondern mit ihnen zugleich das eigene Leben eingebüßt hätte.

Er kaufte nämlich, wie Handelsherren das wohl zu tun pflegen, auf Grund seiner Berechnungen ein besonders großes Schiff, befrachtete dies vollkommen für sein eigenes Geld und fuhr mit ihm nach Zypern. Hier aber fand er andere Schiffe, die mit derselben Art Waren, wie er sie gebracht hatte, eben dorthin gekommen waren. Deshalb mußte er seine Ladung nicht allein unter dem Preis abgeben, wenn er überhaupt verkaufen wollte, sondern fast umsonst weggeben, wodurch er sich nahezu ruinierte. Er nahm sich das Unglück, binnen kurzem von großem Reichtum zum armen Manne geworden zu sein, so zu Herzen, daß er beschloß, entweder zu sterben oder seinen Verlust durch Räubereien zu ersetzen, damit er, der reich abgereist, nicht arm nach Hause zurückkehre.

Sobald er also einen Abnehmer für sein großes Schiff gefunden hatte, schaffte er sich mit dem Gelde, das er hieraus und aus dem Verkauf seiner Waren gelöst hatte, ein kleines Kaperschiff an, rüstete dies mit allem aus, was zu solchen Unternehmungen dienlich ist, und begann, sich fremdes Eigentum, besonders aber das der Türken, anzueignen. Das Glück begünstigte ihn bei diesem Handwerk mehr, als es bei seinem Handel getan hatte. Er plünderte und nahm im Verlauf eines Jahres so viele türkische Schiffe, daß er nicht allein ebensoviel wiedergewonnen hatte, wie er als Kaufmann verlor, sondern seinen damaligen Besitz noch um vieles vermehrt sah. Der Schmerz über sein eigenes Unglück hatte ihn indes so sehr gewitzigt, daß er, um nicht einem zweiten zu unterliegen, mit sich selbst einig wurde, was er besitze, müsse ihm genug sein.

So entschloß er sich denn, mit dem Erworbenen nach Hause zurückzukehren, und einmal gegen Waren mißtrauisch gemacht, wollte er sich auch nicht darauf einlassen, sein Geld anderweitig anzulegen, sondern ruderte mit demselben Fahrzeug, das ihm zu seinem Gewinne verholfen hatte, geradewegs nach Hause. Schon war er in den Archipel gelangt, da erhob sich eines Abends ein heftiger Schirokko, der nicht allein der Fahrtrichtung entgegen war, sondern auch die See so hoch gehen ließ, daß Landolfo mit seinem kleinen Schiffe nicht auf dem offenen Meer bleiben konnte, sondern genötigt war, sich zum Schutz vor dem Winde in eine kleine Inselbucht zurückzuziehen, um dort besseres Wetter abzuwarten.

In dieselbe Bucht flüchteten bald darauf mit genauer Not zwei große genuesische Lastschiffe, die von Konstantinopel kamen und derselben Gefahr zu entgehen suchten, vor der Landolfo geflohen war. Als die Eigentümer jener Schiffe das kleine Fahrzeug erblickten und erfuhren, wem es gehörte, beschlossen sie, es sich anzueignen, denn sie waren von geldgieriger und räuberischer Gesinnung und hatten bereits gerüchtweise von Landolfos Reichtümern gehört. Den Weg zur Flucht hatten sie ihm schon abgeschnitten. So setzten sie denn einen Teil ihrer Mannschaft an Land, wohlbewaffnet und mit Armbrüsten versehen, und postierten diesen an einem Platz, von dem sie allen auf Landolfos Schiffe, die nicht erschossen werden wollten, das Landen verwehren konnten. Die Lastschiffe aber ließen sie teils von den

Booten ziehen, teils kam ihnen das Meer selbst zu Hilfe, so daß sie ganz nahe zu Landolfos Fahrzeug gelangten und dies mit geringer Mühe und in kurzer Zeit kaperten, ohne von den Ruder-sklaven, die sich darauf befanden, einen Mann zu verlieren und ohne nennenswerten Widerstand zu finden. Den Landolfo selbst brachten sie auf eines ihrer Schiffe, plünderten sein kleines Fahrzeug völlig aus und versenkten es dann, während seinem ehemaligen Eigentümer nichts als eine ärmliche Jacke blieb.

Tags darauf änderte sich der Wind. Die Schiffe segelten gen Westen und verfolgten während des ganzen Tages glücklich ihre Reise. Gegen Abend aber erhob sich ein heftiger Sturm, das Meer ging hoch, und die beiden Schiffe wurden voneinander getrennt. Von der Gewalt des Windes wurde dasjenige, auf welchem sich der arme, unglückliche Landolfo befand, in der Nähe der Insel Kefalonia mit größter Heftigkeit auf eine Sandbank geschleudert, so daß es wie Glas, das wider eine Mauer geworfen ward, auseinanderbrach und zerschellte. Waren aller Art, Balken und Bretter bedeckten schwimmend das ganze Meer, und obgleich es finstere Nacht war, suchte jeder von den armen Schiffbrüchigen, der schwimmen konnte, irgendeinen Gegenstand zu ergreifen, der von ungefähr in seine Nähe kam. Obgleich nun unser unglücklicher Landolfo am Tage zuvor oftmals den Tod gerufen und ihn in Gedanken der Heimkehr als Bettler vorgezogen hatte, erschrak er doch vor ihm, als er ihn jetzt vor sich sah, und ergriff wie die andern ein Brett, dessen er habhaft wurde, in der Hoffnung, daß Gott ihm vielleicht noch zur Rettung verhelfen werde, wenn er sich eine Zeitlang vor dem Ertrinken schützen könnte. So hielt er sich die Nacht hindurch, so gut er konnte, reitend auf dem Brette, während dieses von Wind und Wellen bald hierhin, bald dorthin getrieben wurde.

Als endlich der Tag angebrochen war und Landolfo sich umschaute, erblickte er nichts anderes als Wolken und Meer und eine Kiste, die ihm zu seinem Schrecken mehrmals so nahe kam, daß er fürchtete, sie möchte auf ihn stoßen und ihn verletzen, weshalb er sie auch jedesmal mit aller Kraft, obwohl diese nur noch gering war, mit der Hand von sich stieß. Dennoch geschah es, daß ein Wirbelwind sich plötzlich in der Luft entwickelte, auf das Meer niederfuhr und die Kiste so gewaltig traf, daß sie, gegen das Brett geschleudert, dieses und mit ihm Landolfo tief unter das Wasser stieß. Als Landolfo, dem die Furcht neue Kräfte lieh, schwimmend wieder emporkam, sah er sein Brett weit von sich hinweggerissen, so daß er fürchten mußte, er würde es nicht mehr erreichen. Er wendete sich darum der Kiste zu, die ihm ziemlich nahe war, legte sich mit der Brust auf den Deckel derselben und hielt sie, so gut es ging, aufrecht. In dieser Stellung mußte er den ganzen Tag und die folgende Nacht aushalten, vom Meer hin und her geworfen, ohne Speise, denn wo hätte er sie hernehmen sollen, aber bei häufigerem Trunk, als er gewünscht hätte, ohne zu wissen, wo er sich befand, und ohne etwas anderes als Wasser zu sehen.

Den Tag darauf gelangte er endlich durch Gottes Willen oder durch die Kraft der Winde getrieben, vom Wasser durchweicht wie ein Schwamm, die Kanten der Kiste umklammernd, wie Ertrinkende es tun, an das Ufer der Insel Korfu, wo zum Glück eben ein armes Weib sein Küchengeschirr mit Sand und salzigem Seewasser wusch und blank scheuerte. Als die Alte ihn der Küste nahekommen sah und die menschliche Gestalt nicht an ihm zu erkennen vermochte, floh sie anfangs schreiend und erschrokken. Er aber konnte nichts zu ihr sagen, denn er hatte die Sprache ganz und das Gesicht fast verloren. Dennoch warf ihn das Meer gegen das Land, und die Frau erkannte nun den Umriß der Kiste. Dann blickte sie aufmerksamer hin und ward zuerst die Arme gewahr, die sich über die Kiste spannten, fand alsbald das Gesicht heraus und erriet endlich die Wahrheit. Sein Zustand erregte ihr Mitleid, sie watete einige Schritte ins Meer hinein, das sich inzwischen beruhigt hatte, packte ihn an den Haaren und zog ihn samt der Kiste an Land. Mit Mühe machte sie seine Hände von der Kiste los, lud sie ihrer kleinen Tochter, die bei ihr war, auf den Kopf und trug ihn selbst wie ein kleines Kind ins Dorf. Sie setzte ihn in ein Bad und rieb und wusch ihn so lange mit warmem Wasser, bis die entwichene Wärme und ein Teil der verlorenen Kräfte in den Körper zurückkehrten. Als es ihr Zeit zu sein schien, nahm sie ihn wieder heraus, erquickte ihn mit etwas gutem Wein und Gebackenem und pflegte ihn nach ihrem Vermögen einige Tage lang so gut, daß er wieder Kraft gewann und sich bewußt wurde, wo er war.

Da glaubte die gute Frau, es sei nun an der Zeit, ihm die Kiste, die ihn gerettet, wiederzugeben und ihm zu sagen, daß er ferner selbst für sich sorgen möge. So tat sie denn auch, und Landolfo, der sich der Kiste nicht mehr erinnerte, nahm sie dennoch an, als die gute Frau sie ihm brachte, und meinte, wenn sie auch noch so wenig wert wäre, könnte sie ihm doch seinen Unterhalt für den einen oder andern Tag verschaffen. Als er sie aber sehr leicht fand, gab er diese Hoffnung fast wieder auf, bis er sie eines Tages, als seine Wirtin nicht zu Hause war, aufbrach und darin viele lose und gefaßte Edelsteine fand, deren hohen Wert er sogleich erkannte, da er dergleichen Dinge einigermaßen zu beurteilen wußte. Da wurde er wieder froh und dankte Gott, daß er ihn noch nicht ganz habe verlassen wollen. Weil er aber in kurzer Zeit zweimal vom Schicksal hart getroffen worden war, beschloß er, wegen eines dritten Males besorgt, besonders vorsichtig zu Werke zu gehen, um diese Kostbarkeiten sicher in seine Heimat bringen zu können. Zu diesem Zweck wickelte er sie alle, so gut es gehen konnte, in einige Lumpen und sagte zu seiner Wirtin, einer Kiste bedürfe er nicht mehr. Wenn sie ihm aber einen Gefallen tun wolle, so möge sie diese behalten und ihm dafür einen Sack schenken.

Die gute Frau war dazu gern bereit. Er aber dankte ihr, so herzlich er nur wußte und konnte, für die ihm erwiesenen Wohltaten, sagte ihr Lebewohl und schiffte, seinen Sack über die Schultern gehängt, in einem Boote nach Brindisi hinüber. Von hier aus ging er, immerfort längs der Küste, bis Trani, wo er einige Tuchhändler fand, die seine Landsleute waren. Diesen erzählte er alle seine Schicksale, nur daß er ihnen nichts von der Kiste berichtete, worauf sie ihn fast um Gottes willen bekleideten, ihm noch überdies ein Pferd liehen und Begleitung verschafften, um nach Ravello zu gelangen, wohin er, wie er erklärte, zurückkehren wollte.

Hier erst glaubte er sich sicher und öffnete, dankbar gegen Gott, der ihn so weit gebracht, seinen Sack. Als er ihn genauer als früher untersuchte, fand er sich im Besitze so vieler und so kostbarer Edelsteine, daß er bei angemessenem und selbst bei wohlfeilem Verkauf derselben mehr als doppelt so reich war wie bei seiner Abreise. Als er Gelegenheit gefunden hatte, die Steine zu verkaufen, sandte er der guten Frau, die ihn aus dem Meer gezogen, zum Dank für die erwiesenen Wohltaten eine bedeutende Geldsumme nach Korfu. Ein Gleiches tat er den Kaufleuten, die ihn in Trani bekleidet. Den Rest aber behielt er für sich und lebte damit ehrenvoll bis an sein Ende, ohne sich weiter auf Handelsunternehmungen einzulassen.

Arthur Schopenhauer

Philosophische Nachbemerkung

Das Leben der allermeisten ist auch nur ein steter Kampf um diese Existenz selbst, mit der Gewißheit, ihn zuletzt zu verlieren. Was sie aber in diesem so mühseligen Kampfe ausdauern läßt, ist nicht sowohl die Liebe zum Leben als die Furcht vor dem Tode, der jedoch als unausweichbar im Hintergrunde steht und jeden Augenblick herantreten kann. – Das Leben selbst ist ein Meer voller Klippen und Strudel, die der Mensch mit der größten Behutsamkeit und Sorgfalt vermeidet, obwohl er weiß, daß, wenn es ihm auch gelingt, mit aller Anstrengung und Kunst sich durchzuwinden, er eben dadurch mit jedem Schritt dem größten, dem totalen, dem unvermeidlichen und unheilbaren Schiffbruch näher kommt, ja gerade auf ihn zusteuert – dem Tode: dieser ist das endliche Ziel der mühseligen Fahrt und für ihn schlimmer als alle Klippen, denen er auswich.

Viertes Kapitel

Das von den Sitten und Gebräuchen der Piraten und Flibustier erzählt und davon, was man in einer Apfeltonne hört
Gefolgt von einer erhellenden Weisung der Stadt Hamburg

Johann Wilhelm von Archenholtz

Nachrichten von den Gebräuchen der Flibustier

Wir wollen nun noch zur nähern Kenntnis der *Flibustier*, die wir bald gewerbmäßig handeln sehen werden, eine Schilderung ihrer Sitten, ihrer Lebensweise, ihrer Grundsätze und Gesellschaftsregeln machen. Die letztern waren eigentlich auf kurze Termine oder auf einzelne Expeditionen gemachte Verträge, die manchmal wohl von den Befehlshabern verletzt, von den als Soldaten untergeordneten Flibustiern aber genau wie Gesetze befolgt wurden.

Als Menschen hatten diese, in betreff ihrer brüderschaftlichen Organisation schon in den vorigen Abschnitten bezeichneten *Flibustier* große Begriffe von ihrer Unabhängigkeit, so daß ein jeder sich alles erlaubte, was ihm gut dünkte, ohne sich um den andern zu bekümmern und dessen Wohlgefallen oder Mißfallen in Erwägung zu ziehn. Dies war auch der Fall selbst auf ihren kleinen offenen Fahrzeugen, wo einige, denen es einfiel, sangen, schrien und lärmten, und dies während ihre Kameraden schlafen wollten, die sich nicht einmal darüber beklagen durften; denn diese und ähnliche selbst erzeugte Unbequemlichkeiten, die ihren Mut schärften oder ihre Geduld erprobten oder sie zu Entbehrlichkeiten abhärteten oder sie zu Anstrengung ihrer Kräfte vermochten, mußten ohne Murren ertragen werden. Dies gehörte zu den Grundsätzen der *Flibustier*, so wie auch eine große Treue gegeneinander ihnen eigen war. Verletzte jemand dieselbe, so daß er seinen Kameraden bestahl, so war eine grausame Strafe sein Los; er wurde förmlich seines Namens und seiner Eigenschaft als *Flibustier* verlustig erklärt, sodann ohne Lebensmittel und Kleider auf einer wüsten Insel ausgesetzt und so ohne Barmherzigkeit seinem schrecklichen Schicksal überlassen. Ihre Geduld war unglaublich. Sie ertrugen Hunger und Durst, Mangel aller Art und die größten Mühseligkeiten mit einem Gleichmut, der Erstaunen erregte; und kein Entbehrnis war imstande, bei ihnen Murren zu erzeugen.

Man gab ihnen den Namen *Flibustier*, eine Benennung, die von dem englischen Wort *Free Booter* (Freibeuter) herkommt, das hernach von den Franzosen verstümmelt und durch eine falsche Aussprache in das noch fortbestehende, gangbare Wort *Flibustier* umgestaltet wurde. Dieser Name, der zu sehr an ihr Raubgewerb erinnerte, war ihnen jedoch nicht angenehm; sie zogen wegen des mehr ehrsamen Gewerbes den Stammnamen *Bukanier* vor. Noch lieber aber nannten sie sich *Küstenbrüder*.

Die Entschließungen dieser Menschen waren sehr rasch und wurden fast nie abgeändert. Sobald jemand sein Wort gegeben hatte, so konnte er es nicht wieder zurück nehmen; er war fest gebunden, und oft wurde dies Jawort auf den bloßen Antrag, an einer vorhabenden Unternehmung teilzunehmen, gegeben. Nach den Beschlüssen und Zusagen stellten sie erst Überlegungen an; aber nicht über die Wahrscheinlichkeit oder Unwahrscheinlichkeit des guten Erfolgs, sondern nur allein über die besten Mittel zur Ausführung.

Im Anfang hatten sie nur kleine armselig ausgerüstete, unbedeckte Fahrzeuge, Barken und Canots, ja ganz gemeine Boote, worin sie aufeinander gedrängt kaum Platz hatten, sich zum Schlafen auszustrecken und wo sie, nebst den Seegefahren auf so kleinen Behältnissen, bei Tage und bei Nacht jeder Witterung ausgesetzt, überdies auch mit Lebensmitteln fast immer kärglich versehn waren. Dieser elende Zustand war ein Anreizungsmittel mehr, alle Kräfte anzustrengen, um durch die Eroberung von Schiffen ihre Lage zu verbessern. Oft quälte sie der Hunger, wenn sie auf ihren Booten dahin schwammen; daher denn bei ihnen beim Anblick eines Schiffs weder die Zahl der Kanonen noch der Mannschaft ihrer Gegner erwogen wurde und überhaupt keine Berechnung von der Größe der Gefahr bei ihnen stattfand. Sie wollten und mußten siegen, und siegten. Dies geschah immer durchs Entern, worin sie sehr geschickt waren. Von allen Seiten erkletterten sie in der Geschwindigkeit die zum Gefecht ganz unvorbereiteten Schiffe, die bei der Annäherung eines offenen Boots nicht einmal die Möglichkeit einer Gefahr ahneten. Hatten sie einmal auf dem Verdeck festen Fuß gefaßt, so war das Schiff ihres. Der Gefahr, wenn man sich zu ihrem Empfang gerostet hatte, durch Kanonen in Grund geschossen zu werden, wußten sie durch geschickte Wendungen ihrer Fahrzeuge vorzubeugen; überdies gaben sie den Schiffen nie die Seiten ihrer dieser Fahrzeuge bloß; nur das eine Ende kehrten sie bei der Annäherung dahin, während die aufrecht stehenden, im Schießen geübeten *Flibustier* nach den Kanonieren zielten und durch deren Tod oder Verwundung auf dem Verdeck immer Verwirrung anrichteten. Die Gewißheit, daß man mit *Flibustiern*, also mit unbezwingbaren Menschen, die durchaus siegen mußten, zu tun hatte, lähmte alle Anstalten zur Verteidigung; man dachte gewöhnlich nur durch eine schleunige Ergebung die Barmherzigkeit dieser Freibeuter rege zu machen, die bei einem gereizten Unwillen oft den Prozeß der Überwundenen kurz endigten, indem sie solche alle ins Meer warfen.

Bei allen diesen Grausamkeiten und obgleich das ganze Leben der Flibustier nichts als eine ununterbrochene Kette von Verbrechen und Lastern war, so hielten diese Bösewichter, ganz so wie die italienischen Banditen, doch viel auf die äußern Religionsformen. Bevor es zum Gefecht ging, waren sie andächtig, beteten ernstlich und schlugen sich dabei als reuige Sünder mit geballten Fäusten auf die Brust; sodann söhnten sie sich alle untereinander aus, baten sich gegenseitig die angetanen Beleidigungen ab und umarmten sich zum Zeichen der brüderlichen Versöhnung.

Die bei ihrem Waldleben minder an Raub gewöhnten *Bukanier* waren jedoch etwas bessere Menschen als die *Flibustier*; dabei zeigte sich auch der Unterschied, daß diese letztern einige religiöse Ideen mehr hatten und bisweilen sich mit kirchlichen Zeremonien befaßten; hingegen die andern, bei weniger Lastern, sich fast gar nicht um die Lehren und Vorschriften der Kirche bekümmerten. Nach der Vermischung beider Klassen hörte dieser Unterschied auf, und beide hatten bei ihren Greueltaten sich einander nichts vorzuwerfen. Alle gleichzeitigen Schriftsteller, Menschen, die unter ihnen gelebt, ja solche, die mit ihnen geraubt haben, bezeichnen sie einstimmig als bösartiger wie die meisten der durch ihre Barbarei fürchterlichsten Wilden in Amerika, und daß sie, mit Ausnahme einer gewissen, unter ihnen herrschenden gegenseitigen Treue und der Entsagung, Menschenfleisch zu essen, durch nichts von den rohesten Kannibalen sich unterschieden. Diese Schilderung ist jedoch etwas übertrieben, wie man aus ihrer Geschichte sehen wird.

Das Raubgewerbe war zu einträglich und zu sehr den wilden Sitten dieser unmoralischen Menschen angemessen, um es nicht leidenschaftlich zu treiben. Sie sahen aber ein, daß, wenn sie ihre Vereinigung befestigen, die zu hoffende Beute sichern und das Leben auf ihre Weise genießen wollten, eine Art Ordnung und Übereinkunft durchaus notwendig wäre. So entstand ein Reglement, der Kodex dieser Seeräuber, den sie beim Eintritt in die Sozietät alle beschwuren und diesen Eid, in Ermangelung der Schreibkunde, mit Kreuzen bezeichneten. Es war ein kurzgefaßtes Gesetzbuch, das von allen diesen schwimmenden kleinen Räuberrepubliken mit geringer Abweichung angenommen wurde und auch noch, im Anfang des achtzehnten Jahrhunderts, nach gänzlicher Erlöschung der Flibustier, von den einzelnen Freibeutern, die nach dem spanischen Sukzessionskriege die Meere der entlegenen Weltteile unsicher machten, größtenteils beibehalten ward.

Einige Artikel desselben verdienen bemerkt zu werden. So wie man in unsern Tagen in Frankreich die neue Ordnung der Dinge mit der Erklärung der *Menschenrechte* anfing, – leider noch ehe man die *Menschenpflichten* gehörig bestimmt hatte! – so stand auch an der Spitze dieses Räuberreglements die Erklärung der Gleichheit und der daraus entspringenden Rechte; daß nämlich ein jeder Küstenbruder das Recht hätte, bei wichtigen Ereignissen seine Stimme zu geben; daß er ferner gleiche Ansprüche wie alle andre auf die zu irgend einer Zeit erbeuteten frischen Lebensmittel und starken Getränke hätte und sich ihrer nach Wohlgefallen bedienen könnte, es sei denn, daß eintretender Mangel, fürs allgemeine Beste, eine durch Stimmenmehrheit beschlossene Einschränkung notwendig machen sollte.

Keine Frauensperson, auch kein Knabe wurde auf den Schiffen geduldet, um Eifersucht und Zänkereien vorzubeugen. Wagte es jemand, ein Mädchen oder eine Frau verkleidet auf ein Schiff zu bringen, so wurde er bei der Entdeckung mit dem Tode bestraft. Eine gleiche Strafe stand auf die Desertion vom Schiffe oder wenn jemand während dem Gefecht seinen Posten verließ.

Der Diebstahl wurde auch sehr strenge bestraft, wie bereits oben bemerkt worden. Einige dieser Republiken modifizierten oder verstärkten auch die Strenge. Das letztere taten besonders die Franzosen. Wenn bei ihnen einer den andern bestahl und die Tat erwiesen war, so schlitzte man ihm die Nase und die Ohren, sodann wurde er ans Land gesetzt, nicht auf eine unbewohnte Insel, aber doch irgendwo, wo man gewiß war, daß er kein gutes Schicksal haben würde. Hatte er aber das Eigentum der Gesellschaft angegriffen, Geld oder Effekten gleichviel, und der Diebstahl betraf nur den Wert eines Piasters, so wurde er maroniert; das ist: er wurde an das Ufer eines unbewohnten Vorgebirges oder Insel ausgesetzt, wobei man ihm bloß eine Flinte, etwas Blei, eine Bouteille voller Pulver und eine andre mit Wasser gefüllt zu seiner ganzen Subsistenz mitgab.

War das Verbrechen zweifelhaft, so wurde eine Jury ernannt, darüber zu entscheiden, da denn diese Bösewichter, wenn sie Engländer oder Holländer, also Protestanten waren, nach Art der britischen Gerichtshöfe mit der Bibel in der Hand eingeschworen wurden. Die Franzosen und andre Katholiken schwuren auf Kruzifix. Kleinere Vergehungen bestrafte ein eigner von der Schiffsgenossenschaft erwählter Richter, der sogar das Recht hatte, die Verbrecher prügeln oder peitschen zu lassen.

Oft wurden auch, nach Beschaffenheit der Umstände, die bei ihnen jedesmal alles entschieden, für einzelne Gesellschaften durch Stimmenmehrheit sanktionierte Privatgesetze gemacht, die sonst nicht allgemein waren. So wurden zu gewissen Zeiten die Notzucht, die Trunkenheit, der Ungehorsam gegen die Befehle der Obern, die Verlassung eines Postens ohne Order, selbst in der Entfernung vom Feinde – in dessen Nähe mit dem Tode – durch den Verlust des Beuteanteils bestraft.

Das Schlagen untereinander am Bord des Schiffs war auch verboten. Entstanden Zänkereien, so wurde das weitere ausgesetzt, bis man das Land betrat, da denn der Streit mit Schwertern und Pistolen, im Beisein eines Schiffsbeamten ausgemacht wurde. Man schoß erst aufeinander, und wenn die Kugeln nicht trafen, so schritt man zu den Hieben mit Schwertern; da denn die erste blutende Wunde den Besiegten bezeichnete und den Kampf endigte.

Es war für jeden eine Obliegenheit, seine Waffen, Flinte, Pistolen und Schwert im besten Stande zu erhalten. Diese Pflicht artete in einen Luxus aus. Die Flibustier suchten einander durch die Schönheit und Pracht ihrer Waffen zu übertreffen, so daß sie oft dreißig, auch vierzig Pfund Sterling für ein Paar Pistolen gaben. Diese trugen sie über die Schulter hangend an seidenen Bandolieren von verschiedenen Farben.

Feuer und Licht sollte, nach den Gesetzen, um acht Uhr auf allen Schiffen ausgelöscht werden und nach dieser Stunde die Trinker gehalten sein, aufs Verdeck ihre Kannen und Becher zu leeren. Eine andere Verordnung untersagte ihnen, mit Würfeln oder Karten um Geld zu spielen. Diese beiden Gesetze aber wurden am wenigsten beobachtet, und nicht selten waren die auf unmäßiges, rastloses Trinken und Spielen erpichten Anführer die ersten, die diese so heilsamen, auf Harmonie abzweckenden Gesetze übertraten.

In betreff der Beuteverteilung bestimmte eine jede Genossenschaft das Nötige. Ein jeder *Flibustier* machte einen schriftlichen Vertrag mit seinem Anführer, worin er ihm Gehorsam angelobte und im Verweigerungsfall sich aller Ansprüche auf die nach vollendeter Reise zu teilende Beute begab. Auch mußte er ihm diesen Gehorsam durch einen förmlichen Eid zusichern. Mit den Eidschwüren war man überhaupt nicht sparsam, und mußten auch die Anführer nach jeder Expedition schwören, nichts von der Beute für sich entwandt zu haben. Alle mußten diese Verträge eingehen, und wer schreiben konnte, solche unterzeichnen. Dem Anführer – der gewöhnlich auch die zur Ausrüstung nötigen Gelder vorschoß, die man von der Beute zurückbezahlte – sowie allen Schiffsbeamten, ferner dem Wundarzt, den Schiffszimmerleuten usw. wurde ein bestimmter Gehalt ausgeworfen, dabei den Verstümmelten außer ihrer Dividende noch Schadloshaltungen ausgesetzt: für den Verlust des rechten Arms sechshundert spanische Taler oder sechs Sklaven, für den linken Arm oder das rechte Bein fünfhundert spanische Taler oder fünf Sklaven, für das linke Bein vierhundert und für ein Auge sowie auch für einen Finger hundert spanische Taler oder einen Sklaven. Alles dies sowie die andern Vorschüsse zur Schiffsausrüstung wurden erst abgezogen, ehe man zur Teilung der Beute schritt. Der Kapitän erhielt einen sechsfachen Anteil, die andern Schiffsoffiziere drei, einige nur zwei, alle übrigen aber nur einen Anteil. Die Schiffsjungen waren dabei am schlechtesten bedacht und mußten sich mit der Aussicht aufs Künftige trösten; sie bekamen nebst ihrer Beköstigung von der Beute nur einen halben Anteil; dafür hatten sie, außer der gemeinschaftlichen Gefahr bei Gefechten und der mannigfaltigen Schiffsarbeit, noch die Obliegenheit, die Schiffe, die man auf offener See weder verkaufen noch aus Mangel an Mannschaft mitnehmen konnte, in Brand zu stecken.

Bei diesen regelmäßigen Verteilungen der Beute waren auch Belohnungen für ausgezeichnete Taten festgesetzt. Wer eine feindliche Flagge vom Schiffe wegnehmen und an deren Stelle die Flagge der Freibeuter – die französische oder englische, unter denen sie immer nach Maßgabe der Umstände und der Majorität der *Flibustier* segelten – aufpflanzen würde, sollte außer seinem Anteil funfzig Piaster erhalten.

Auf die Einbringung eines Gefangenen in kritischen Lagen, wo man vom Feinde keine Nachricht hätte, war eine Belohnung von hundert Piastern gesetzt.

Für jede bei Berennung eines Forts geworfene Granate, die jenseits Wall und Mauer niederfiel, erhielt der Werfende fünf Piaster usw.

Alle *Flibustier* mußten sich mit den größten Eidschwüren, die Hand auf Bibel oder Kruzifix gelegt, verbinden, nicht das Mindeste von der Beute zu verheimlichen, was den Wert von fünf Sols oder anderthalb Groschen überstieg. Wer den Schwur brach, wurde sogleich aus der Gesellschaft verbannt. Bei der Ausrüstung mußte ein jeder sich auf den Ruf unverzüglich am Bord seines Schiffes einstellen und dabei eine bestimmte Quantität Pulver und Blei mitbringen.

Der Proviant bestand in Schweinefleisch und eingesalzenen Schildkröten; allein auch diese Bedürfnisse wollten die *Flibustier*, obgleich auf der nämlichen Insel, die ihnen Schutz gab, oft nicht bezahlen; sie verteilten sich des Nachts, umringten die Schweinehöfe und forderten von dem Aufseher eine bestimmte Anzahl, die nach der ihnen bekannten auf einem jeden Hofe vorhandenen Menge von Schweinen berechnet war. Die Verweigerung oder der geringste Lärm wurde durch Mord geahndet; Verbrechen, die aus Furcht vor dem Anhang der Mörder sehr selten zur Klage kamen und die, wenn es dennoch dazu kam, unbestraft blieben. So wurden die Schiffe der *Flibustier* verproviantiert und die Ausrüstungen beschleunigt.

Bevor sie ausliefen, machten sie gewöhnlich ihr Testament. Es war bei ihnen Sitte, einen Kameraden zu wählen und sowohl gegenwärtiges Eigentum als künftige Beute mit ihm zu teilen. Dies wurde ihm sodann förmlich zugeschrieben. Diejenigen aber, die Weib und Kinder hatten, bestimmten bei ihrem Todesfall dem auserwählten Kameraden nur einen Teil, das übrige erhielt die Familie.

Alle Personen weiblichen Geschlechts von jugendlichem Alter und guter Bildung, ohne Rücksicht auf Stand und eheliche Verbindungen, wurden von diesen Unmenschen wie tierische Beute betrachtet; wobei nur allein der Selbstmord ein solches armes Geschöpf gegen viehische Unterwürfigkeit sichern konnte.

Die Ausnahmen, wo man die Unschuld und Sittsamkeit respektierte, waren höchst selten. Wenn ein schönes Mädchen mehrern in die Hände fiel, so wurde, um alle Fehden zu vermeiden, nach Matrosenart durch Auswerfung eines Stück Geldes geloset. Der Gewinner nahm nun die Frau oder das Mädchen zu sich und nannte sie sein Weib, obwohl den Mitspielern auch das Recht zukam, ihren Anteil an dem Genuß zu haben und sich wechselweise zur Lustpartie einzustellen. Diese Art Schwägerschaft bezeichneten sie, so wie die *Bukanier*, durch das Wort Matelotage, wobei alles friedlich zuging.

Die *Flibustier* wußten nicht, wie sie ihre Beute geschwind genug verschwelgen konnten und überließen sich daher, wenn sie ans Land kam, ihren Phantasien; sie legten die prächtigsten Kleider an, mit Stickereien und Tressen; oft zogen sie eins übers andre, kauften die kostbarsten Stoffe und leerten so die zu diesem Endzweck in Tortuga und Jamaica wohl versehenen Kaufmannsladen aus. Bei ihren Gelagen schlugen sie oft alles in Stücken, was unter ihre Fäuste kam; Flaschen, Geschirre und Gefäße jeder Art. Wenn man ihnen diesen Übermut und ihre Tollheit, so gefahrvoll und mühselig erworbene Reichtümer so geschwinde zu verschwenden, vorwarf, so war ihre Antwort: »Unser Schicksal ist bei den immerwährenden Gefahren ganz verschieden von dem Schicksal andrer Menschen. Heute leben wir; morgen sind wir tot; wozu aufsparen? Wir rechnen unsre Existenz nur nach den Tagen, die wir froh gelebt haben und denken nie an zukünftige ungewisse Lebenstage. Unsre ganze Sorgfalt ist mehr dahin gerichtet, das einmal vorhandene Leben hinzubringen, als durch Ersparnisse auf dessen Verlängerung bedacht zu sein.« Bei solchen Grundsätzen hatten die Schwelgereien dieser Menschen weder Maß noch Ziel. Alles trieben sie bis zur größten Ausschweifung. So auch das Saufen. Oft vereinigte sich eine Anzahl von ihnen und kaufte ein Faß Wein, um welches sich die Gesellschaft lagerte. Nun wurde es angezapft und der Zapfen weggeworfen; ein Gefäß drängte nun das andre, das Flüssige aufzufangen, und wenn es an Geschirr fehlte, so hielten sie die Mäuler unter den Spund und lösten sich einander ab: so lief der Wein fort, bis das Faß leer war.

Ihre Hauptnahrung, besonders wenn sie sich am Lande befanden, war das Schildkrötenfleisch, das wohlschmeckend, nahrhaft und sehr gesund ist und von dem sie glaubten, daß es alle ihre durch die übermäßigen Schwelgereien erzeugten bösen Säft abführe; ja daß es bei Krankheiten ganz allein statt aller andern Arzneimittel dienen könnte, wenn man nichts anders als dieses Fleisch genösse. In der Tat bemerkten diese Menschen, daß in solchen Fällen, zumal bei venerischen Krankheiten, alle Unreinigkeiten des Körpers nach der äußern Haut getrieben wurden, worauf ein Ausschlag erfolgte, der die Gesundheit völlig wiederherstellte.

Ein Sittenzug dieser Freibeuter war bei ihren obengedachten äußerst geringen Religionsideen vorzüglich merkwürdig; zwar gehört der Zug zu dem Geist des damaligen Zeitalters, allein bei einer solchen, auf Raub, Mord und auf das tiefste Elend andrer Menschen unablässig denkenden Gesellschaft war die Sitte auffallend: Sie beteten mit Eifer und setzten sich nie zu Tische, ohne vorher ihr Gebet zu verrichten. Die Katholiken sagten den Lobgesang Zachariä, das Magnificat oder das Miserere her, und die Protestanten lasen entweder ein Kapitel aus der Bibel vor oder beteten einen Psalm; auch fehlten sie nie, vor dem Raubgefecht inbrünstig zu beten, daß ihnen Gott den Sieg und gute Beute verleihen möchte.

So lebten diese sonderbaren Menschen; wobei man als Veranlassung der Entstehung und Dauer ihrer Raubgesellschaft noch folgendes bemerken kann.

Zu dem Neide der Nationen über die gold- und silberreichen Länder der Spanier in Amerika kam der Abscheu wegen ihrer in jenem Weltteil verübten Grausamkeiten, die damals noch nicht in Europa vergessen waren; Greuel, welche durch die im Gefolge der Reformation verbreiteten toleranten Grundsätze das mörderische Verfahren der Spanier gegen die wehrlosen, unschuldigen Amerikaner in einem desto schwärzern Lichte zeigten; hierzu noch ihr empörender Stolz, das Andenken an ihre verheerenden Kriege und besonders an ihre in den Niederlanden unter dem Mantel der Religion verübten Grausamkeiten. Diese Stimmung war in eine Art Animosität übergegangen und fast allen europäischen Völkern eigen; daher viele junge Leute sowie auch Männer von gesetzten Jahren nicht aus Liederlichkeit, noch durch Armut, noch durch Raubsucht, sondern bloß aus Haß gegen die Spanier vermocht wurden, sich zu den *Flibustiern* zu gesellen, um mit diesen Freibeutern gemeinschaftlich wider jene Nation zu kämpfen.

Dies war unter andern der Fall mit einem jungen Edelmann aus Languedoc namens Monbars, der schon als Knabe auf Schulen durch das Lesen der Taten der Spanier in Amerika seine Phantasie erhitzt und dieser Nation einen unversöhnlichen Haß geschworen hatte. Nichts schmeichelte ihm mehr als der Gedanke, sobald er unabhängig sein würde, der Rächer der Millionen geschlachteter Indianer zu werden. Kaum war er volljährig, so verwandte er seine ganze Habe auf die Ausrüstung eines Schiffs, womit er zu den *Flibustiern* stieß und sich unter ihnen bald, sowohl zu Wasser als zu Lande, als einer ihrer kühnsten und geschicktesten Anführer auszeichnete. Der Raub und das zügellose Leben hatten für ihn keinen Reiz, sondern allein die Rache; die Wehrlosen schonte er, allein keinem bewaffneten Spanier schenkte er das Leben; daher man ihn auch den Vertilger nannte.

Solche Grundsätze waren vielen *Flibustiern* eigen; auch wollten sie nicht zugeben, daß Raubsucht der Hauptbeweggrund ihrer immerwährenden Fehde mit den Spaniern war; sie gründeten das Recht des Kriegs auf den Eigennutz und die Habsucht dieser Nation, die ihnen nicht gestatten wollte, an ihren amerikanischen Küsten und auf ihren Inseln, so groß sie auch waren, zu jagen und zu fischen. Sie behaupteten, daß schon dieser einzige Umstand, abgesondert von allen andern Betrachtungen, ihre Feindseligkeiten gegen die Spanier rechtmäßig mache. Dies war ein sehr guter Vorwand, die Raubgier der *Flibustier* zu bemänteln, die überdies zu ihren Unternehmungen, wie man bereits bemerkt hat, von allen andern Völkern mehr oder weniger, bald heimlich, bald öffentlich, aus mancherlei Beweggründen aufgemuntert wurden.

Wilhelm Heinse

Überfall und Verfolgung

Man stand nun vom Tisch auf, und es ging zum Ball. Als die Braut vor mir vorbey geführt wurde: begrüßte sie mich mit einem festen lüsternen Blick und wollüstigem Lächeln, und rief mir zu, Bravo! Sie hielt noch den Kopf zurück, als sie vorbey war, und Mienen und Gebehrden gestatteten Kuß und Umarmung, wenn wir allein wären; ganz die Gestalt einer Bacchantin in Gluth und Üppigkeit, voll Körperreiz mit frecher Seele: welche Weiber mir nur in gewissen Momenten gefallen können. Ich fühlte wenig Neigung, nähere Bekantschaft mit ihr zu machen; wohl aber mit einem andern Frauenzimmer, dessen Mutter, was die Formen des Gesichts betrift, sich an dem Vatikanischen Apollo versehen zu haben scheint, nur ohne Stolz und Zorn, vielmehr alles heilige Güte; ein wunderbares Geschöpf!

Ich erfuhr von Boccadoren, es sey eine Freundin der Braut, und hielte sich bey ihr auf. Die Eltern wären verunglückte Kaufleute aus Nizza in der Provence gewesen, und vor einigen Jahren gestorben. Die Braut heißt Fulvia, und die Freundin Lucinde; ich verlangte die letztere tanzen zu sehen, aber sie tanzte nicht.

Etwa zwey Stunden nach Mitternacht darauf, als der Ball am lebendigsten war, hörte man einige Schüsse fallen, und bey der plötzlichen Stille darüber ein ängstlich Schreyen und wieder Schüsse, und Getümmel die Treppe herauf nach dem Saal. Und in einem Augenblick, ehe man eine Hand umwendet, brachen gräßliche Männer mit Säbeln und Gewehr in den Händen zur vordern Thür herein. Man stand wie versteinert, und wollte fliehen und konnte nicht, und wußte nicht wohin. Alles drängte sich auf die Seiten nach den Fenstern, und wo nur eine Oefnung war; und heulte und jammerte, und alle Gesichter färbte die Todesblässe.

Wir wurden von Seeräubern überfallen, nach den gelben Afrikanischen Gestalten; und an Gegenwehr war wenig zu denken.

Ein Theil von denselben besetzte die Thür, wo sie hereinkamen, andre faßten gleich die Braut und griffen zuerst nach den Frauenzimmern und schleppten sie fort. Ich stand zu Ende des Saals an den Fenstern nach dem Garten; die ersten von Adel sprangen mit Gefahr hinaus. Ich wurde fast vom Getümmel erdrückt; und konnte kaum eine Pistole losreißen, die ich sogleich nach dem stärksten Kerl an der Thür abbrannte. Die Kugel traf so glücklich ihn zum linken Ohr hinein, daß er auf der Stelle stürzte. Der Knall verschafte mir einigen Raum, so daß ich die andre zog, und zugleich meinen Degen. Während der Zeit hatten sich noch andre Genueser und Bedienten mit Gewehr versehen und schlugen im Mangel desselben mit Stühlen drein. Die Räuber hieben mit ihren Säbeln um sich, und spalteten etlichen die Köpfe und verwundeten diejenigen, welche voran waren. Doch brachten wir sie endlich zur Thür hinaus, die sie aber von außen besetzt hielten, so lange bis ihre Gefährten mit der Beute bis ans Meer kamen, und sie einschifften. Alsdenn wichen sie, und wir hatten das Nachsehen, ohne ihnen viel Schaden zufügen zu können; weil sie ihren Angriff zu gut angeordnet hatten.

Der Bräutigam selbst bekam eine starke Wunde; und ein Paar von den vornehmsten Gästen lagen ohne Hülfe niedergestreckt. Die wackersten machten sich mit dem *Johann Andreas Doria*, welcher, wie du weißt, die Türkische Flotte mit besiegen half, von dem Geschlecht des großen alten, gleich auf nach Genua, um den Räubern nachzusetzen: und ich wollte mit dabey seyn. Es war eine Frechheit seit undenklichen Zeiten ohne Beyspiel.

Wir langten dort gegen Morgen an. Fünf Dreyruderige wurden ausgerüstet, und wir stachen eine Stunde am Tag in die See, als noch die Sonne mit einem eingefallnen Nebel kämpfte; der Wind hatte sich die Nacht geändert, und ein Scirocco blies von Südosten! Wir wußten nicht, wohin unsre Fahrt zu halten, und machten uns auf die Höhe zwischen beyde Küsten. Endlich nach und nach, obgleich langsam, erweiterte sich der Gesichtskreis: und die Gebirge fingen an sich zu zeigen unter der grauen Hülle; und erst gegen Mittag lag die Wasserwelt uns einigermaßen vor

Augen, jedoch von allen Seiten so mit Dunst umfangen, daß wir nichts entdecken konnten.

Doria beschloß nun, zwey Schiffe abzusondern, und dieselben auf Sizilien zustreichen zu lassen: er selbst wollte mit den andern über Corsica hinaus in die Provenzalischen Gewässer. Noch, ehe wir ausliefen, wurden auf beyde Seiten Jagdboote ausgesendet; keines aber war zurück gekommen. Ich blieb auf dem Schiffe, wo er selbst war. Es ging nun in vollem Zuge. Noch kannten wir die Stärke der Feinde nicht; bey Nacht und Nebel hatten wir die Anzahl ihrer Barken nicht unterscheiden können.

Am Abend kam das Jagdboot wieder, und verkündigte, daß es den Feind bey *Monaco* im Gesicht erreicht hätte; die Räuber seyen vier große Galeeren stark. Wir ruderten die ganze Nacht; und den andern Morgen, als sich das Wetter aufheiterte, erblickten wir ihre Seegel. O wie klopfte mir das Herz, bald im Schlachtgetümmel zu seyn! der Tod ist dabey doch nichts anders, als eine freye Bahn auf die edelste Art in die Geisterwelt aus diesem Chaos von Unwissenheit.

Sie entdeckten uns gleichfals und verdoppelten ihre Ruderschläge. So strebten wir den ganzen Tag.

Eben als die Sonne, nach dem Stesichoros, aus den Lüften in den goldnen Becher trat, und den Ozean hinab schwam zu den finstern Tiefen der heiligen Nacht, thaten wir die ersten Kanonenschüsse nach ihnen; wir hatten den Vortheil des Windes über sie, und sie machten darauf Halt, weil sie nicht weiter flüchten konnten. Wir griffen sie schier in gerader Linie an, und dehnten uns etwas aus, damit sie uns nicht von den Seiten ankonnten. Wir brachten ihnen einige herrliche Lagen bey, und waren weit besser als sie mit grobem Geschütz versehen. Nach mancherley Wendungen kamen wir, als schon die Dämmerung sich einsenkte, mit zwey Schiffen an einander zum Handgemenge, und unser drittes suchte die zwey andern Galeeren abzuhalten, die es entern wollten.

Ich befand mich auf dem erstern, und kämpfte mit aller Gewalt und Besonnenheit, deren ich fähig war. Noch hatt ich zum

Glück keine Wunde, aber die Kugeln vom kleinen Gewehr und Säbelhiebe streckten manchen an mir nieder. Endlich drangen wir ein in ihre größte Galeere, und ich war unter den erstern, mit einem starken Dolch in der Linken, und in der Rechten den Degen, und im Gurt noch eine geladne Pistole. Bevor ich übersprang, stieß ich einen ihrer keksten darnieder, der schon im Zuge war, dem Doria mit seinem sichelförmigen Damascenersäbel den Unterleib durchzuschneiden, und rettete diesem so das Leben. Mit einem andern auf der feindlichen Barke, der auf mich einhieb, wurd ich hernach bald fertig; doch konnt ich mit dem Dolch seinen Streich aus beyden Fäusten nicht so ganz abhalten, daß er mir nicht ein wenig im Herunterschellern den linken Arm streifte: ich traf ihm darüber gerade die Kehle, daß er die Zunge herausstreckte.

Sie wichen und ergaben sich; nur der, welcher der Anführer schien, sprang unters Verdeck: und ich ihm nach. Und sieh! hier steckte die Braut mit der andern Beute. Er holte mit dem Säbel weit nach ihr aus, um ihr den Kopf vom Rumpfe zu hauen: ich aber kam ihm zuvor, und stach ihm die Klinge mit ganzem Leibe unter dem aufgehobnen Arm ins Haarwachs, daß er auf die Seite stürzte, zog sie heraus, und gab ihm dann vollends den Rest.

Die Hauptgalere war nun übermannt, allein die andre wehrte sich desto fürchterlicher. Ein junger Mann, noch ohne Bart, focht wie ein Verzweifelter, und hatte neben sich viele Todten liegen; und er würde sich frey gemacht haben, wenn wir andern nicht den Unsern zu Hülfe gekommen wären. Auch diese mußte sich dann ergeben. Inzwischen flüchteten die zwey andern, nachdem sie unser drittes Fahrzeug eroberten, mit diesen. Wir setzten ihnen nach, verloren sie aber in der Dunkelheit: und den Morgen darauf waren sie uns aus dem Gesichte, und wir konnten ihren Weg nicht entdecken.

Doria kehrte ärgerlich nach Hause, daß die Sache nicht besser abgelaufen war. Vielleicht hätt er gar nicht angegriffen, wenn nicht einer seiner Verwandten aus dem Tanzsaal mit wäre weggeschleppt worden, den er nun doch wieder frey machte. Es ging hier Noth an Mann, und die äußerste Gefahr war in der Säumniß. Die zwey andern Schiffe hätt er freylich nicht nach Sicilien ausschicken sollen; aber wer kann alles vorhersehen? Wer wußte, daß die Räuber so stark waren? Nach geschehener That ist jeder Tropf klüger, als Hannibal und Cäsar.

Ich hingegen war glücklich wie ein Gott; mich dünkte, daß ich erst das wahre Leben recht geschmeckt hätte. Doria der strenge machte bey allem seinem Verdruß mir große Lobsprüche, und sagte öffentlich: »du hast einen schönen Anfang gemacht, Junge; wenn du länger lebst, und so fortfährst, wird ein berühmter Held aus dir werden.« *Fulvia*, deren Schutzengel ich gewesen war, dankte mir mit Thränen voller Zärtlichkeit. Aber mehr als alles, auch die schöne Provenzalin Lucinde befand sich unter den Geretteten; die nur noch jämmerlich an der Seekrankheit litt, und bis aufs Blut von sich gab. Ich hatte nicht die geringste Anwandlung davon gespürt; und es erquickt mich durch Mark und Bein, daß ich dieses Element und dessen lebendige Bewegung noch immer von meinem Knabenalter an so wohl vertrage.

Wir liefen gegen Abend in dem Hafen von *Villafranca* ein, nachdem wir den ganzen Tag vergebens herumgekreutzt hatten, um die Verwundeten zu pflegen, unsre Todten zu begraben (die gebliebnen Feinde warfen wir gleich über Bord) und den abgehärmten Frauenzimmern einige Ruhe genießen zu lassen; nur ein Paar Vermählte unter denselben waren von Kanonenkugeln zerschmettert worden, die übrigen alle blieben unversehrt. Wir führten sie den Berg hinauf in das Städtchen, das hinten im Kessel unter dem gähen Felsen mit wenigen Häusern nur wie eine Einsiedeley liegt zwischen Ölbäumen. Ich nahm Lucinden in Arm, die auf dem festen Boden gleich wieder zu sich kam; und sprach ihr Muth ein nach überstandner Gefahr. »Ach, antwortete sie seufzend, warum leb ich noch, um auf immer unglücklich zu seyn! Niemand weiß mein Leiden. O, wär ich nur dort oben bey den Auserwählten unter den Heiligen und Engeln!« Und hier that sie einen schmachtenden Blick aus ihren großen schwarzen Augen gen Himmel, und zerschmelzte mir ganz mein Herz damit. »So viel Schönheit ist nicht gemacht, versetzt ich ihr, um hinieden sich zu quälen; wirf allen Kummer weg; und sey selbst so seelig, als du andere seelig machst.« Sie schwieg, und neigte das Haupt wie eine welke Blume, und ging, ohne auf meine Reden Acht zu geben, mit mir voran; ihre traurige Miene, und blasse Farbe, ihr verwirrtes Haar, und losgegangnes Gewand vollendeten das Bild einer bezaubernden Heiligen. Wir quartierten sie zusammen in ein Haus ein, und sie wurden gut verpflegt und gewartet. Ich selbst blieb in dem Städtchen, und ruhte die Nacht aus; meine Streifwunde hatte zwar nichts zu bedeuten.

Den andern Morgen nach der Messe unterhielt ich mich noch ein parmal auf den Raub wenige Augenblicke allein mit Lucinden, die nun wieder zu Kräften gekommen war; und erfuhr, daß der Anführer der Räubergaleeren, den ich niedergestoßen hatte, ein Liebhaber von Fulvia gewesen sey, ein Genueser, der gefangen seinen Glauben verläugnete, und alsdenn unter dem berühmten *Ulazal* diente, größtem Seehelden unsrer Zeiten. In sie entbrannt, ohne daß seine Leidenschaft je ihr Ziel erreichte, unternahm er die That nach hinlänglich eingezogner Nachricht von allen Umständen der Hochzeit; und hätte sie bald glücklich ausgeführt. Er war Bastard von einem Adorno, und man nannte ihn zu Genua *Biondello*. Jungfräulich versicherte sie mir, daß die Braut noch ihre Ehre bewahrt hätte mit heißen Bitten, und Beschwörungen, daß er sie nur so lange verschonen möchte, bis er ans Land käme, bey ihrem üblen Befinden; und sie sey rein bis auf einige Küsse, die sie dem Verdammten unterdessen habe gestatten müssen. Die andern wären meistens noch viel ärger als die Braut von der Seekrankheit befallen gewesen, so daß die Barbaren selbst Mitleiden und Barmherzigkeit gegen sie gehabt hätten, ohne sie weiter noch zu martern. Außerdem habe die Noth in Sicherheit zu kommen, die Räuber zu äußerster Geschäftigkeit angetrieben, und die Menge die Begierden jedes einzelnen im Zaum gehalten; und so seyen sie noch glücklich der Schand entrissen worden, und eine könne für die andre zeugen. Biondello habe denn in der Verzweiflung Fulvien aus Eifersucht niedersäbeln wollen, als ich sie errettet hätte. »Heilloses Geschenk der Schönheit, rief sie aus, in wie viele Drangsale stürzest du uns! und wenn wir andre damit glücklich machen, so gerathen wir dadurch selbst in das äußerste Elend. Wie die Könige, die alles vermögen, nur daß unsre Herrschaft kurze Zeit dauert, haben wir durch dich keinen Freund; und die vortreflichsten Männer, mit allen Vollkommenheiten ausgerüstet, wie zum Exempel ihr seyd, legen uns häßliche Fallstricke.«

Marcel Schwob

Der Major Stede Bonnet – Ein Freibeuter zu seinem Vergnügen

Der Major Stede Bonnet, ein Edelmann, der sich vom Heeresdienst zurückgezogen hatte, bewirtschaftete um 1715 seine Besitzungen auf der Insel Barbados. Er lebte von den Erträgnissen seiner Zuckerrohr- und Kaffee-Pflanzungen und rauchte mit Behagen den Tabak seiner Felder. Er war verheiratet gewesen, doch nicht glücklich in der Ehe; seine Frau soll ihn verrückt gemacht haben. Tatsächlich zeigte sich seine Verwirrung erst nach seinem vierzigsten Lebensjahr, und die Nachbarschaft und sein Gesinde gaben ihm anfangs arglos nach.

Die Verwirrung des Majors Stede Bonnet äußerte sich so, daß er bei jeder Gelegenheit loslegte, um die Kriegführung zu Lande zu schmähn, die zur See dagegen zu lobpreisen. Er führte keine andern Namen im Munde als die von d'Avery, Karl Vane, Benjamin Hornigold und Edward Teach. Wenn man ihm zuhörte, waren das kühne Seefahrer und Männer der Tat. Zu jener Zeit betrieben sie Kaperei in den Antillen. Geschah es, daß einer in Gegenwart des Majors von ihnen als von Seeräubern sprach, dann herrschte er ihn an:

»Gott sei gepriesen dafür, daß er uns in Euern sogenannten Seeräubern das Vorbild einer freien Lebensgemeinschaft aufbewahrt hat, wie sie unsern Vorvätern zu eigen war. Da gab es weder Reiche, die an ihrem Besitz hingen, noch Männer, die ihre Frauen hüteten, noch die Sklaverei der Zucker-, Baumwoll- oder Indigo-Lieferungen; ein großmütiger Geist verfügte über alle Gaben und gewährte jedem das Seine. Aufs höchste bewundere ich darum diese ungebundenen Männer, die alles miteinander teilen, Leben, Güter und Glück und Unglück.«

Wenn der Major seine Pflanzungen abschritt, so klopfte er oft einem Arbeiter auf die Schulter:

»Tätest du denn nicht besser, du Schwachkopf, dieses elende Kraut in Ballen auf einem Lastschiff oder einem Rennsegler zu verstauen, statt daß du es hier mit deinem Schweiße düngst?«

Fast allabendlich versammelte der Major seine Hausgenossen in einem Getreidespeicher und las mit ihnen bei einer Kerze, die von schillernden Fliegen umsummt war, von den großen Taten der Freibeuter Hispaniolas und der Schildkröteninsel. Es gab damals nämlich Flugblätter mit dem Bericht von ihren Überfällen auf Dörfer und auf Siedlungen.

»Vortrefflicher Vane!« schrie der Major. »Kühner Hornigold, wahrhaftig Füllhorn voll von Gold! Erhabener Avery, geschmückt mit den Kleinodien des Großmoguls und des Königs von Madagaskar! Du Wunder von einem Teach, der du es verstanden hast, mit der Zeit vierzehn Frauen zusammenzuhalten und sie wieder loszuwerden, und der du den Einfall hattest, die jüngste – sie war erst sechzehn Jahre – Abend für Abend deinen bewährtesten Gefährten zu überlassen – aus reiner Großmut, Seelengröße und Weltkenntnis – dort auf deiner guten Insel Okerecok. Selig, wer auf deinen Spuren wandeln und seinen Rum mit dir trinken dürfte, Schwarzbart, Herr der ›Königin Anna‹!«

Alle diese Reden vernahmen die Leute des Majors mit Staunen und Schweigen; seine Worte wurden bloß dann und wann durch das leichte dumpfe Geräusch der kleinen Eidechsen unterbrochen, wenn sie erschreckt den Halt verloren und vom Dache fielen. Dann hielt der Major die Hand schützend vor die Kerze, beschrieb mit seinem Stock zwischen den Tabakblättern alle Seegefechte der großen Kapitäne und bedrohte mit der »Strafe Moses« (das bedeutete bei den Seeräubern vierzig Stockschläge) jeden, der da etwa die Feinheiten der freibeuterischen Schlachtentwicklung nicht begriff.

Endlich vermochte der Major Stede Bonnet nicht länger zu widerstehn; er kaufte ein altes, mit zehn Kanonen bestücktes Schiff und versah es mit allem, was man zur Seeräuberei brauchte: Messer, Büchsen, Leitern, Laufbretter, Enterhaken,

Beile, Bibeln (zur Eidesleistung), Fässer mit Rum, Laternen, Ruß zum Schwärzen der Gesichter, Pech, Dochte, um damit den reichen Kaufleuten die Haut zwischen den Fingern zu versengen, und einen Haufen schwarze Fahnen mit weißem Totenkopf, zwei gekreuzten Schenkelknochen und dem Namen des Schiffes: die »Vergeltung«. Dann hieß er siebzig Mann seines Gesindes plötzlich an Bord steigen und fuhr los, in die Nacht hinaus, geradeaus nach Westen, hart an Saint-Vincent vorbei, in der Absicht, Yucatan zu umsegeln und die ganzen Küsten mit Kapereien heimzusuchen, bis nach Savannah (wohin er nicht gelangte).

Der Major Stede Bonnet hatte keine Ahnung von der Schifffahrt. Zwischen Kompaß und Winkelmesser begann er den Kopf zu verlieren, verwechselte Lee mit Luv, Gaffel mit Gatt, Bug mit Heck, sagte heuern statt steuern, reffen statt fieren, gab Befehle zu löschen anstatt zu laden, kurz, er war so verwirrt von der Fülle unbekannter Ausdrücke und der ungewohnten Bewegung des Meeres, daß er am liebsten nach Barbados zurückgekehrt wäre, hätte ihn nicht sein ehrgeiziger Wunsch, auf dem ersten gesichteten Fahrzeug die schwarze Flagge zu hissen, bei seinem Plane festgehalten. Er hatte keinerlei Vorräte mitgenommen, sondern nur mit seiner Beute gerechnet. Aber vergebens spähten sie in der ersten Nacht nach den Feuern auch nur des kleinsten Kutters. Der Major Stede Bonnet entschied also, daß man ein Dorf überfallen müsse.

Er versammelte alle seine Leute auf der Brücke, überreichte ihnen neue Messer und ermunterte sie zur größten Wildheit; danach ließ er einen Pack Ruß bringen, schwärzte sich sein Gesicht und heischte von ihnen, ein Gleiches zu tun, was sie nicht ohne Heiterkeit ausführten.

Nun, da ihm einfiel, daß es schicklich war, die Mannschaft mit einem Freibeutertrank in Stimmung zu bringen, sollte jeder eine Pinte mit Pulver vermischten Rums trinken (in Ermanglung von Wein, ohne den man sonst gewöhnlich nicht seeräuberte). Die Diener des Majors fügten sich seinem Wunsch; aber entgegen allem Brauch wurden ihre Stirnen von keiner Wut entflammt. In großer Einigkeit eilten sie nach dem Backbord und dem Steuerbord, beugten ihre schwarzen Gesichter über die Verschanzung und übergaben das Gebräu dem unheimlichen Meer. Als dies vollbracht und die »Vergeltung« an der Küste von Saint-Vincent fast gescheitert war, booteten sie sich torkelnd aus.

Es war früh am Morgen, und die erstaunten Mienen der Dorfbewohner gewährten keinen Anlaß, in Wut zu geraten. Selbst das Gemüt des Majors war nicht auf Heulen und Toben gestimmt. Also befriedigte er aufs reichlichste seinen Bedarf an Reis, Trokkengemüse und Pökelfleisch und bezahlte (nach Freibeuterart und sehr freigebig, wie ihm schien) alles mit einer halben Tonne Rum und einem alten Tau. Nachdem das erledigt war, gelang es den Männern mit Mühe und Not, die »Vergeltung« wieder flott zu machen; und der Major Stede Bonnet, stolz auf seinen ersten Erfolg, erreichte wieder die hohe See.

Er segelte den ganzen Tag und die ganze Nacht, ohne zu wissen, woher der Wind trieb. Tags darauf, im Morgengrauen, als er, an das Kompaßhäuschen des Steuermanns gelehnt, gerade eingeschlummert war, wobei ihn sein Messer und seine Muskete sehr störten, wurde der Major Stede Bonnet durch den Ruf geweckt:

»Heda Schaluppe!«

Er sah in Kabeltaulänge das Vorderteil eines Schiffes hin- und herschwanken. Ein ganz bärtiger Mann stand am Bug. Ein schwarzes Fähnlein flatterte am Mast.

»Hinauf mit unsrer Todesflagge!« schrie der Major Stede Bonnet.

Und da ihm beikam, daß sein Titel nur beim Landheer galt, entschloß er sich sofort, vertrauten Vorbildern zu folgen und einen andern Namen anzunehmen. Unverzüglich gab er also zur Antwort:

»Hier die Schaluppe ›Vergeltung‹, befehligt von mir, dem Kapitän Thomas, und meine Glückskameraden.«

Worauf der Bartmensch zu lachen begann.

»Eine gute Begegnung, Kamerad«, sagte er. »Da können wir ja

mitsammen segeln. Kommt nur herüber und trinkt einen Schluck Rum an Bord der ›Königin Anna‹.«

Der Major Stede Bonnet wußte sogleich, daß er den Kapitän Teach, den Schwarzbart, vor sich hatte, den berühmtesten unter denen, die er bewunderte. Aber seine Freude war nicht so groß, wie er gedacht hatte. Ihm ahnte, daß er seiner Freibeuter-Freiheit werde verlustig gehn. Wortlos begab er sich an Bord des Schiffes zu Teach, der ihn mit dem Glas in der Hand aufs gnädigste empfing.

»Kamerad«, sagte er, »du gefällst mir ungemein. Doch deine Seefahrerei hat keinen Sinn. Du darfst es mir glauben, Kapitän Thomas, am besten bleibst du gleich auf unserer guten ›Königin Anna‹, und deine Schaluppe überlassen wir der Führung dieses braven und sehr erfahrenen Mannes hier, der Richards heißt; auf Schwarzbarts Schiff aber kannst du nun in Muße das freie Leben der wohledeln Ritter des Glückes genießen.«

Der Major wagte nicht abzulehnen. Man nahm ihm sein Messer ab und seine Muskete. Er leistete den Eid auf das Beil (denn der Anblick einer Bibel war dem Schwarzbart unerträglich), er bekam sein Maß Zwieback und Rum zugewiesen, mitsamt seinem Anteil an der zukünftigen Beute. Nie hätte sich der Major träumen lassen, daß das Leben der Seeräuber derart geregelt war. Er litt unter den Wutausbrüchen Schwarzbarts ebenso wie unter den Schrecken der Seefahrt. Als Edelmann hatte er Barbados verlassen, um ein Freibeuter zu werden, wie er sich ihn vorstellte, und nun war er gezwungen, auf der »Königin Anna« ein wirklicher Freibeuter zu sein.

Drei Monate führte er dieses Leben und half seinem Führer bei dreizehn Kaperzügen, danach fand er Gelegenheit, wieder auf sein eigenes Schiff zu gelangen, auf die von Richards befehligte »Vergeltung«. Darin war er klug gewesen, denn in der folgenden Nacht wurde Schwarzbart im Hafen seiner Insel Okerecok von dem Leutnant Maynard angegriffen, der von Bathtown herangesegelt war. Schwarzbart fiel in der Schlacht, und der Leutnant ordnete an, daß der Tote geköpft und der Kopf an das Bugspriet genagelt werde; was auch geschah.

Der arme Kapitän Thomas floh unterdessen nach den Süd-Karolinen und fuhr noch wochenlang traurig umher. Dem Statthalter von Charlestown wurde seine Fahrt gemeldet, er entsandte den Obersten Rhet, der ihn bei der Sullivans-Insel abfassen sollte. Der Kapitän Thomas gab sich gefangen. Mit großem Aufwande wurde er nach Charlestown gebracht, als Major Stede Bonnet, da er seinen Namen so schnell wie möglich wieder angenommen hatte. Bis zum 10. November 1718 verblieb er im Kerker, dann erschien er vor dem Seegericht. Der Vorsitzende des Gerichtshofes, Nikolaus Trot, verurteilte ihn zum Tode mit der hier folgenden schönen Begründung:

»Major Stede Bonnet, Ihr seid überführt, zwei Kaperzüge mitgemacht zu haben: jedoch Ihr wißt, daß Ihr mindestens dreizehn Schiffe geplündert habt. Wir müßten Euch also noch elfmal anklagen; aber zwei Anklagen werden uns genügen (sagte Nikolaus Trot), denn sie widersprechen dem göttlichen Gebot, welches befiehlt: Du sollst nicht stehlen (2. Buch Mose 20, 15), und der Apostel Paulus erklärt ausdrücklich: Die Diebe werden das Reich Gottes nicht ererben (1. Korintherbrief 6, 10). Ihr seid aber auch des Mordes schuldig: Und die Totschläger (sagte Nikolaus Trot), deren Teil wird sein in dem Pfuhl, der mit Feuer und Schwefel brennt; das ist der andere Tod (Offenbarung 21, 8). Und wer kann denn (sagte Nikolaus Trot) bei der ewigen Glut wohnen? (Jesaia 55, 15). Ah! Major Stede Bonnet, ich habe guten Grund zu fürchten, daß die Lehren des Glaubens, von denen Ihr erfüllt wart in Eurer Kindheit (sagte Nikolaus Trot), sehr gelitten haben durch Euer unseliges Leben und durch Eure allzu heftige Neigung zur Schreiberei und zur eiteln Wissenschaft unserer Zeit; denn hättet Ihr Lust gehabt, zum Gesetz des Herrn (sagte Nikolaus Trot) und hättet geredet von seinem Gesetz Tag und Nacht (Psalm 1, 2), dann wäre das Wort Gottes Euers Fußes Leuchte gewesen und ein Licht auf Euerm Wege (Psalm 119, 115). Aber so habt Ihr nicht gehandelt. Nun könnt Ihr nur noch vertrauen auf Gottes Lamm (sagte Nikolaus Trot), welches der Welt Sünde trägt (Johannes 1, 29), das gekommen ist, selig zu machen, was verloren ist (Matthäus 18, 11) und versprochen hat, wer zu ihm käme, der werde nicht hinausgestoßen (Johannes 6, 57). Wollt Ihr aber zum Heiland zurückkehren, wenn auch spät (sagte Nikolaus Trot) in der elften Stunde wie der Arbeiter in dem Gleichnis vom Weinberg (Matthäus 20,6,9), dann wird er Euch noch aufnehmen können. Der Gerichtshof indessen hat beschlossen (sagte Nikolaus Trot), daß Ihr zur Richtstätte geführt und am Halse aufgehenkt werdet, bis zum Eintritt des Todes.«

Zerknirscht hatte der Major Stede Bonnet die Ansprache des Gerichtsobersten Nikolaus Trot angehört und wurde noch am selben Tag in Charlestown als Dieb und Räuber gehenkt.

Robert Louis Stevenson

Was ich in der Apfeltonne hörte

»Ich, Gott bewahre! Flint war Käpp'n; ich war Schiemann, trotz meinem Holzbein. Von derselben Breitseite, die mir mein Bein wegriß, verlor der alte Pew seine Gucker. Der Doktor, der mich amputierte, war ein großartiger Arzt – auf Hochschulen gewesen und alles, was man haben wollte – Latein eimerweise, und was nicht alles; aber er wurde gehängt wie ein Hund und an der Sonne getrocknet wie die übrigen, in Corso Castle. Es waren Roberts seine Leute, die da baumelten – und das kam davon, daß sie die Namen von ihren Schiffen änderten – ›Royal Fortune‹ und so weiter. Ne, wie ein Schiff mal getauft ist, so laßt es weiter heißen – das sage ich! So war es mit der Cassandra, die uns alle heil und gesund von Malabar nach Hause brachte, als England den Vizekönig von Indien gefangen hatte; so war es mit dem alten ›Wallroß‹, Flints altem Schiff, das sah ich ganz schlipperig vom roten Blut und mit Gold beladen bis zum Sinken!«

»Ah!« rief eine andere Stimme, offenbar voll von Bewunderung; ich erkannte den jüngsten Matrosen, den wir an Bord hatten; »ha! der war doch der großartigste Kerl von allen, der Flint!«

»Na, Davis war auch ein Mann, das will ich meinen!« sagte Silver. »Ich bin allerdings niemals mit ihm gefahren; ich war erst bei England, und dann bei Flint, und damit ist meine Geschichte aus; und nun bin ich hier auf meiner eigenen Rechnung, sozusagen. Neunhundert Pfund legte ich auf die Kante, die verdiente ich unter England; und dann zweitausend, das war mein Anteil, als ich bei Flint war. Das ist gar nicht so schlecht für einen Mann vorm Mast – und sie liegen alle sicher in der Bank. Daß man Geld verdient, tut es noch nicht allein; man muß es auch zu sparen wissen, glaubt mir das! Wo Englands Leute jetzt sind? Das weiß ich nicht. Wo Flints Leute? Na, die meisten von ihm sind hier an Bord, und sind froh, daß sie ihr Futter haben – mancher von ihnen hat vorher betteln müssen. Der alte Pew, der seine Augen verloren hatte, der gab zwölfhundert Pfund in einem Jahr aus, wie ein Lord im Parlament. Hätte' sich was schämen sollen. Wo er jetzt ist? Nu, tot ist er und unter der Erde; aber die letzten zwei Jahre vor seinem Tode, Gottverdammich, da hat der Mann gehungert! Er bettelte und stahl und schnitt Kehlen ab – und bei alledem hat er gehungert, Gottverdammich!«

»Tscha, viel Gutes kommt schließlich nicht dabei heraus,« sagte der junge Matrose.

»Für Dummköpfe allerdings nicht, darauf kannst du dich verlassen – nicht bloß nicht viel, sondern gar nichts!« rief Silver. »Aber nun hör mal: jung bist du ja freilich, aber du, du bist helle wie ein Dreierlicht. Das sah ich, als ich dich zum ersten Mal zu sehen kriegte, und darum will ich zu dir reden, wie zu 'nem Mann!«

Man kann sich vorstellen, was ich dabei fühlte, als ich den fürchterlichen alten Schurken zu einem anderen genau dieselben schmeichelhaften Worte sagen hörte, mit denen er mich angeredet hatte. Ich glaube: wäre ich dazu imstande gewesen, ich hätte ihn auf der Stelle durch die Apfeltonne hindurch getötet. Mittlerweile sprach er weiter, ohne eine Ahnung zu haben, daß ein Mensch ihm zuhörte.

»Mit den Gentlemen des Glücks ist es so: sie haben ein hartes Leben und riskieren den Strick, aber sie essen und trinken wie Kampfhähne, und wenn eine Kreuzfahrt zu Ende ist, na, dann haben sie Hunderte von Pfunden Sterling in ihrer Tasche statt ein paar hundert Pfennigen. Na, das meiste geht für Rum drauf und lustiges Leben, und dann gehen sie wieder zu See und haben bloß das Hemd auf dem Leibe. Aber das ist nicht meine Art! Ich lege alles auf die Kante, ein bißchen hierhin, und ein bißchen dahin, und ja nicht zu viel auf eine Stelle, damit's keinen Verdacht gibt. Ich habe meine fünfzig Jahr auf dem Buckel, verstehst du? Sobald ich von dieser Fahrt zurück bin, spiele ich den feinen Mann und bleibe einer. Ist auch höchste Zeit, meinst du. Ja ja – aber ich habe die ganze Zeit gut gelebt; habe mir niemals etwas abgehen lassen, was mein Herz begehrte, und habe alle meine Lebtage sanft geschlafen und lecker gegessen, außer wenn ich auf See war. Und wie fing ich an? Vor dem Mast – genau wie du!«

»Nu ja,« sagte der andere; »aber alle die andern haben doch jetzt kein Geld mehr, nicht wahr? Und wo ist dein Geld? Du darfst dich doch in Bristol nachher nicht mehr sehen lassen!«

»Puh! wo glaubst du wohl, wo mein Geld ist?« fragte Silver höhnisch.

»In Bristol, bei Banken und sonst wo,« antwortete sein Kamerad.

»Da war es,« sagte der Koch; »da war es, als wir den Anker lichteten. Aber jetzt hat meine alte Deern das ganze. Und das ›Fernrohr‹ ist verkauft – Wirtschaft und Ausrüstung und Kundschaft; und die alte Deern ist schon unterwegs und weiß, wo sie mich trifft. Ich würde dir sagen, wo das ist – denn ich traue dir; aber es würde die anderen Kameraden eifersüchtig machen.«

»Und kannst du dich denn auf deine Frau verlassen?« fragte der andere.

»Glücksgentlemen«, antwortete der Koch, »trauen sich für gewöhnlich wenig untereinander, und da haben sie auch recht, verlaß dich drauf. Aber ich habe so was Besonderes an mir, weißt du. Wenn einer sonst auch nicht so ganz zuverlässig ist – ich meine: einer der mich kennt – so wird er sich mit dem alten John doch vorsehen. Da waren einige, die hatten vorm alten Pew Angst, und einige hatten Angst vor Flint; aber Flint selber hatte Angst vor mir. Hatte Angst vor mir und war stolz auf mich. Das war die schlimmste Bande auf der ganzen See, Flints Leute; der Teufel selber hätte Angst gehabt, mit ihnen in See zu gehen. Na, ich sage dir, – prahlen ist sonst nicht meine Art, und du siehst selber, was für ein netter Kamerad ich bin; aber als ich Schiemann war, da waren Flints alte Piraten wie *Lämmer*, sag ich dir. Oh, du brauchst keine Angst zu haben auf dem Schiff, wo der alte John drauf ist!«

»Na, ich will dir was sagen,« rief der Junge; »die Geschichte gefiel mir eigentlich ganz und gar nicht, bis ich dies Gespräch mit dir hatte; aber hier ist jetzt meine Hand drauf!«

»Und ein braver Junge warst du, und helle bist du auch!« antwortete der Silver, und sie schüttelten sich so ernstlich die Hände, daß die ganze Apfeltonne zitterte; »und einen schöneren Kopf für einen Glücksgentleman haben meine Augen nie gesehen!«

Ich begann mittlerweile ihre Ausdrücke zu verstehen. Unter einem »Glücksgentleman« verstanden sie offenbar nicht mehr noch weniger als einen gemeinen Piraten, und die kleine Szene, die ich belauscht hatte, war der letzte Akt der Verführung eines von den ehrlichen Matrosen – vielleicht des letzten solchen, der noch an Bord war. Aber in dieser Hinsicht sollte ich bald Gewißheit haben; denn Silver stieß einen leisen Pfiff aus, und da kam ein dritter heran und setzte sich zu den beiden anderen.

»Dick ist unser,« sagte Silver. »Oh, ich wußte, daß Dick unser sein würde,« antwortete die Stimme des Schaluppmeisters Israel Hands. »Dick ist ja doch kein Schafskopf!« Bei diesen Worten spuckte er seinen Tabakssaft aus. »Aber hör mal,« fuhr er fort, »ich möchte was wissen, Barbecue: wie lange soll das noch so weiter gehen? Ich habe von Käpp'n Smollett nun bald genug gehabt; er hat mich lange genug geschurigelt, zum Donner nochmal! Ich will jetzt seine Kajüte haben! Ich will ihre eingemachten Sachen haben und ihren Wein und so weiter!«

»Israel,« sagte Silver, »dein Kopf ist nicht viel wert; ist es nie gewesen. Aber du kannst wohl hören, denk ich; deine Ohren sind wenigstens groß genug dazu. Na, hör mal, was ich dir sage: du bleibst vorn bei uns anderen schlafen und arbeitest und sprichst vernünftig und bleibst nüchtern, bis ich das Losungswort gebe. Und darauf kannst du dich verlassen, mein Sohn!«

»Nun – ich sage ja auch nicht, daß ich das nicht will, nicht wahr?« murrte der Schaluppmeister. »Ich frage bloß: wann? Weiter frage ich nichts.«

»Wann! Gottverdammich!« rief Silver. »Na, wenn du's durchaus wissen willst, so will ich dir sagen, wann es sein soll. So spät, wie ich es irgend machen kann; da hast du deine Antwort auf die Frage: wann. Da ist ein Seemann erster Güte, Käpp'n Smollett, der dies verdammte Schiff für uns segelt. Da ist dieser Squire und der Doktor mit einer Karte und so weiter. Ich weiß auch nicht, wo der Kram liegt, nicht wahr? Du weißt es auch nicht? Na also! Ich meine, dieser Squire und dieser Doktor sollen das Zeug finden und sollen uns helfen, es an Bord zu kriegen, Gottverdammich noch einmal! Und dann wollen wir sehen. Wenn ich euch alle sicher wüßte, ihr Söhne von doppelten Holländern, so sollte Käpp'n Smollett uns das Schiff den halben Weg zurückbringen, bevor ich zuschlüge!«

»Nu, wir sind doch lauter Seeleute hier an Bord, sollte ich meinen,« sagte der junge Dick.

»Wir sind alle Leute vor dem Mast, meinst du!« schnauzte Silver ihn an. »Wir können einen Kurs steuern – aber wer soll den Kurs angeben? Darüber kommt ihr Herren alle zu Fall, vom ersten bis zum letzten. Wenn es nach mir ginge, sollte Käpp'n Smollett uns mindestens bis in die Passatwinde zurückbringen; dann hätten wir keine verdammten Rechenfehler und einen Löffelvoll Wasser täglich. Aber ich kenne eure Sorte! Ich will mit ihnen noch auf der Insel Schluß machen, sobald der Plunder an Bord ist, aber jammerschade ist es. Aber ihr seid ja nicht zufrieden, bis ihr besoffen seid! Hol mich der Geier, mir tut das Herz weh, mit solchen Leuten wie ihr zu segeln!«

»Man sachte, Long John!« rief Israel. »Wer hat dir denn was getan?«

»Na, wie viele große Schiffe, meint ihr, habe ich entern sehen? Und wie manchen fixen Kerl habe ich in der Sonne am Galgen trocknen sehen?« rief Silver; »und alles wegen dieses: man schnell! man schnell! man schnell! Versteht ihr mich? Ich habe allerlei auf See gesehen, das will ich meinen. Wenn ihr nur den richtigen Kurs steuert und euch stramm vorm Wind halten wolltet, ihr könntet als feine Leute in Kutschen fahren, jawoll! Aber fällt euch ja gar nicht ein! Ich kenne euch. Ihr wollt morgen euren Mund voll Rum haben und wenn's zum Galgen geht!«

»Das weiß ja jeder, daß du so eine Art von Paster bist, John; aber da sind andere, die ebensogut wie du eine Sache deichseln konnten,« sagte Israel. »Sie waren gerne ein bißchen lustig, na ja. Sie waren eben nicht so langweilig und so trocken, sondern wollten mal eben ihren Jux haben, als lustige Kerls, einer wie der andere!«

»So?« sagte Silver. »Na, und wo sind sie nun? Pew war einer von der Sorte, und er starb als Bettler. Flint war auch einer, und der starb in Savannah am Rum. Oh, sie waren eine famose Bande, gewiß, das waren sie! Bloß – wo sind sie?«

»Aber«, fragte Dick, »wenn wir sie nun auf den Rücken legen, was sollen wir dann eigentlich mit ihnen anfangen?«

»Das ist der rechte Mann für mich!« rief der Koch, scheinbar voll Bewunderung. »Das nenne ich Geschäft. Na, was meint ihr wohl? Sie an Land auszusetzen? So hätte England es gemacht. Oder sie abzustechen wie Schweine? Das wäre Flints Art gewesen und dem Billi Bones seine.«

»Billi war der Mann dazu,« sagte Israel. »Tote Leute beißen nicht – sagte er. Na, nun ist er selber tot; er weiß jetzt das Lange und das Breite davon, und wenn je ein wüster Kerl zu Hafen gekommen ist, so war Billi es.«

»Da hast du recht,« sagte Silver; »wüst war er und fix. Aber nun hör mal zu: ich bin ein netter Kerl – ich bin ein richtiger Gentleman, sagst du; aber diesmal ist es Ernst. Pflicht ist Pflicht, Kameraden! Ich gebe meine Stimme ab – Tod! Wenn ich im Parlament bin und in meiner Kutsche fahre, dann will ich nicht, daß diese Herren aus der Kajüte auf einmal ganz unerwartet nach Hause kommen, wie der Teufel, wenn einer betet! Abwarten, sage ich! Aber wenn die Zeit da ist, na – dann marsch mit ihnen!«

»John!« rief der Schaluppmeister, »du bist ein Mann!«

»Das wirst du sagen, Israel, wenn es so weit ist,« sagte Silver. »Für mich verlange ich bloß eins – ich verlange diesen Trelawney. Dem will ich seinen Kalbskopf vom Leibe abtrennen, mit diesen meinen eigenen Händen! Dick!« rief er plötzlich, »oh, spring mal schnell auf, mein lieber Junge, und bringe mir einen Apfel; mir ist die Kehle ganz trocken!«

Man kann sich vorstellen, welchen Schreck ich bekam! Wenn ich die Kraft gehabt hätte, wäre ich aus der Tonne gesprungen und davongelaufen; aber mir versagten die Glieder ebenso wie mein Mut. Ich hörte, wie Dick aufstand; dann aber hielt offenbar einer ihn zurück und ich hörte Israels Stimme, der ausrief:

»Oh, laß das doch! Was willst du mit dem faden Zeug, John, laß uns einen guten Schluck Rum haben!«

»Dick,« sagte Silver, »ich traue dir. Übrigens habe ich ein Zeichen gemacht. Hier ist der Schlüssel; du füllst ein Kännchen und bringst es ran.«

So sehr ich auch in Angst war, mußte ich doch unwillkürlich bei mir denken, daß offenbar auf diesem Wege der Steuermann Arrow den Branntwein bekommen hatte, der sein Tod wurde.

Dick war nur eine kleine Weile fort, und während seiner Abwesenheit flüsterte Israel die ganze Zeit über dem Koch etwas ins Ohr. So konnte ich nur ein paar Worte aufschnappen; indessen bekam ich dadurch doch noch eine wichtige Nachricht; denn ich hörte deutlich, wie er sagte: »Von den anderen will kein einziger mehr mit uns gehen.«

Es waren also noch einige treue Leute an Bord.

Als Dick zurückkam, nahm einer nach dem anderen von dem Trio das Kännchen und brachte einen Spruch aus.

»Gut Glück!« sagte der eine. Der andere sagte:

»Das bring ich dem alten Flint!«

Und Silver selbst machte eine Art von Vers:

»Dies auf uns selber, und haltet euch steif! 'nen Haufen Geld, und was Gutes in 'n Bauch!«

Gerade in diesem Augenblicke fiel ein Heller Schein in die Tonne, und als ich aufblickte, fand ich, daß der Mond aufgegangen war und den Hauptmast versilberte und weiß auf das Focksegel schien; und beinahe in demselben Augenblicke rief der Mann am Ausguck:

»Land!«

Der Stadt Hamburg Statuta und Gerichts Ordnung

Vom See=Raube

ARTICULUS 1.

Würde mit etlichen See-Räubern *Composition*, oder ein Vertrag gemachet / und mit genandtem übergegebenem Gute / das Schif und andere Güter von den See=Räubern entfreyet / den Schaden sol man theilen / zu bezahlen vom Schif und Gute / wie oben von geworffenen Gütern gemeldet. Da aber etliche Güter von den See=Räubern gewaltiglich / ohne vorhergehenden Vertrag / entfrembdet würden / den Schaden dürffen die behaltene Güter / wie auch der Schiffer / wegen des Schifs / nicht mit tragen noch erstatten.

2.

Bringet jemand Gut über See und Sand / und dasselbige als gestohlen oder geraubet Gut angesprochen wird / so ist der jenige / welcher das Gut gebracht / näher dasselbe zubehalten / als jemand ihm das abzuwinnen. Jedoch so er beweisen kan / mit zween ehrlichen Leuten / oder mit seinem Wirthe / oder auch durch schriftliche Uhrkunde der Stadt / darinn er das Gut gekauft / daß er dasselbe redlich an sich gebracht hat.

3.

Alles Gut / welches über See und Sand anhero gekommen / und allhie Jahr und Tag ohne Anspruch gewesen / und solches mit zween glaubwürdigen Zeugen bewiesen werden kan / ist ein jeder / ungeachtet / ob es vor gestohlen oder geraubet / angesprochen wird / näher zubehalten / als ihm das jemand abzuwinnen / jedoch so fern der jenige binnen Landes gewesen / welcher die Anspruch thut.

Fünftes Kapitel

In welchem von den natürlichen und den künstlichen Inseln die Rede ist
Vermehrt um Nachrichten von den Gewürzinseln in Scheerau

Robert Müller

Die Geschichte der Insel

Von allen Erscheinungen der Insel, die ihn beunruhigten, versöhnte den Belgier Raoul de Donckhard das Mädchen auf der Südklippe der Insel zuerst.

Über den Bruchrändern der bassinblauen Muschel der Bucht quoll malachitgrün das Meer, stand Augenblicke wie ein schartiger dicker Stein und zerspänte sich, bei näherem Hinsehen bewegt, in lange Kammspiralen, die tausendflächig geknittert verkräuselten, von einer unendlich walzenden Maschine aus der Unendlichkeit geschält. Raoul de Donckhard ließ die Bewegung rings um sich wieder narbig versteinern, indem er den Blick von ihr hob. Die Insel lag da, wie ein aufgeklapptes Gebiß auf einer Etagere; leer und scharf. Ein blauer Gaumen, unterwölbte sie die Muschel der Bucht. Raoul empfand Abscheu vor diesem Anblick. Die Einsamkeit von Weite und Meer hatte sich zu einem knirschenden Wink gefestigt, ihr Ausdruck war diese weitläufige Klippe.

Raoul nahm das Seeglas vor die Augen. Der harte Schrei fuhr auseinander zu einem Nebel von Linien und Flecken, Raoul schraubte, da gerann es, setzte sich ab in deutlicheren Stufen des Lebens. Die Klippe war leer, aber nicht tot. Aus der Heftigkeit, mit der sie über die Oberfläche gesetzt war, strömte an geborgenen Stellen ein zärtliches Dasein.

Raoul setzte ab und blinzelte. Sofort begann der Wellensteinbruch um ihn in Milliarden von Flächen zu zerfallen, arbeitete sich in unendlichfachen Schuppen ab, blätterte, verwitterte augenfällig. Raoul schloß die Augen und sah die Insel und ihre junge Geschichte vor sich.

Auf der Insel war eine blendende, aber zähe Vegetation ausgebrochen. Eines Tages hatte der Meergrund, von einer inneren Wallung getrieben, die Spitzen durch das Meerende oben gestoßen. Das Meer schwoll ab, wie von einem heißen Loch geschlürft. Die Krusten des Meerbodens brachen bei dieser furchtbaren Anstrengung, die kunstvoll gesammelten Korallenbänke zerpulverten an der pressenden Bewegung, die von tiefen Feuermuskeln auf sie überzitterte. Schwarzblasse Tangurwälder starben im kochenden Sonnenschein und aschten die Ritzen der jungfräulichen Insel, die Verwesung von Fischleichnamen schuf winzige Gärten der Fäulnis, die der herabprasselnde Tropenregen mit unzähligen Händen als Teig der Schöpfung um die ganze Insel knetete. Er stampfte ihn fest, die Sonne gab ihm Halt. Begehrende Erde streckte ihre Schöße, wenn der schwertragende Samenwind von weiten Kontinenten über sie hinschlüpfte und seine feinen Lasten in sie niederließ. Aber Wind und Regen, die Gründe und schräge Hänge und flache Felder beflorten, wetzten auch die erste furchtbare Verwirrung des Durchbruchs hinweg. Wie schrecklich hart und planlos hier trotzdem noch alles lag! Man konnte am gerechten Sinn der Natur verzweifeln; nur eine starke einfache Idee konnte hier Gerechtigkeit, Form und Wachstum schaffen. Und die Natur, die ihren Anfang so drastisch darbot und die Reste davon unerschrocken aufrecht erhielt, hatte auch diese Idee.

Raoul sah klar vor sich: die Idee. Am Rand und innerst der Insel quetschten polstrige Blöcke die Backen aneinander. Furchtbarer Druck hatte große reine Flächen geschaffen, deren Kanten Meerorkane entschärften. Die Hundertmeter-Erhebungen brachen spitz und steil empor, kleine ausgeprägte Vulkantürme und nichts anderes als zu diesem Zwecke, Rauchschäfte, Essenausgänge; ein gemeiner Winkel herrschte hier vor, eine rücksichtslose Absicht nach oben auch jetzt noch, da alles erloschen war. Von dieser Urabsicht und ihren Bleibseln ging nun wohl die Natur aus. In dieses langsam zu einer organischen Ordnung zerfallende Chaos setzte sie eine gerechte Idee, die sich nicht vollkommen frisch gebärdete, sondern von älterm Willen nährte. Die Natur hält auf Übergänge. Sie setzte eine Vegetation ein, die jene reine Fläche und den übertrieben spitzen Winkel beibehielt, zwei maßlos einfache Prinzipe. Die Baumformen der Insel waren anfängerhaft. Sie wuchsen steif aus der Erde und setzten erst hoch oben Äste an, deren Beblätterung längs des Stammes behälterartig emporstrebte. Ein seltsames Gewächs, eine riesenhaft dicke Distel, knickte ihre Seitensprossen starr nach oben, trug die vollroten Köpfe der Blüte wie die Flammen eines streng geregelten Armleuchters. Die erste Neigung, in die Breite zu gehen, war hier im Kampf einer Natur mit sich selbst zugunsten eines älteren Inselprinzipes gezüchtigt. Raoul vergegenwärtigte sich das lähmende Grauen, das ihn überfiel, so oft er durch den Dschungel der Armleuchterpflanze zu schreiten hatte. Er empfand die gerade Linie, die in den weichen runden Mond hineinwuchs, als faszinierend, aufsaugend, erkältend. Nach oben geschlossen, Gestalten mit vermummten Köpfen, waren die von demselben Grundsatz hypnotisierten Palmen, die dieser Insel entwuchsen, dabeigestanden.

Steinbäume schlugen ins Blau. Basaltene Sträucher drohten, ein Gewissen der Überlieferung, zum abgearteten Leben verurteilter Grundsatz, Meerweltrnotiv, das in Korallenbarrieren vorgelebt haben mochte. Erzenes Adergezweig ahmte in unergründlicher Sehnsucht die Zeichnung nach, die der Wellengang auf der Meerfläche abschlägt. Zäh schlug die Zelle altvorderem Gestaltungstrieb der Welle nach. Es waren geringe Zwischenglieder da. *Die Insel war von der Rasse des Meeres.*

Das Zerfallen des Meeres in Flächen war nutzlos. Aber aus denselben Motiven schuf das Meer, Insel geworden, die Typen der Insel, die sie emporbringen sollten, aus reiner Fläche und spitzem Winkel. Erst eine andere Kraft und Überlieferung, dem Meer an Macht und Adel gleich, der Wind, wird anfängerhafte eckige Jugend, Flegeljahre der werdenden Natur, ausgleichen, modellieren und verbreitern.

Raoul sah ein, daß aus der Verwirrung und Beiläufigkeit des Durchbruchs nur eine einfache und harte Idee zur Gerechtigkeit führen konnte. Das neue Leben nahm seine Form vom Toten. Das Tote hatte ihn an dieser Landschaft inmitten schmiedender

Hitze kalt bis in die Zunge werden lassen. Er unterdrückte seinen Ekel und anerkannte das Gerechte, das die Natur vorwollte.

Einfach wie ein Kind setzt sie Striche, um eine Ordnung herbeizubringen; dünne riesige Pilze, das waren die Bäume, eine erschreckend simple Landschaft; genug, diese versorgte die Menschen, die von Festländern aus durch Wasser auf sie gedrungen waren. Männer standen Schulter an Schulter in hochgeschwungenen Kähnen, Weiberscharen mit aus den Busen und von den Hüften quellenden Kindern zu Füßen. Mädchen kauerten sich über das Lieblingshuhn, Tauben mit Radaugen saßen Kriegern auf den Schultern und flatterten gegen die Luftwirbel. Der Männer ästig gewachsene Lanzen mit den unebenen Steinsplitterspitzen starrten verkreuzt wie nackte Zeltspieren über das flößende Lager, der Wind faßte sich im Rudel der Stöcke wie in einem Segel und trieb überfüllte Boote an eine Küste, während die Blicke der Insassen noch scheu nach rückwärts loteten, ob die Zornmächte ihrer Urheimat ihnen im Kielwasser folgten.

Sturmhiebe aus der Tiefe des Landes, wandernde Wasserdämme von meerwärts trieben ein großes Volk, als alle Erde dort sich unter Wolkenbrüchen und Flußschwellungen zu gelben Milchfluten quirlte, auf die tanzenden Boote. Tausend Boote kippten in der Schale einer hohlen Woge lautlos um und versenkten mit einschläferndem Schrecken ihre Menschenladung; andere saugten langsam, trugen über Flutsäulen und Wellengrate treu hinweg und schluckten plötzlich irgendwo im stillsten Wasser; Menschen griffen ihren langen Schreien nach, als könnten sie sich an ihnen halten. Die Haie sonnten an diesen Tagen ihre Bäuche. Aber die andern Dutzend Boote blies ein freundlicher Wind an den Stöcken in die Bucht.

Seither gilt die Steinscherbenlanze als heilig. War es nicht derselbe Wind, der spät, nachdem die Insel von Kadaveroasen gedüngt und der Leichenhumus in rastloser Arbeit geglättet war, Samen von Kontinenten und anderem Geinsel gebracht hatte? Ein Taifun in asiatischen Meeren saugte Insektenschwärme und Vögel an und führte sie jenseits von stillstehenden Luftbänken über den Erdquadranten, wie Wein in einem Stechheber, bis er flau wurde und alles auf die Insel fallen ließ. Aus den intakten Eiern der ohnmächtigen oder erdrückten Weibchen entstand eine Tierwelt. Diesmal besämte der Wind die Insel mit Menschen. Seither gilt der Wind höher als Gott denn jemals, und sein Sausen in den steinernen Lanzen wird angehört. Das muß wahr sein, denn so erzählt es die Mythe der Insel. Als Beweis dessen steht in der zerklüfteten Nische eines alten Kraterbruchs ein Hain von heiligen Lanzen. Raoul de Donckhard schraubte sein Glas und konnte ihn unter der Spitze des steilsten und höchsten Kegels ausnehmen.

Wieviel hundert oder tausend Jahre waren seitdem vergangen? Die Menschen hatten sich angesiedelt und angepaßt. Sie bauten, erfanden, zeugten, fischten, kämpften und lachten viel. Es war eine Auslese von Glücklichen und Geretteten. Das sanfte und erlöste Lächeln von damals, als die Vorfahren nach stumpfen Tagen und Nächten in der blauen Muschel der Bucht landeten, war ihnen geblieben. Es blieb auch, als fließende Inseln mit symmetrischen Wolken vor den sanftesten Winden daherkamen und Boote abstießen, und schaurig anzusehende blinkende Männer mit Haifischgesichtern und harten Schuppen an den maßlosen Leibern ans Land klirrten. Die Inselbewohner hatten wenig fremde Feinde gesehen und ihr ganzer üppiger Kampf war auf Privatstreitigkeiten beschränkt geblieben, nur die Knappheit an ausgiebigen Großtieren ließ ihre Mägen kriegerisch knurren. Ihre Steinlanzen standen längst oben in der Götterspalte unter der alten Vulkanhaube. Sie hatten jetzt kleine Lanzen aus Holz mit einem stark verzierten und nicht ungefährlich gekanteten Blatte. Metall gab es auf der Insel nicht, der brüchige Stein eignete sich wenig zur Behandlung, sie bearbeiteten zäh und erfinderisch Holz mit Holz und Kies.

Aus der Urzeit sprangen sie gleich und frisch nach dem ersten ungeübten Staunen – sie hatten ja wenig Gelegenheit dazu – in eine hochentwickelte Metallperiode.

Sie lächelten noch, als eine bisher sanft gestimmte Mythe zur

Geschichte wurde. Sie wandten ihre Holzspeere gegen die Schuppenpanzer und Sturmhauben der Fischmänner kaum erst an, nicht aus Berechnung, sondern weil sie kein Bedürfnis danach hatten. Sie zitterten, als die schwimmende Insel mit den ganz schmal gewordenen Wolken, bei deren Anblick ein oder der andere offene Kopf mit aus Betäubung erwachender Denkkraft nach dem heiligen Lanzenhain blinzelte, zu donnern begann und ein runder rauchender Stein, dessen Hitze ihnen die Haare versengte und dessen unanständiges Winseln sich ihnen mit dunklen Ahnungen auf den Magen legte, knapp über ihren Köpfen dahinschlingerte.

Die Fischmänner gingen auf ihren Inseln, die sich bald als ausgewachsene und erstaunlich gescheite Kähne verstehen ließen, nach einiger Zeit wieder in einer wunderbaren Tracht von Wolken ab. Sie ließen Tand und Wonne zurück und nahmen die blassen festen Früchte der Muscheln mit, die Geschlechter der Inselbewohner mit zusehends gestählten Organen, mit aussparender Technik der Bewegungen und des Atmens zutage gefördert hatten. Der zurückgelassene Tand, bei ferneren Besuchen der Schuppenmenschen und Haifischgesichter vermehrt, an Formen ergänzt, verdünnte durch die neuen Erregungen, die er schuf, geradezu die Nerven des bisher ruhig und gleichförmig lebenden Inselvolkes. Die Taucher gingen jetzt öfter des Tags hinunter in den Kies des aufgebrochenen Meerbodens, wo die Tiefe klar war, innerhalb der Bruchränder der Golfmuschel, diesseits der Grenze der das Meer grün färbenden Tangurwälder. Einige aber übernahmen sich, ermüdeten und kamen geplatzt an die Oberfläche. Ihre Augen hatten allen Glanz verloren und waren zu blutigen Schwämmchen eingefallen, sie hingen wie schlaffe Beutel heraus. Aus den Ohren, Nasenlöchern und zwischen den Nägeln krochen offene Adern hervor. Die Inselbewohner sahen es an, heulten, schüttelten die Schultern, die Weisen gaben abgeklärte Reden, aber alle lächelten sie noch immer; nur war es jetzt ein anderes Lächeln. Die Skeptiker erinnerten sich mit tiefen Falten in Gesicht und Seele an die schwimmende Insel, die sich als ein großes Kanu entpuppt hatte und an den Schwindel mit den Wolkenmasten – irgend ein Geheimnis des Stammes, der nach der Mythe mit Windlanzen gekommen war, mußte da verlorengegangen sein – und sahen zu den Lanzen der Alten empor, die eines Tages vom Berg wieder in die See wandern würden.

Jahre vergingen. Die Fischmänner kamen wieder, immer wieder und stiegen nach und nach aus ihrem Schuppenkleid; große, prachtvoll gefaltete Matten ruhten jetzt um ihre Häupter und Glieder. Das an Formen ausgehungerte Inselvolk konnte tagelang knien und sich mit schwimmenden Lustaugen in den Gang dieser großen Schurze und Kopfbedeckungen verlieren. Die Linien, mit denen es seine Holzgeräte bisher verziert hatte, waren winkelig gewesen, steil auffallende Strichordnungen, Motive von Fiederungen, barocke Verästelungen, ins Unendliche fortgespielt. Jetzt kam plötzlich ein neuer Geschmack auf, den die alten Künstler heftig bekämpften und als Dekadenz und Ausländerei brandmarkten. Aber die jungen Geschlechter siegten wie immer und datierten eine neue weichere und vielseitigere Kunst von dieser fremden Befruchtung her. Die Körpertätowierung bewegte sich in neuen umschließenden Rhythmen, die Beziehungen zwischen Schmuck und Körper vertieften sich, aus dem Kunstwerk als Anhängsel wurde Entfaltung. Das ältere Geschlecht von Inselleuten lachte über diese neumodische Ausdruckskunst, aber den Jungen war es heiliger Ernst. So wirkten die Trachten der europäischen und amerikanischen Seefahrer zuerst auf die Phantasie des Inselvolkes. Mancherlei neue Geflügelarten und kleine Tiere, wie Ziegen und Hunde, kamen ans Land und vermehrten sich; auch die Ratte, die es auf der Insel bisher nicht gegeben hatte. Diese entwickelte sich besonders kräftig und bevölkerte nach vielen Geschlechtern die Insel als ein großes schenantes Tier, das neben der scheuen einheimischen Schildkröte die Jagdinstinkte der Jugend blank hielt.

Nach den französischen Missionären, die eines Tages dauernd von der Insel Besitz ergriffen hatten, kamen als Folge irgendeines politischen Kuhhandels portugiesische Offiziere und Beamte, besserten das Palisadenkloster am Südvorsprung der Insel zu einem Kastell aus, füsilierten anstandshalber ein paar vornehme Familien und machten aus der Insel ein etwas heißeres und noch gelangweilteres Portugal.

Jules Verne

Standard-Island

Standard-Island – was man etwa mit »Muster-Insel« übersetzen könnte – ist eine Schrauben- oder Propeller-Insel und Milliard-City ihre Hauptstadt. Woher dieser Name stammt? ... Offenbar daher, daß die Stadt die der Milliardäre, der Gould's, der Vanderbilt's und der Rothschild's ist. Man wird hier einwenden, daß das Wort »Milliarde« in der englischen Sprache nicht vorkommt. Die Angelsachsen der Alten und der Neuen Welt sagen noch immer: *a thousand millions,* tausend Millionen. Milliarde ist ein französisches Wort. Dennoch ist es seit einigen Jahren in die Volkssprache Großbritanniens und der Vereinigten Staaten übergegangen und auf die Hauptstadt Standard-Islands mit voller Berechtigung angewendet worden.

Eine künstliche Insel ist ja eine Idee, die an und für sich keine außergewöhnliche zu nennen ist. Mit hinreichender Menge von Material, das in einem Strome, einem See oder einem Meer versenkt wird, liegt es für Menschen nicht außer der Möglichkeit, eine solche herzustellen. Das hätte hier aber nicht genügt. Mit Rücksicht auf ihre Bestimmung, auf die Anforderungen, denen sie entsprechen sollte, mußte diese Insel ihre Lage verändern können, also schwimmfähig sein. Hierin lag eine Schwierigkeit, die jedoch nicht über die Leistungsfähigkeit der Werkstätten für Eisenbearbeitung hinausging, denen Maschinen von sozusagen unbegrenzter Kraft zu Gebote standen.

Schon gegen Ende des 19. Jahrhunderts hatten die Amerikaner bei ihrer Vorliebe für das Große, ihrer Bewunderung für das »Enorme«, den Plan entworfen, mehrere hundert Kilometer vom Festlande in offner See ein riesenhaftes, durch Anker festgehaltenes Floß zu bauen. Das wäre, wenn auch keine Stadt, so doch im Atlantischen Meere eine Station geworden, mit Restaurants, Hôtels, Theatern, Clublocalen u. s. w., wo die Touristen alle Annehmlichkeiten der beliebtesten Badeorte gefunden hätten. Eben dieses Project war nun hier, nur in mehr vollkommener Weise, zur Ausführung gebracht … statt des festliegenden Flosses hatte man eine bewegliche Insel geschaffen.

Sechs Jahre vor der Zeit, wo unsre Geschichte beginnt, war eine amerikanische Gesellschaft unter der Firma *Standard-Island Company limited* mit einem Capitale von fünfhundert Millionen Dollars (zwei Milliarden Mark), getheilt in fünfhundert Antheilscheine, gegründet worden, um die künstliche Insel herzustellen, die den Nabobs der Vereinigten Staaten alle die Vortheile bieten sollte, welche den an die Stelle gebundnen Gebieten der Erdkugel fehlen. Die Antheilscheine wurden schnell untergebracht, so zahlreich sind in Amerika die ungeheuern Vermögen, die der Ausbeutung der Eisenbahnen oder Bankoperationen, dem Ertrage von Petroleumquellen oder dem Handel mit gepöckeltem Schweinefleisch entsprangen.

Die Herstellung der Insel nahm vier Jahre in Anspruch. Es dürfte hier angebracht sein, die wichtigsten Größenverhältnisse, die innere Einrichtung und die Apparate zur Fortbewegung anzugeben, die ihr gestatten, immer die angenehmsten Theile der ungeheuern Fläche des Stillen Weltmeers aufzusuchen.

Schwimmende Dörfer giebt es in China auf dem Yang-Tse-Kiang, in Brasilien auf dem Amazonenstrome, in Europa auf der Donau und wenn man will, in kleinerem Maßstabe auf vielen schiffbaren Gewässern. Das sind aber nur für kurze Zeit berechnete Constructionen mit einigen Häuschen, die auf langen Flößen errichtet wurden. Am Bestimmungsorte angelangt, wird der Holzbau auseinandergenommen, die Häusergruppe abgebrochen und das Dörfchen hat ausgelebt.

Mit der Insel, von der wir hier reden, liegt die Sache ganz anders; sie sollte auf dem Meere schwimmen … für immer, soweit das Werk der Menschenhand eben Bestand hat.

Wer weiß denn, ob die Erde nicht eines Tages zu klein werden wird für ihre Bewohner, deren Anzahl im Jahre 2072 der Rechnung nach auf sechstausend Millionen steigen dürfte, wie es

Ravenstein und andre Gelehrte mit erstaunlicher Sicherheit behaupten? Wenn das Festland dann überfüllt ist, muß man sich doch entschließen, als Wohnstätte das Meer zu Hilfe zu nehmen.

Standard-Island ist eine Insel aus Stahlplatten, und die Tragfähigkeit und Widerstandskraft ihres Rumpfes wurden unter Berücksichtigung des ungeheuern Gewichtes, das darauf lasten sollte, berechnet. Sie ist aus zweihundertsiebzigtausend Einzelbehältern zusammengesetzt, von denen jeder sechzehn Meter siebzig Centimeter hoch und je zehn Meter lang und breit ist. Die Oberfläche jedes Behälters mißt also zehn Meter an jeder Seite oder umfaßt ein Ar, gleich hundert Quadratmetern. Alle durch Bolzen und Nieten miteinander verbundene Behälter bilden die etwa siebenundzwanzig Millionen Quadratmeter oder siebenundzwanzig Quadratkilometer große Insel. Bei der ihr gegebenen ovalen Gestalt mißt sie sieben Kilometer in der Länge und fünf Kilometer in der größten Breite, und hat in runder Zahl einen Umfang von achtzehn Kilometern. Zur Vergleichung diene, daß die Befestigungslinie von Paris neununddreißig, die alte Mauer um die Stadt dreiundzwanzig Kilometer lang ist. Der eingetauchte Theil des Rumpfes hat bei voller Belastung etwa zehn Meter, der über Wasser stehende gegen sieben Meter Höhe. Daraus ergiebt sich, daß das Volumen von Standard-Island vierhundertzweiunddreißig Millionen Cubikmeter mißt und sein Deplacement (Wasserverdrängung), gegen drei Fünftel des Volumens, zweihundertneunundfünfzig Millionen Cubikmeter erreicht.

Der ganze untertauchende Theil der Behälter ist mit einem, lange Zeit vergeblich gesuchten Präparate – der Erfinder desselben wurde dadurch Milliardär – bestrichen, das jedes Anlegen von Muscheln und Seethieren verschiedner Art an die vom Wasser bespülten Theile unbedingt verhindert.

Der »Untergrund« der neuen Insel ist gegen Formveränderung und Bruch vollständig gesichert, denn der stählerne Rumpf wird durch mächtige Querriegel versteift und auf das Vernieten und Verbolzen aller Theile wurde die denkbarste Sorgfalt verwendet.

Natürlich mußten zur Herstellung dieses riesenhaften Bauwerkes erst besondre Werfte geschaffen werden. Das übernahm die »Standard-Island Company«, nachdem sie die Magdalenenbucht nebst deren Uferland am Ausläufer der langen Halbinsel Nieder-Californien, ganz nahe dem Wendekreise des Krebses, zu diesem Zwecke erworben hatte. In dieser Bucht wurde die Arbeit ausgeführt, und zwar unter Leitung der Ingenieure der Standard-Island Company und unter der Oberleitung des berühmten William Terson, der wenige Monate nach Vollendung seines Riesenwerkes ebenso mit Tod abging, wie Brunnel, nachdem er seinen, leider ziemlich nutzlosen »Great-Eastern« vom Stapel gelassen hatte. Standard-Island ist ja auch kaum etwas andres als ein modernisierter Great-Eastern, nur nach einem tausendfach vergrößerten Modell geschaffen.

Selbstverständlich konnte von einem wirklichen Stapellauf der Insel keine Rede sein. Sie wurde vielmehr stückweise hergestellt, indem man die einzelnen Stahlbehälter auf dem Wasser der Bucht selbst mit einander verband. Diese Stelle der amerikanischen Küste wurde auch der Nothhafen der beweglichen Insel, nach dem sie sich zur Vornahme etwaiger Reparaturen allemal begiebt.

Der Unterbau der Insel, ihr Rumpf, wie man sagen könnte, der, wie erwähnt, aus zweihundertsiebzigtausend Einzelbehältern besteht, wurde, mit Ausnahme des für die Stadt in der Mitte bestimmten und deshalb besonders verstärkten Theiles, mit einer dicken Schicht guter Erde überschüttet. Diese Humusdecke genügt für die Vegetation, die auf Rasenflächen, Blumenbeete, Gesträuche, einige Baumgruppen, Weideplätze und Gemüsefelder beschränkt ist. Es war nicht rathsam erschienen, auf diesem künstlichen Erdboden auch noch Getreide und Futter für Schlachtthiere erbauen zu wollen, und so wird der Bedarf an beiden durch regelmäßige Zufuhr gedeckt. Dagegen hatte man Vorsorge getroffen, wenigstens die nöthige Milch, den Bedarf an Eiern und Geflügel von jener Einfuhr unabhängig zu machen.

Drei Viertel des Bodens von Standard-Island, d.h. etwa einundzwanzig Quadratkilometer, sind für die Cultur von Nutzpflanzen und für Rasenflächen bestimmt, die in immerwährendem Grün prangen, während die intensiv ausgebeuteten Felder Gemüse und Früchte liefern und künstliche Wiesen einigen Viehheerden als Weideplätze dienen. Hier bedient man sich eifrig der Elektrocultur, d. h. der Mitwirkung permanenter elektrischer Ströme, die das Wachsthum der Pflanzen überraschend befördern und Gemüse von kaum glaublicher Größe hervorbringen helfen. So züchtet man z.B. hier Radieschen von fünfundvierzig Centimeter Länge und erntet Mohrrüben von drei Kilo Gewicht. Die Zier- und Küchengärten, sowie die Obstanlagen können mit den schönsten in Virginien und Luisiana wetteifern. Kein Wunder: auf der Insel, die mit Recht das »Juwel des Stillen Oceans« genannt wird, spart man keine Kosten, um alles in vollendetster Weise durchzuführen.

Ihre Hauptstadt Milliard-City nimmt ungefähr ein Fünftel der Oberfläche ein, bedeckt also gegen fünf Quadratkilometer oder fünfhundert Hektar, bei einem Umfange von neun Kilometern. Unsre Leser, die ja Sebastian Zorn und seine Kameraden auf deren Spaziergange begleitet haben, kennen sie schon so weit, daß sie sich darin schwerlich verirren würden. Uebrigens verirrt man sich überhaupt nicht in amerikanischen Städten, wenigstens nicht, wenn sie gleichzeitig das Glück und das Unglück haben, neueren Ursprungs zu sein – das Glück, wegen der Vereinfachung des Verkehrs und das Unglück wegen ihres vollständigen Mangels an künstlerischer Bedeutung. Wir wissen, daß Milliard-City ein Oval bildet, das durch eine centrale Verkehrsader, die Erste Avenue, die etwas über drei Kilometer lang ist, in zwei Hälften getheilt wird. Das an dem einen Ende derselben aufragende Observatorium hat am andern als Pendant das großartige Stadt- oder Rathhaus. In diesem finden sich die Amtsräume für die Behörden, für Wasser- und Wegebau, für Anpflanzungen und Promenaden, für die städtische Polizei, den Zoll, die Markthallen, für Beerdigungswesen, Hospize, die verschiedenen Schulen, sowie für die Kirchensachen und die Künste in bequemster Weise vereinigt.

Und wie stark ist die Bevölkerung auf diesem künstlichen Stückchen Erde von achtzehn Kilometer Umfang?

Die Erde zählt den derzeitigen Angaben nach zwölf Städte – vier davon in China – mit mehr als einer Million Einwohner. Die Schraubeninsel hat deren nur gegen zehntausend – lauter Eingeborne der Vereinigten Staaten. Man wollte es vermeiden, daß jemals internationale Streitigkeiten unter den Bürgern aufloderten, die auf diesem Werke neuester Art Ruhe und Erholung suchten. War es doch schon genug, wenn nicht zu viel, daß sie in religiöser Beziehung nicht zu einunddemselben Banner hielten. Es wäre aber zu schwierig gewesen, nur den Yankees aus dem Norden, den Backbordbewohnern von Standard-Island, oder umgekehrt den Amerikanern aus dem Süden, den Steuerbordbewohnern, das Recht vorzubehalten, sich auf dieser Insel häuslich niederzulassen. Darunter hätten die Interessen der Standard-Island Company gar zu empfindlich gelitten.

Nach Fertigstellung des metallenen Unterbaues und Herrichtung des für die Stadt reservierten Theiles zur Bebauung, nach der Annahme des Planes für die Straßen und Avenuen beginnen die Baulichkeiten aus dem Boden zu wachsen. Hier erheben sich Prachtgebäude oder einfache Wohnstätten, dort für den Detailhandel bestimmte Häuser, öffentliche Bauwerke, Kirchen und Tempel, nirgends aber jene Wohnhäuser mit siebenundzwanzig Stockwerken, jene häßlichen »Sky-scrapers«, d. h. »Wolkenkratzer«, wie man sie in Chicago findet. Das verwendete Baumaterial ist gleichzeitig leicht und widerstandsfähig. Das nicht oxydirbare Metall, das in den Constructionen vorherrscht, ist das Aluminium, das fast siebenmal so leicht ist wie Eisen von gleichem Volumen – das Metall der Zukunft, wie es schon Sainte-Claire Deville genannt hat – und das allen Anforderungen an ein solides Bauwerk entspricht. Mit dem Metall verband man künstlichen Stein, Cementwürfel, die sich bequem anpaßten. Man verwendete auch gläserne, hohlgeblasene Werkstücke, die also wie Flaschen hergestellt waren, und vereinigte sie durch ganz dünne Mörtelschichten – durchsichtige Bausteine, mit denen das Ideal, ein Haus aus Glas, zu erreichen wäre. In der Hauptsache herrschte aber doch die metallene Armatur vor, wie man sie heutigen Tages in den Erzeugnissen der Schiffsbaukunst findet. Standard-Island ist ja schließlich nichts andres als ein ungeheuer vergrößerter Schiffskörper.

Das Ganze ist Eigenthum der Standard-Island Company. Alle Bewohner der künstlichen Insel sind, wie groß auch ihr Vermögen sei, nur Abmiether. Uebrigens wurde bezüglich des Comforts und der Zweckmäßigkeit hier alles vorgesehen, was die unglaublich reichen Amerikaner nur erwarten konnten, diese Leute, neben denen die Souveräne Europas und die Nabobs Indiens nur eine untergeordnete Rolle spielen.

Wenn statistisch nachgewiesen ist, daß der Goldvorrath der Erde achtzehn Milliarden und der Silbervorrath zwanzig Milliarden beträgt, so besitzen die Bewohner dieses Juwels des Stillen Weltmeers davon in der That einen recht beträchtlichen Theil.

Von Anfang an hat sich das ganze Unternehmen übrigens finanziell vorzüglich gestaltet. Einzelhäuser und Wohnungen wurden zu gradezu fabelhaften Preisen vermiethet, so daß solche zuweilen mehrere Millionen übersteigen, denn nicht so wenige Familien waren in der beneidenswerthen Lage, derartige Summen alljährlich nur für ihr Unterkommen anzulegen. Die Company erzielte damit schon aus dieser einen Quelle einen Ueberschuß. Hiernach wird jedermann zugestehen, daß die Hauptstadt von Standard-Island den ihr beigelegten Namen mit Recht verdiente.

Von jenen überreichen Familien abgesehen, giebt es hier mehrere hundert andre, deren Miethzins hundert- bis zweihunderttausend Francs beträgt und die sich mit solchen bescheidnen Verhältnissen begnügen. Die noch übrige Einwohnerschaft umfaßt dann Lehrer jedes Faches, Lieferanten, Angestellte, Dienstboten und Fremde, deren Zufluß nur gering ist und denen nicht gestattet wird, sich in Milliard-City oder sonstwo auf der Insel anzusiedeln. Von Advocaten giebt es nur wenige, wodurch auch Processe nur selten sind; Aerzte noch weniger, wodurch die Sterblichkeit auf eine lächerlich tiefe Stufe herabsinkt. Jeder Bewohner kennt übrigens sehr genau seine Constitution, seine am Dynamometer gemessene Muskelkraft, seine mittelst Spirometer festgestellte Lungencapacität (Athmungsgröße), die am Sphygmometer beobachtete Zusammenziehungsfähigkeit seines Herzens und endlich seine am Magnetometer ablesbare allgemeine Lebenskraft. In der Stadt giebt es übrigens weder Schankstätten, Cafés oder Restaurationen, überhaupt nichts, was den Alkoholismus befördern könnte. Niemals ist hier ein Fall von Dypsomanie – sagen wir für die des Griechischen nicht kundigen Leser: von Trunksucht – vorgekommen. Vergessen wir nicht anzuführen, daß der Stadt elektrische Energie, Licht, mechanische Kraft, Wärme, verdichtete und verdünnte, sowie kalte Luft, Druckwasser geliefert und ihr pneumatische Telegramme und telephonische Nachrichten durch öffentliche Werke übermittelt werden. Geht jemand mit Tode ab auf dieser Schraubeninsel, die jeder klimatischen Unbill entzogen und gegen jede Beeinflussung durch Mikroben geschützt ist, so geschieht das, weil man, wenn die früher aufgezognen Federn der Lebensmaschinerie nach langer, langer Zeit abgelaufen sind, doch eben einmal sterben muß.

Auch Soldaten giebt es auf Standard-Island, nämlich eine Truppe von fünfzig Mann unter dem Befehle des Colonel Stewart, denn man durfte nicht außer Acht lassen, daß die weiten Gebiete des Stillen Oceans nicht immer sicher sind. In der Nachbarschaft gewisser Inselgruppen ist es ein Gebot kluger Vorsicht, sich gegen Ueberfälle durch mancherlei Seeräuber sicher zu stellen. Daß diese Miliz einen sehr hohen Sold bezieht und der gewöhnliche Mann sich besser steht, als ein höherer Officier im alten Europa, ist ja selbstverständlich. Die Anwerbung dieser Soldaten, die auf öffentliche Kosten untergebracht, ernährt und gekleidet werden, geht ohne Schwierigkeiten vor sich. Der gleich einem Krösus bezahlte Anführer der Truppe hat dabei nur die Qual der Wahl.

Auf Standard-Island existiert auch eine Polizei – nur einige schwache Rotten, die aber völlig hinreichen für die Sicherheit einer Stadt in der keine Ursache vorliegt, diese Sicherheit gestört zu sehen. Es bedarf ja stets besondrer Genehmigung der obersten Verwaltungsbehörde, um sich hier häuslich niederzulassen. Die »Küsten« sind Tag und Nacht durch eine Abtheilung Zollbeamter überwacht. Nur in den Häfen ist eine Landung überhaupt möglich. Wie sollten Uebelthäter also Eingang finden? Was etwa Leute beträfe, die sich erst hier Ungebührlichkeiten zu Schulden kommen ließen, so würden solche kurzer Hand verhaftet, abgeurtheilt und im Westen oder Osten des Großen Oceans irgendwo an der Neuen oder Alten Welt ausgesetzt werden, so daß sie nach Standard-Island niemals zurückkehren könnten.

Wir bedienten uns des Ausdrucks: Die Häfen von Standard-Island; deren giebt es in der That zwei, und zwar an beiden Enden der kurzen Durchschnittslinie des Ovals, das die Schraubeninsel bildet. Der eine heißt Steuerbord-, der andre Backbordhafen, entsprechend den im Seewesen gebräuchlichen Bezeichnungen.

Auf keinen Fall ist eine Unterbrechung der regelmäßigen Zufuhren zu befürchten. Das kann nicht vorkommen, weil jene Häfen auf einander entgegengesetzten Seiten liegen. Sollte nun der eine in Folge schlechter Witterung unzugänglich sein, so steht doch der andre den Schiffen offen, die die Insel also bei jeder Windrichtung anlaufen können. Entweder im Backbord- oder im Steuerbordhafen treffen also die verschiednen, nothwendigen Waaren ein, das Petroleum mit Specialdampfern, Mehl und Feldfrüchte, Wein, Bier und andre beliebte Getränke, ferner Thee, Kaffee, Chocolade, Gewürze, Conserven u. s. w. – Hier landet man auch Rinder, Hammel und Schweine von den besten Märkten Amerikas, wodurch der Bedarf an frischem Fleisch gedeckt wird, und überhaupt alles, was selbst die verwöhntesten Feinschmecker von Nahrungs- und Genußmitteln nur wünschen können. Ebenso erfolgt hier der Import von Stoffen, Leinenwaaren und Modeartikeln, wie sie der raffinierteste Dandy und die eleganteste Weltdame nur verlangen können. Alle diese Gegenstände kauft man dann bei den Zwischenhändlern auf Standard-Island ... zu welchem Preise, wollen wir lieber verschweigen, um nicht die Ungläubigkeit des freundlichen Lesers zu erwecken.

Dagegen liegt die Frage nahe, wie ein regelmäßiger Dampferverkehr möglich war zwischen der Küste Amerikas und einer Insel mit Propellern, die sich selbst fortbewegte und sich heute in dieser Gegend, und morgen zwanzig Meilen weiter befand?

Die Antwort ist sehr einfach. Standard-Island segelt nicht aufs Geradewohl umher. Die Ortsveränderung der Insel erfolgt nach einem von der obersten Verwaltungsbehörde festgesetzten Programme, nachdem darüber die Anschauung der Meteorologen des Observatoriums eingeholt war. Ihre Fahrt ist ein Spaziergang mit nur geringen gelegentlichen Abweichungen durch den Theil des Stillen Oceans, der die herrlichsten Inselgruppen umschließt, und unter möglichster Vermeidung schroffen Witterungswechsels, dieser mächtigsten Ursache für vielerlei Lungenkrankheiten. Deshalb konnte Calistus Munbar auch auf eine diesbezügliche Frage antworten: »Winter? ... Kennen wir nicht!« Standard-Island bewegt sich nur zwischen fünfunddreißig Grad nördlicher und fünfunddreißig Grad südlicher Breite. Bei siebzig Breitengraden oder etwa vierzehnhundert Seemeilen steht ihm ein prächtiges Wassergebiet offen. Die andern Schiffe wissen also das Juwel des Großen Oceans stets zu finden, da seine Ortsveränderung zwischen jenen reizenden Inseln, die ebensoviele Oasen in der grenzenlosen Wasserwüste des Großen Oceans bilden, stets im voraus festgestellt ist.

Doch auch ohnedem wären andre Schiffe nicht darauf hingewiesen, die Schraubeninsel hier oder dort auf gutes Glück zu suchen, obwohl die Compagnie deshalb nicht die fünfundzwanzig – sechzehntausend Meilen langen – Kabel in Anspruch nahm, die der *Eastern Extension Australasia and China Co.* gehören. Nein, die Schraubeninsel darf von niemand abhängig sein! Das erreichte man durch Vertheilung von mehreren hundert Bojen auf den befahrenen Meerestheilen, Bojen, die das Ende elektrischer Kabel tragen, welche mit der Madeleinebucht in Verbindung stehen. Diese Bojen läuft man an, verbindet deren Kabel mit den Apparaten des Observatoriums und sendet nun die nöthigen Depeschen ab. Dadurch werden die Vertreter der Compagnie in der Madeleinebucht bezüglich geographischer Länge und Breite der Lage von Standard-Island immer auf dem Laufenden erhalten. So erkärt es sich, daß der Dienst der Proviantschiffe mit wirklicher »Eisenbahnverläßlichkeit« von statten geht.

Daneben giebt es aber noch eine andre wichtige Frage, die einer Lösung werth ist.

Wie verschafft man sich denn das nöthige Süßwasser für die vielfachen Bedürfnisse der Bevölkerung?

Das Wasser? ... O, das gewinnt man durch Destillation in zwei besondern Anstalten neben den Häfen. Durch ein Röhrensystem wird es nach den Häusern geleitet und unter den Feldern hingeführt. So dient es für wirthschaftliche Zwecke wie zur Straßenbesprengung und fällt als wohlthätiger Regen auf die Felder und Rasenflächen, die damit den Launen der Witterung entzogen sind. Und dieses Wasser ist nicht allein süß, sondern sogar destilliert, elektrolysiert und hygienisch vorzüglicher als die reinsten Quellen der beiden Welten, aus denen ein Tropfen in der Größe eines Stecknadelkopfes, noch fünfzehn Milliarden Mikroben enthalten kann.

Jean Paul

Gewürzinseln und Molukken in Scheerau

Der Brandenburger Weiher bei Baireuth ist ein ausgegrabner Landsee von 500 Tagwerken, und vor einigen Monaten saß ich eine Stunde darin; denn man trocknet ihn jetzt zum Besten seiner bleichen Küstenbewohner aus. Der scheerauische Weiher, an dem vier Regenten weitergraben ließen, hat 129 Tagwerke mehr und ist für Deutschland wichtig: denn durch seine aërostatischen Dünste wird er so gut wie das Mittelländische Meer das Wetter in Deutschland ändern, sobald der Wind über beide geht. Die Ebbe und Flut muß genau genommen sogar auf einer Träne oder im Saufnäpfchen eines Zeisigs stattfinden, wie viel mehr auf einem solchen Wasser: – die Diözes von Inseln, die diesen Teich so putzt und furniert, z. B. Banda, Sumatra, Zeylon und das schöne Amboina, die großen und kleinen Molukken, traten erst unter der jetzigen Regierung aus dem Wasser – oder vielmehr ins Wasser. Herrn Buffon, wenn er noch lebte, und andre Naturforscher müßt' es frappieren, daß die Inseln auf dem Scheerauischen Ozean nicht durch Auftürmungen von Korallen entstanden – auch nicht durch Erdbeben, die den Dromedar-Rücken des Meergrundes aus dem Wasser aufkrümmten – selber durch keinen Vulkan in der Nähe, der diese Berge ins Wasser hineingesäet hätte; denn Sumatra, die großen und die kleinen Molukken wurden bloß in kleinen Partien auf unzähligen Schubkarren und Leiterwagen an die Küsten herbeigeschoben – und weil auf den Karren Steine, Sand, Erde und alle Ingredienzien einer hübschen Insel waren, so brachten die Fronbauern, landesherrliche sowohl als ritterschaftliche, die ebenso viele (Tabak-) rauchende und Inseln bildende Vulkane waren, in kurzem die Molukken fertig, indes die ritterschaftlichen Brücken über landesherrliche Wasser noch nicht angefangen sind. Die Absicht des Landesherrn ist, den ganzen ostindischen Handel bei Asien in Scheerau so bei der

Hand zu haben wie eine Rappémühle – und ich denke, wir haben ihn; nur mit dem Unterschiede, daß die scheerauischen Gewürzinseln noch besser sind als die holländischen. Auf den letzten muß man erst das Reifen des Pfeffers, der Muskatnüsse etc. abpassen; aber auf unsern liegt schon alles reif und trocken da, und man darfs nur ans Essen reiben: das macht, weil wir alle diese Früchte schon ganz zeitig aus – Amsterdam verschreiben. Es ist nämlich so:

»Entweder alles oder nichts ist ein Regale. Der Rechtskundige kann es nicht billigen, daß die Fürsten, wiewohl sie die kostbarsten, aber seltensten Produkte zu ihren Regalien erheben, gleichwohl die gemeinen, aber desto ergiebigern in den Händen der Landeskinder lassen und dadurch den Fiskus schwächen. Der Jurist findet bei den südasiatischen Fürsten, so despotisch sie sonst sind, mehre Folgerichtigkeit, welche nicht das Wild, oder Salz, oder Bernstein, oder Perlen, sondern das ganze Land und den ganzen Handel nehmen und beide bloß jährlich verpachten. Die deutschen Fürsten haben hiezu größere Befugnis als alle andre; denn alle europäische Reiche haben indische Besitzungen, haben ein Neu-England, Neu-Frankreich, Neu-Holland; aber ein Neu-Deutschland hat das Alt-Deutschland nicht, und das einzige Land, welches ein Fürst noch wegzunehmen hat, ist sein eignes, man müßte denn aus Polen oder der Türkei ein Neu-Österreich, Neu-Preußen etc. zu machen wissen.

Allein dieses sah bisher kein Regent als der scheerauische ein, der diese Grundsätze seinem geheimen Kabinette vorlegte, aber schon vor dem Abstimmen seinen Entschluß gefasset hatte: daß nun die Leute alles Gewürz bei ihm nehmen sollten. Er selber schafft nun, gleich der Natur, auf seinen Molukken die Gewürze, die sein Land isset, indem er sich durch den Kommerzien-Agenten von Röper den Samen dieser Gewürze – Pfeffer-Körner, Nüsse etc., aber nicht zum Pflanzen, sondern zum Kochen – aus Amsterdam spedieren lässet. Daher umschnüret (weil die Molukken bei der Gewürz-Defraudation litten) ein Pfeffer- und Zimt-Kordon von Kadetten und Husaren das Land; niemand könnte eine Muskatnuß einschwärzen als die Muskattaube in ihrem dicken Gedärm. Alles, was meine scheerauische Leser aus den Läden nehmen, der Kaufladen mag einem großen Hause gehören, das mehr Schiffe und Reisediener auf den Beinen erhält als ich Setzer, oder er mag von einem armen Höker gemietet sein, dessen Schilderung mich schon dauert, dessen Strazza eine Schiefertafel ist und dessen Kapitalbuch eine schmierige Stubentür und dessen Kaufmannsgüter nicht zu Schiffe, sondern als Landfracht unter dem Arme oder auf der Achse, d. h. an einem Stocke auf der Achsel gebracht werden – in beiden Fällen käuet der scheerauische Leser Erzeugnisse aus Molukken, die vor seiner Nase sind. –

Einer, der dergleichen beurteilen kann, fället nachher dem Gewürz-Inspektor von Herzen bei, welcher im scheerauischen Intelligenzblatte schreibt, 1) daß jetzt das Land Pfeffer und Ingwer um niedrigern Preis erhalten könnte, weil bloß der Fiskus imstande wäre, sie in größern, mithin in wohlfeilern Partien zu beziehen – 2) daß der Regent jetzt vermögend sei, diese Leckereien, die unsern Beutel über Indien leeren, unter allen Deutschen zuerst den Scheerauern abzugewöhnen, indem er bloß den Preis beträchtlich zu steigern brauchte – 3) und daß eine neue Dienerschaft ihr Brot hätte.

Ich brauch' es nicht zu verteidigen, daß unser Fürst – da die russische Kaiserin Dörfern das Stadtrecht gibt – Schutt-Hügeln das Inselrecht erteilt, oder daß er ihnen ostindische Namen schenkt, da jeder Tropf von Schiffer bei der größten Insel, die er noch dazu mehr entdeckt als macht, Patenstelle vertreten darf. Unser Sumatra ist über ¼ Quadratviertelstunde groß und hat hauptsächlich Pfeffer – die Insel Java ist noch größer, aber noch nicht fertig – auf Banda, das dreimal so groß als der Konzertsaal ist, liefert die Natur Muskatnüsse, auf Amboina Gewürznelken – auf Teidor steht ein artiges Landhaus eines bekannten Scheerauers (des Doktors hier selber) – die kleinen Molukken, die in den Weiher hineinpunktiert sind, kann ich samt ihren Produkten in die Westentasche stecken, sie haben aber ihr Gutes. – Wer noch in keiner Seestadt, in keinem Hafen war: der kann hieher in den Scheerauer reisen und selber nachmittags ein Zeuge davon werden, was in unsern Tagen der Handel ist, den die verbundnen Hände aller Völker heben – hier kann er sich einen Begriff von Kauffahrteiflotten machen, von denen er so viel, aber nur blind gelesen und die er hier wirklich über unsere Teich segeln sieht – er kann die sogenannte Gewürzflotte des Herrn Kommerzien-Agenten von Röper sehen, die gleich einem hitzigen Klima die nötigen Gewürze, die er verschrieben, unter alle Inseln austeilt – er kann auch auf arme Teufel stoßen, die auf ein wenig Floßholz sich aus Ostindien die wenigen Kaufmannsgüter abholen, die sie kreuzerweise absetzen – am Hafen und Ufer, wo er selber steht, kann er bemerken, was der Küstenhandel ist, den da sogenannte Fratschler-Weiber mit Pfeffer- und Welschen-Nüssen im kleinen treiben.«

Sechstes Kapitel

Welches einen Blick eröffnet auf
die mythologische Vielfalt der Meeresbewohner,
auf die Propheten und vielgestaltigen Fische
Ergänzt um einen Blick auf die neuen Meergötter

Johann Gottfried Herder

Gedanken zur Mythologie der Meere

Die Schiffsleute sind immer ein Volk, das am Aberglauben und Wunderbaren für andern hängt. Da sie genötigt sind, auf Wind und Wetter, auf kleine Zeichen und Vorboten achtzugeben, da ihr Schicksal von Phänomenen in der Höhe abhängt: so gibt dies schon Anlaß gnug, auf Zeichen und Vorboten zu merken, und also eine Art von ehrerbietigen Anstaunung und Zeichenforschung. Da nun diese Sachen äußerst wichtig sind, da Tod und Leben davon abhängt: welcher Mensch wird im Sturm einer fürchterlich dunkeln Nacht, im Ungewitter, an Örtern, wo überall der blasse Tod wohnt, nicht beten? Wo menschliche Hülfe aufhört, setzt der Mensch immer, sich selbst wenigstens zum Trost, göttliche Hülfe; und der unwissende Mensch zumal, der von zehn Phänomenen der Natur nur das zehnte als natürlich einsiehet, den alsdenn das Zufällige, das Plötzliche, das Erstaunende, das Unvermeidliche schrecket? O der glaubt und betet, wenn er auch sonst, wie der meinige, ein grober Ruchloser wäre. Er wird in Absicht auf Seedinge fromme Formeln im Munde haben und nicht fragen: »Wie war Jonas im Walfisch?« – denn nichts ist dem großen Gott unmöglich, wenn er auch sonst sich ganz völlig eine Religion glaubt machen zu können und die Bibel für nichts hält. Die ganze Schiffsprache, das Aufwecken, Stundenabsagen ist daher in frommen Ausdrücken und so feierlich als ein Gesang aus dem Bauche des Schiffs. – In allem liegen Data, die erste mythologische Zeit zu erklären. Da man, unkundig der Natur, auf Zeichen horchte und horchen mußte, da war für Schiffer, die nach Griechenland kamen und die See nicht kannten, der Flug eines Vogels eine feierliche Sache, wie er's auch würklich im großen Expansum der Luft und auf der wüsten See ist. Da ward der Blitzstrahl Jupiters fürchterlich, wie er's auch auf der See ist: Zeus rollete durch den Himmel und schärfte

Blitze, um sündige Haine oder Gewässer zu schlagen. Mit welcher Ehrfurcht betete man da nicht den stillen silbernen Mond an, der so groß und allein dasteht und so mächtig würkt auf Luft, Meer und Zeiten! Mit welcher Begierde horchte man da auf gewisse hülfsbringende Sterne, auf einen Kastor und Pollux, Venus usw., wie der Schiffer in einer neblichten Nacht! Auf mich selbst, der ich alle diese Sachen kannte und von Jugend auf unter ganz andern Anzeigungen gesehn hatte, machte der Flug eines Vogels und der Blitzstrahl des Gewässers und der stille Mond des Abends andre Eindrücke, als sie zu Lande gemacht hatten; und nun auf einen Seefahrer, der, unkundig der See, vielleicht als ein Vertriebner seines Vaterlandes, als ein Jüngling, der seinen Vater erschlagen, ein fremdes Land suchte. Wie kniete der für Donner und Blitz und Adler! Wie natürlich dem, in der obern Luftsphäre den Sitz Jupiters zu sehen! Wie tröstlich dem, mit seinem Gebete diese Dinge lenken zu können! Wie natürlich dem, die Sonne, die sich ins Meer taucht, mit den Farben des fahrenden Phöbus und die Aurora mit aller ihrer Schönheit zu malen. Es gibt tausend neue und natürlichere Erklärungen der Mythologie oder vielmehr tausend innigere Empfindungen ihrer ältesten Poeten, wenn man einen Orpheus, Homer, Pindar, insonderheit den ersten, zu Schiffe lieset. Seefahrer waren's, die den Griechen ihre erste Religion brachten; ganz Griechenland war an der See Kolonie, es konnte also nicht eine Mythologie haben wie Ägypter und Araber hinter ihren Sandwüsten, sondern eine Religion der Fremde, des Meeres und der Haine; sie muß also auch zur See gelesen werden. Und da wir ein solches Buch noch durchaus nicht haben, was hätte ich gegeben, um einen Orpheus und eine »Odyssee« zu Schiff lesen zu können! Wenn ich sie lese, will ich mich dahin zurücksetzen; so auch Damm und Banier und Spanheim lesen und verbessern und auf der See meinen Orpheus, Homer und Pindar fühlen. Wie weit ihre Einbildungskraft dabei gegangen ist, zeigen die Delphinen. Was Schönes und Menschenfreundliches in ihrem Blicke ist nicht; allein ihr Spielen um das Schiff, ihr Jagen bei stillem Wetter, ihr Aufprallen und Untersinken, das gab zu Fabeln derselben Gelegenheit. Ein Delphin hat ihn entführt, ist ebensoviel als: Aurora hat ihn weggeraubt; zwei Umstände kommen zusammen, und sie müssen also die Folge sein voneinander. So ist Virgils verwandelter Mast, die Nymphen, Sirenen, Tritonen usw. gleichsam von der See aus leicht zu erklären und wird gleichsam anschaulich. Das Fürchterliche der Nacht und des Nebels usw.

Der Prophet Jona

ES GESCHACH DAS WORT DES HERRN zu Jona dem son Amithai / vnd sprach / Mache dich auff / vnd gehe in die grosse stad Nineue / vnd predige drinnen / Denn jre bosheit ist er auff komen fur mich. Aber Jona machte sich auff vnd flohe fur dem HERRN / vnd wolt auffs Meer / vnd kam hin ab gen Japho / Vnd da er ein Schiff fand / das auffs Meer wolt faren / gab er Fehrgeld vnd trat drein / das er mit jnen auffs Meer füre / fur dem HERRN.

DA lies der HERR einen grossen wind auffs Meer komen / vnd hub sich ein gros vngewitter auff dem Meer / Das man meinet / das Schiff würde zu brechen. Vnd die Schiffleute furchten sich / vnd schrien / ein jglicher zu seinem Gott / vnd worffen das Gerete / das im Schiff war / ins Meer / das es leichter würde. Aber Jona war hinunter in das Schiff gestiegen / lag vnd schlieff. Da trat zu jm der Schiffherr / vnd sprach zu jm / Was schleffestu? Stehe auff / ruffe deinen Gott an / Ob vieleicht Gott an vns gedencken wolte / das wir nicht verdürben.

VND einer sprach zum andern / Kompt / wir wollen lossen / das wir erfaren / vmb welchs willen es vns so vbel gehe / Vnd da sie losseten / traffs Jonam. Da sprachen sie zu jm / Sage vns / warumb gehet es vns so vbel? Was ist dein gewerbe? vnd wo kompstu her? Aus welchem Lande bistu? vnd von welchem Volck bistu? Er sprach zu jnen / Jch bin ein Ebreer /vnd fürchte den HERRN Gott von Himel / welcher gemacht hat das Meer vnd das Trokken. Da furchten sich die Leute seer / vnd sprachen zu jm / Warumb hastu denn solches gethan? Denn sie wusten /das er fur dem HERRN flohe / Denn er hatte es jnen gesagt.

DA sprachen sie zu jm / Was sollen wir denn mit dir thun / das vns das Meer stille werde? Denn das meer fuhr vngestüm. Er sprach zu jnen / Nemet mich vnd werfft mich ins Meer / so wird euch das Meer still werden / Denn ich weis / das solch gros Vngewitter vber euch kompt vmb meinen willen. Vnd die Leute trieben / das sie wider zu lande kemen / Aber sie kundten nicht / Denn das Meer fuhr vngestüm wider sie. Da rieffen sie zu dem HERRN / vnd sprachen / Ah HERR / las vns nicht verderben vmb dieses Mannesseele willen / vnd rechne vns nicht zu vnschüldig blut / Denn du HERR thust / wie dirs gefellet.

VND sie namen Jona / vnd wurffen jn ins Meer /Da stund das Meer still von seinem wüten. Vnd die Leute furchten den HERRN seer / vnd theten dem HERRN opffer vnd gelübde. Aber der HERR verschafft einen grossen Fisch /Jona zuuerschlingen / Vnd Jona war im leibe des Fisches / drey tag vnd drey nacht.

Herman Melville

Die Predigt

PATER MAPPLE richtete sich auf und wies das verstreute Volk mit einer milden Stimme unangemaßter Autorität an, dichter aufzurücken. »Der Steuerbordgang, heda! aufschließen nach Backbord – Backbordgang nach Steuerbord! Mittschiffs! mittschiffs!«

Da gab es ein gedämpftes Poltern schwerer Seestiefel zwischen den Bänken, und ein noch sachteres Geschiebe von Frauenschuhen, und alles war wieder ruhig, und jedes Auge dem Prediger zugewandt.

Er hielt ein wenig ein; faltete dann, indem er im Bug der Kanzel niederkniete, seine mächtigen braunen Hände über der Brust, erhob seine geschlossenen Augen und bot ein so zutiefst inbrünstiges Gebet dar, daß er auf dem Grunde der See zu knien und zu beten schien.

Dies beendet, begann er in langgezogenen feierlichen Tönen, dem unaufhörlichen Geläute einer Glocke auf einem Schiffe gleich, das auf See im Nebel im Sinken begriffen ist – in solchen Tönen begann er, den folgenden Hymnus zu lesen; doch brach dann, gegen die beschließenden Strophen zu seine Manier verändernd, in ein schmetterndes Frohlocken und Gejauchze aus –

»Geripp und Schröcknis in dem Wal
Umwölbte mich mit finstrem Schlund,
Des Höchsten Wellen tief zu Tal
Versenkten mich zur letzten Stund.

Ich sah, es klafft' die Höllentür,
Ohn' End' das Unheil breitet sich;
Dies kennt nur der, der's selbst verspürt –
Ach, tief versank in Elend ich.

In finstrer Not rief ich zum Herrn
  Und glaubte kaum, er wär' noch mein,
Mein Zetern kommt vor seine Ohr'n –
  Nicht länger schloß der Wal mich ein.

Geschwind er schwebt' zu Hülfe mir,
  Als trug ihn ein Delphin von Licht;
Furchtbar, doch hell wie Blitze schier
  Scheint des Erlösers Angesicht.

Mein Lied gibt Kund für alle Zeit,
  Wie er aus Unheil Heil gemacht;
Ihm allen Ruhm ich unterbreit':
  Dem Herrn der Gnad, dem Herrn der Macht.«

Beinah alle stimmten ein in den Gesang dieses Hymnus, der hoch über das Heulen des Sturms anschwoll. Eine knappe Pause folgte; der Prediger schlug langsam die Blätter der Bibel weiter, und schließlich, als er seine Hand auf die richtige Seite niederfaltete, sagte er: »Geliebte Schiffskameraden, verzurrt den letzten Vers im ersten Kapitel des Propheten Jona – ›Aber der Herr schickt einen großen Fisch, Jona zu verschlingen.‹

Schiffskameraden, dieses Buch, darinnen nur vier Kapitel enthalten – vier Garne –, ist eine der kleinsten Duchten im mächtigen Tau der Schrift. Und doch, in welche Tiefen der Seele lotet Jonas tiefe Fischerleine! was ist uns dieser Prophet für eine fruchtbare Lehre! Was für ein edelmütiges Ding ist jener Lobgesang im Bauch des Fisches! Wie wogengleich und windpeitschend herrlich! Wir fühlen die Fluten über uns hochgehen; wir loten mit ihm hinab auf den algigen Grund der Wasser; Seetang und der ganze Schlick der See ist um uns her! Aber *was* ist die Lehre, die das Buch Jona aufgibt? Schiffskameraden, es ist eine zwiegezwirnte Lehre; eine Lehre für uns alle als sündige Menschen, und eine Lehre für mich als einen Lotsen des lebendigen Gottes. Als sündige Menschen ist es uns allen eine Lehre, weil es eine Geschichte von der Sünde ist, von Hartherzigkeit, jäh erwachenden Ängsten, der Bestrafung auf dem Fuße, Reue, Gebeten, und schließlich der Errettung und dem Frohlocken Jonas. Wie bei allen Sündern unter den Menschen, bestand die Sünde dieses Sohnes des Amitthai in seinem mutwilligen Ungehorsam gegen den Befehl des Herrn – es tut jetzt nichts zur Sache, welches jener Befehl war, oder wie er überbracht –, den er als einen schwierigen Befehl auffaßte. Freilich sind alle Dinge, von denen Gott möchte, wir sollten sie tun, für uns schwierig zu tun – merkt euch das –, und folglich befiehlt er uns häufiger, als daß er uns zu überreden unternimmt. Und wenn wir dem Herrn gehorsam sind, müssen wir uns selbst ungehorsam sein; und dieser Ungehorsam gegen uns selbst ist es, worin die Schwierigkeit des Gehorsams gegen Gott besteht.

Diese Sünde des Ungehorsams in sich tragend, spottet Jona dem Herrn noch weiter, indem er Ihm zu entfliehen trachtet. Er denkt, daß ein von Menschenhand geschaffenes Schiff ihn Ländern zutragen kann, worin Gott nicht regiert, sondern die Kapitäne dieser Erde allein. Er lungert am Pier von Japho herum und sucht ein Schiff, das gen Tharsis segelt. Hier versteckt sich womöglich ein bis dato unbeachteter tieferer Sinn. Nach allem, was erzählt wird, könnte es sich bei Tharsis um keine andere Stadt handeln als das moderne Cadiz. Das ist die Auffassung gelehrter Männer. Und wo liegt Cadiz, Schiffskameraden? Cadiz liegt in Spanien; zu Wasser so weit fort von Japho, wie Jona womöglich in diesen alten Zeiten nur segeln konnte, als der Atlantik ein beinah unbekanntes Meer war. Weil Japho, das Jaffa von heute, Schiffskameraden, an der äußersten ostwärtigen Küste des Mittelmeeres liegt, der syrischen; und Tharsis oder Cadiz mehr als zweitausend Meilen westwärts von dort, gerade außerhalb der Straße von Gibraltar. Sehet ihr nun also, Schiffskameraden, daß Jona danach trachtet, weltweit vor dem Herrn zu fliehen? Der elende Mann! Oh! der verabscheuungswerte und aller Verachtung würdige; mit tief herabgezogenem Hut und schuldigen Auges sich vor seinem Gott zu drücken; sich an den Verladeplätzen herumzutreiben wie ein nichtswürdiger Einbrecher, in

Eile, das Meer zu durchqueren. So aufgewühlt, so selbsttadelnd ist sein Blick, daß, hätte es zu jener Zeit Polizisten gegeben, Jona auf den bloßen Verdacht irgendeiner Schuld hin eingesperrt worden wäre, eh er noch ein Deck betreten. Wie klar und deutlich er doch ein Flüchtiger ist! kein Gepäck, nicht Hutschachtel, Felleisen noch Reisesack, – keine Freunde, die ihn mit ihrem Lebewohl zum Pier begleiten. Am Ende, nach reichlichem mißtrauischem Suchen, findet er das tharsische Schiff, wie es die letzten Posten seiner Fracht aufnimmt; und als er an Bord geht, um dem Kapitän in der Kajüte aufzuwarten, lassen die Seeleute augenblicklich davon ab, die Waren zu verstauen, um bei des Fremdlings bösem Blick aufzumerken. Jona sieht dies; doch vergebens müht er sich, ganz ungezwungen und vertrauensselig dreinzuschauen; vergebens versucht er sich an seinem jämmerlichen Lächeln. Ihre nachhaltigen Empfindungen bei dem Mann versichern den Seeleuten, daß er kein Unschuldiger sein kann. Nach ihrer übermütigen und doch gleichzeitig ernsthaften Fasson flüstert einer dem andern zu – ›Jack, er hat eine Witwe ausgeraubt‹; oder: ›Joe, erkennst du's; das ist ein Bigamist‹; oder: ›Harry, Kerl, ich schätze, das ist der Ehebrecher, der damals in Gomorrha aus dem Knast ausbrach, oder womöglich einer der verschwundenen Mörder von Sodom.‹ Ein anderer rennt hin, um sich den Anschlag durchzulesen, der an der Dückdalbe an der Kaimauer klebt, wo das Schiff vertäut ist, und fünfhundert Goldstücke aussetzt für die Ergreifung eines Elternmörders, und der eine Beschreibung seiner äußeren Person enthält. Er liest und schaut von Jona zu dem Anschlag; während alle seine mitfühlenden Schiffskameraden sich nun um Jona drängen, bereit, Hand an ihn anzulegen. Der erschreckte Jona erbebt, und wie er all seine Tapferkeit in seinen Gesichtszügen sammelt, schaut er nur um so mehr wie ein Feigling drein. Er will nicht eingestehen, daß er unter Verdacht; aber das allein nährt einen starken Verdacht. Also macht er das Beste daraus; und als die Seeleute in ihm nicht den Mann vorfinden, der ausgeschrieben ist, lassen sie ihn passieren, und er steigt hinab in die Kajüte.

›Wer da?‹ ruft der Kapitän an seinem geschäftigen Pult, wo er in aller Eile seine Papiere für den Zoll ausfertigt – ›Wer da?‹ Oh! wie es Jona bei dieser harmlosen Frage durchfährt! Für einen Augenblick wendet er sich beinah, erneut zu fliehen. Doch er sammelt sich wieder. ›Ich wünsche eine Passage nach Tharsis auf diesem Schiff; wie bald geht Ihr in See, Sir?‹ Bis hierher hatte der geschäftige Kapitän nicht zu Jona aufgeschaut, obgleich der Mann jetzt vor ihm steht; doch sowie er diese hohle Stimme gehört, schleudert er ihm einen forschenden Blick entgegen. ›Wir segeln mit der nächsten auflaufenden Tide‹, antwortet er zuletzt zögernd, ihn immer noch aufmerksam beäugend. ›Früher nicht, Sir?‹ – ›Früh genug für jeden ehrlichen Mann, der als Passagier mitfährt.‹ Ha! Jona, noch ein Streich. Aber rasch lenkt er den Kapitän von dieser Witterung ab. ›Ich segle mit Euch‹ – sagt er – ›das Überfahrtsgeld, wieviel macht das? – Ich zahle jetzt gleich.‹ Denn es steht gesondert geschrieben, Schiffskameraden, als sei es eine Sache, die man in dieser Geschichte nicht übersehen soll, ›da ein Schiff fand, das aufs Meer wollt fahren, gab er Fährgeld und trat drein‹, bevor das Gefährt in See ging. Und im Zusammenhang gesehen, ist dies voller Bedeutung.

Nun war Jonas Kapitän einer, Schiffskameraden, dessen Aufmerksamkeit das Verbrechen bei jedem entlarvt, aber dessen Habgier es nur beim Mittellosen aufdeckt. In dieser Welt, Schiffskameraden, kann die Sünde, die sich den Weg freikaufen kann, ungehindert reisen und ohne Paß; wohingegen die Tugend, so sie Almosenempfängerin ist, an allen Grenzen angehalten wird. Also rüstet sich der Kapitän, den Umfang von Jonas Geldbörse zu ergründen, eh er ein offenes Urteil fällt. Er berechnet ihm den dreifachen üblichen Preis; und dem wird eingewilligt. Da weiß der Kapitän, daß Jona ein Flüchtiger ist; aber entschließt sich auch gleichzeitig, bei einer Flucht zu helfen, die ihre Spur mit Gold pflastert. Aber als Jona stracks seine Börse zückt, plagt den Kapitän immer noch ein vorsichtiger Argwohn. Er läßt jede Münze klingen, um eine falsche herauszufinden. Kein Falschmünzer jedenfalls, murmelt er; und Jona wird für seine Passage eingetragen. ›Weist mir meine Kammer an, Sir‹, sagt nun Jona, ›ich bin reisemüde; ich brauche Schlaf.‹ ›Man sieht's dir an‹, sagt der Kapitän, ›da ist die Kabine.‹ Jona tritt ein und wollte gern die Tür verschließen, doch dem Riegel mangelt's am Schlüssel. Als er ihn da so tölpelig tappen hört, lacht der Kapitän leis bei sich und murmelt etwas von den Türen von Sträflingszellen, die nie von innen verschlossen werden dürfen. Zur Gänze bekleidet und staubbedeckt, wie er ist, wirft sich Jona in seine Koje und merkt, daß ihm die kleine Kammerdecke beinah auf seiner Stirne ruht. Die Luft ist drückend, und Jona keucht. Da, in diesem eingeschrumpften Loch, versenkt zudem unter des Schiffes Wasserlinie, spürt Jona die dräuende Vorahnung jener atembeklemmenden Stunde, da der Wal ihn im kleinsten aller Verliese seiner Eingeweide bergen wird.

Mit ihrem Scharnier an die Seitenwand geschraubt, flimmert schwach eine schaukelnde Lampe in Jonas Kammer; und das Schiff, wie es sich zur Kaimauer hin auf die Seite neigt von dem Gewicht der letzten eingeladenen Ballen, die Lampe, Flamme und alles, obgleich leicht in Bewegung, behält in betreff der Kammer eine fortwährende Schieflage bei; obgleich in Wahrheit selber zuverlässig gerade, offenbarte sie nur eben das Trügerische, Lügnerische der waagerechten Streben, zwischen denen sie hing. Die Lampe erschreckt und entsetzt Jona; beim Liegen in der Koje umwandern seine gepeinigten Augen kreisend die Stätte, und dieser bis dahin erfolgreiche Flüchtige findet keinen Zufluchtsort für seinen ruhlos streifenden Blick. Doch jener Widerspruch in Gestalt der Lampe macht ihn mehr und mehr schaudern. Der Fußboden, die Decke und die Seitenwände, sie sind alle aus dem Lot. ›Oh! so hängt mein Gewissen in mir drin!‹ stöhnt er; ›kerzengerade aufwärts, so brennt es; doch die Kammern meiner Seele sind schief und krumm!‹

Wie einer, der nach einer Nacht volltrunkener Ausgelassenheit zu Bette eilt, immer noch kreiselnd, aber mit einem Gewissen, das ihn schon zwackt, wie das Gestürme des römischen Rennpferdes, dem sich seine Stahlstifte davon nur um so mehr einschlagen; wie einer, der sich in jenem jämmerlichen Geplage immer noch um und um windet in taumelnder Pein, Gott um Auslöschung anfleht, bis der Anfall überstanden; und inmitten eines Wirbels aus Weh fühlt er zuletzt, eine tiefe Betäubung stiehlt sich über ihn her, wie über den Mann, der zu Tode blutet, denn Gewissen heißt die Wunde, und nichts und niemand gibt es, sie zu stillen; also zieht, nach heftgern Ringen in seiner Koje, Jonas Vorahnung wuchtigen Elends ihn ertränkend in den Schlaf hinab.

Und nunmehr ist die Zeit der Flut gekommen; das Schiff wirft seine Leinen los; und vom verlassenen Kai gleitet das traurige Schiff mit schiefem Kiel gen Tharsis in die See. Jenes Schiff, meine Freunde, war das erste bezeugte Schmugglerschiff! die Schmugglerware war Jona. Die See aber gerät in Aufruhr; sie will die böse Last nicht tragen. Ein fürchterlicher Sturm kommt auf, das Schiff droht zu zerbrechen. Doch nun, als der Bootsmann alle Mann zum Ableichtern an Deck ruft; als die Winde kreischen, und die Männer gellen, und jede Planke gerade über Jonas Haupt von trampelnden Füßen donnert; in diesem ganzen wütenden Tumult schläft Jona seinen scheußlichen Schlaf. Er sieht weder schwarzen Himmel noch wütende See, fühlt nicht die weichenden Spanten, und wenig hört er oder stört ihn das ferne Dahinstürmen des mächtigen Wales, welcher gar jetzt mit offenem Maul die Meere zerspaltet, ihm hinterdrein. Aye, Schiffskameraden, Jona war hinunter in das Schiff gestiegen – eine Koje in der Kammer, wie ich's mir vorgestellt, und lag und schlief. Der entsetzte Schiffsherr aber kommt zu ihm und kreischt ihm ins tote Ohr: ›Was schläfst du? Stehe auf!‹ Von diesem grausigen Schrei aus seinem stumpfen Schlafe aufgeschreckt, erhebt Jona sich schwankend und greift, als er an Deck gestolpert, nach einer Want, um hinaus aufs Meer zu schauen. In dem Augenblick aber wird er von dem Panther einer Sturzsee angesprungen, die über die Reling springt. Welle um Welle springt solchermaßen in das Schiff und tost, da sie kein schnelles Spundloch findet, nach vorn und nach achtern, bis die Seeleute nahe dran sind, ertränkt zu werden, dieweil ihr Schiff noch flott. Und wann immer der weiße Mond in den steilen Schluchten der Schwärze hoch oben sein entsetztes Antlitz zeigt, sieht der bestürzte Jona den sich aufbäumenden Bugspriet hoch hinaufweisen, aber dann rasch wieder niederfahren gegen die gepeinigte Tiefe.

Grauen um Grauen durchschießt schreiend seine Seele. In seiner ganzen kriecherischen Haltung wird der Gottes-Flüchtige nunmehr nur zu deutlich erkannt. Die Seeleute nahmen ihn ins Visier; gewiß und gewisser wird ihr Verdacht gegen ihn, und schließlich verfallen sie, um die Wahrheit gänzlich auf die Probe zu stellen, indem sie die ganze Angelegenheit an den Himmel verweisen, darauf, Lose zu werfen, um zu sehen, wessentwegen dieser gewaltige Sturm über sie gekommen. Das Los trifft Jona; als sie dieses entdeckt, wie wutentbrannt sie ihm da mit ihren Fragen zusetzen. ›Was ist dein Gewerbe? und wo kommst du her? Aus welchem Lande bist du? und von welchem Volk bist du?‹ Doch gebt nun acht, meine Schiffskameraden, auf das Verhalten des armen Jona. Die begierigen Seeleute fragen ihn nur, wer er ist, und woher; wohingegen sie nicht nur eine Antwort auf diese Fragen erhalten, sondern gleichermaßen eine weitere Antwort auf eine Frage, die sie nicht gestellt, aber die unbestellte Antwort wird Jona von der harten Hand des Herrn abgerungen, die auf ihm lastet.

›Ich bin ein Hebräer‹, schreit er – und dann – ›und fürchte den Herrn Gott vom Himmel, welcher gemacht hat das Meer und das Trockene!‹ Fürchtest ihn, O Jona? Aye, gar wohl mochtest du damals den Herrgott fürchten! Geradewegs fährt er nun fort und legt ein volles Bekenntnis ab; woraufhin die Matrosen mehr und mehr erschaudern, aber immer noch Mitleid haben. Denn als Jona, der noch nicht bei Gott um Gnade nachsucht, da er nur zu gut um das Dunkle seiner Flucht wußte, – als der unglückliche Jona ihnen zurief, ihn zu packen und ins Meer hinauszuwerfen, denn er wußte, daß seinetwegen dieser gewaltige Sturm über sie gekommen; wenden sie sich erbarmungsvoll von ihm ab und trachten danach, das Schiff auf andere Weise zu erhalten. Doch alles vergebens; der aufgebrachte Sturmwind heult lauter; dann, die eine Hand flehend zu Gott erhoben, nahmen sie, nicht ohne Widerstreben, mit der anderen Jona in ihre Gewalt.

Und nun sehet Jona als Anker emporgehalten und in das Meer fallen gelassen; als von Osten her augenblicklich eine ölige Ruhe heranschwebt, und das Meer ist still, denn Jona trägt den Sturmwind mit sich hinab und läßt das Wasser glatt zurück. Er sinkt in dem wirbelnden Herzen eines solch ungezügelten Tumultes hinab, daß er kaum, auf den Augenblick achthat, da er siedend in den gähnenden Schlund gleitet, der seiner wartet; und der Wal stößt all seine elfenbeinernen Zähne wie ebenso viele weiße Riegel über seinem Kerker zu. Dann betete Jona zu dem Herrn, seinem Gott, im Leibe des Fisches. Merket aber auf sein Gebet und lernt eine schwerwiegende Lehre. Denn so sündig er ist, Jona weint und wehklagt nicht um Befreiung auf dem Fuße. Er spürt, daß seine schreckliche Bestrafung gerecht ist. Er überläßt seine Befreiung ganz und gar dem Herrn und gibt sich mit diesem zufrieden, daß er all seinen Schmerzen und Qualen zum Trotze doch noch Seinen heiligen Tempel schauen wird. Und hier, Schiffskameraden, haben wir wahre und gläubige Reue; nicht jammernd um Begnadigung, sondern dankbar um Bestrafung. Und wie dem Herrn wohlgefällig dieses Betragen des Jona war, zeigt sich an seiner schließlichen Befreiung aus dem Meer und dem Wal. Schiffskameraden, ich stelle Jona nicht vor euch hin, daß ihr ihm nachtut sein Sündigen, sondern ich stelle ihn vor euch hin als ein Beispiel der Reue. Sündigt nicht; doch tut ihr es, habt acht, daß ihr bereut wie Jona.«

Während er diese Worte sprach, schien das Heulen des kreischenden, schrägenden Sturms draußen dem Priester neue Kraft zu verleihen, der, als er Jonas Meeressturm beschrieb, selbst von einem Sturm geschüttelt schien. Seine tiefe Brust hob und senkte sich wie in einer Grunddünung; seine hochgeworfenen Arme schienen die kriegführenden Elemente bei ihrem Tun; und der Donner, der rollend von seiner schwärzlichen Stirne ausging, und das Licht, das ihm aus den Augen sprang, ließ all seine schlichten Zuhörer mit einer jähen Furcht auf ihn schauen, die ihnen fremd war.

Nun kam da eine Windstille in seinen Blick, wie er wiederum schweigend die Blätter des Buchs umblätterte; und schien zuletzt, reglos dastehend, geschlossenen Auges, einen Moment in Zwiesprache mit Gott und sich selbst befangen.

Doch von neuem lehnte er sich dem Volke zu, und indem er seinen Kopf tief herabbeugte, sprach er mit einem Ausdruck tiefster und doch männlichster Demut diese Worte:

»Schiffskameraden, der Herr hat nur eine Hand auf euch gelegt; beide lasten seine Hände auf mir. Ich habe euch bei dem, was mir an trübem Lichte ward, die Lektion verlesen, die Jona alle Sünder lehrt; und also euch, und noch mehr mich, denn ich bin ein größrer Sünder als ihr. Und wie freudig würd nun ich herunterkommen von diesem Masttopp und dort auf den Luken sitzen, wo ihr sitzt, und zuhören, wie ihr zuhört, dieweil irgendeiner von euch mir jene andre und entsetzlichere Lektion liest, welche Jona mich lehrt, als einen Lotsen des lebendigen Gottes. Wie Jona als gesalbter Lotsenprophet oder Verkündiger wahrer Dinge, und vom Herrn geheißen, diese unwillkommenen Wahrheiten in den Ohren des bösen Ninive erklingen zu lassen, wie Jona, entsetzt über die Feindseligkeit, die er hervorrufen sollte, vor seiner Mission entfloh, und seiner Pflicht und seinem Gott zu entkommen suchte, indem er sich in Japho einschiffte. Gott aber ist an jedem Ort; in Tharsis gelangte er niemals an. Wie wir gesehen haben, kam Gott über ihn in dem Wal, und schlang ihn die lebendigen Schlünde der Verdammnis hinab, und zerrte ihn flink und schräg hinab mit sich ›in die Tiefe mitten im Meer‹, wo die strudelnden Tiefen ihn zehntausend Faden tief hinuntersogen, und ›Schilf sein Haupt bedeckte‹, und die ganze wässerige Welt des Wehs über ihn hinwegrollte. Aber selbst dann noch, unerreichbar jedem Senkblei – ›aus dem Bauch der Höllen‹ –, als der Wal auf des Ozeans entlegensten Gebeinen auf Grund lief, selbst dann noch hörte Gott den verschlungenen, reumütigen Propheten, als er schrie. Da sprach der Herr zum Fische; und aus der schaudernden Kälte und Schwärze des Meeres kam der Wal emporgekrochen der warmen und wohligen Sonne entgegen und all den Wonnen von Luft und Erden; und ›speiet Jona aus ans Land‹; als geschah das Wort des Herrn zum anderen Mal; und Jona, zermalmt und zerschlagen – seine Ohren noch immer, wie zwei Meeresmuscheln, mannigfaltig vom Meere murmelnd –, Jona tat, wie der Allmächtige ihn geheißen. Und was war das, Schiffskameraden? Die Wahrheit zu predigen ins Angesicht der Falschheit! Das war es!

Dies, Schiffskameraden, dies ist jene andere Lehre; und weh jenem Lotsen des lebendigen Gottes, der sie mißachtet. Weh dem, den diese Welt den Evangeliumspflichten entrückt! Weh dem, der Öl auf die Wogen zu gießen trachtet, wenn Gott diese zu einem Ungewitter angerührt! Weh dem, der zu gefallen sucht, statt zu erschrecken! Weh dem, dem sein guter Name mehr bedeutet als Güte! Weh dem, der in dieser Welt nicht um Unehre wirbt! Weh dem, der nicht wahrhaftig ist, selbst wenn Falschheit Errettung wäre! Ja, weh dem, der, wie der große Lotse Paulus spricht, anderen predigt und selbst verwerflich wird!«

Er ließ den Kopf einen Augenblick sinken und war seiner selbst entrückt; dann, als er das Gesicht wieder erhob und ihnen zuwandte, stand tiefe Freude in seinen Augen, als er in himmlischer Begeisterung ausrief, – »Doch oh! Schiffskameraden! auf der Steuerbordseite jeden Wehs, da gibt es sichere Wonnen; und höher der Gipfel dieser Wonne, als der Grund des Wehs tief ist. Ist nicht der Flaggenknopf am Großmast höher, als der Kiel niedergeht? Wonne wird dem – eine weite, weit hinaufreichende, eine inwendige Wonne –, welcher den stolzen Göttern und Kommodores dieser Erde auf immer sein eigenes unerbittliches Ich entgegenstellt. Wonne werde dem, dessen starke Arme ihn dann noch stützen, wenn das Schiff dieser niederen, trügerischen Welt unter ihm hinuntergegangen ist. Wonne werde dem, welcher in Sachen der Wahrheit keinen Pardon gibt und welcher alle Sünde tötet, verbrennt und zerstöret, auch wenn er sie unter den Talaren der Senatoren und Richter herauszupft. Wonne – Wonne groß wie der Brammast werde dem, welcher nicht Recht noch Herrschaft anerkennt, außer der des Herrn, seinem Gott, und nur dem Himmel ein Patriot ist. Wonne werde dem, welchen all die Wogen aller Sturzwellen der See des lärmenden Pöbels nie erschüttern können im sicheren Kurs seines Kiels der Zeiten. Und ewige Wonne und Wunschseligkeit werde dem, welcher, wenn seine letzte Ruhe kommt, mit seinem letzten Atem sagen kann O Vater! – der Du mir bekannt vornehmlich durch Deine Zuchtrute – sterblich oder unsterblich, hier ist mein Grab. Ich habe getrachtet, Dir anzugehören, mehr als dieser Welt anzugehören, mehr als mir selbst. Doch dies ist nichts; die Ewigkeit überlasse ich Dir; denn was ist der Mensch, daß er die Lebensspanne seines Gottes überleben sollte?«

Mehr sprach er nicht, aber mit langsamer Geste eine Segnung vornehmend, barg er sein Antlitz in den Händen und blieb so auf den Knien, bis alles Volk gegangen, und er blieb allein zurück am Ort.

Der Beginn der siebenten Reise Sindbads des Seefahrers

Wisset, o meine Gäste, nach der Heimkehr von meiner sechsten Reise, die mir großen Gewinn abwarf, nahm ich in aller möglichen Freude und Heiterkeit mein früheres Leben wieder auf, indem ich mich Tag und Nacht in Lustbarkeiten vergnügte; und in solcher Zufriedenheit und Ruhe lebte ich eine Weile, bis meine Seele sich von neuem nach Fahrten über die Meere und nach dem Anblick fremder Länder und der Gesellschaft der Kaufleute und den Berichten über neue Dinge zu sehnen begann. Und als ich entschlossen war, packte ich eine Menge kostbarer Stoffe, wie sie sich eigneten für den Handel zur See, in Ballen und begab mich damit von Bagdad nach Bassorah, wo ich ein Schiff zur Ausfahrt bereit fand und darauf eine Schar bedeutender Handelsherren. Ich schiffte mich zu ihnen ein, und da wir Freundschaft schlossen, so brachen wir gesund und wohlbehalten auf zu unserer Fahrt; und wir segelten mit günstigem Winde dahin, als wir eine Stadt erreichten, die da Madinat al-Sin geheißen war; doch als wir sie verlassen hatten und in aller Heiterkeit und Zuversicht weiterfuhren, indem wir Pläne entwarfen, wie wir reisen und handeln wollten, siehe, da erhob sich ein heftiger Gegenwind, und ein Regensturm überfiel uns und durchnäßte uns wie unsere Waren. Wir deckten die Ballen mit unseren Mänteln und Gewändern, mit Wollteppichen und Leinwand zu, damit der Regen sie nicht verdürbe; und wir begannen zu beten und den allmächtigen Allah anzuflehen, und wir demütigten uns vor ihm, damit er uns errette aus der Gefahr, in der wir schwebten. Der Schiffsführer aber stand auf, straffte sich den Gürtel, nahm die Säume empor, suchte Zuflucht bei Allah vor Satan, dem Gesteinigten, stieg in den Mast hinauf und spähte nach rechts und nach links; dann blickte er auf die Reisenden und die Mannschaft hinab, schlug sich das Gesicht und raufte sich den Bart. Da riefen wir ihm zu: ›O Kapitän, was gibt es?‹ Und er erwiderte und sprach: ›Fleht um Errettung zum Höchsten aus der Not, in die wir geraten sind, und klagt um euch und nehmt voneinander Abschied; denn wisset, der Wind ist unser Herr geworden und hat uns in das letzte der Meere der Welt verschlagen.‹ Dann stieg er herab vom Mast, öffnete seine Kiste und holte einen Sack aus blauer Baumwolle hervor, dem er ein aschenartiges Pulver entnahm. Das tat er in einen Topf und befeuchtete es mit ein wenig Wasser; und nachdem er eine Weile gewartet hatte, roch er daran und schmeckte es. Dann nahm er ein kleines Buch aus der Kiste, las eine Weile darin und sprach zuletzt unter Tränen: ›Wisset, o ihr Reisenden, in diesem Buch steht eine wunderbare Geschichte, die beweist, daß, wer in diese Gegenden kommt, ohne Hoffnung auf Rettung gewißlich des Todes ist; denn dieser Ozean heißt das Meer des Landstrichs der Könige, und hier steht das Grab unseres Herrn Salomo, des Sohnes Davids (mit beiden sei Friede!), und es leben in diesen Wassern Schlangen von ungeheurem Wuchs und furchtbarem Anblick; und wenn jemals ein Schiff in diese Striche kommt, so steigt ein großer Fisch empor aus dem Meere und verschluckt es mit allen und allem, was an Bord ist.‹ Als wir nun diese Worte aus dem Munde des Schiffsführers vernahmen, da war unser Staunen groß; aber kaum noch hatte er ausgeredet, so wurde das Schiff aus dem Wasser emporgehoben, und dann fiel es wieder zurück, und wir begannen das Todesgebet zu beten und empfahlen Allah unsere Seelen. Und plötzlich vernahmen wir einen furchtbar lauten Schrei, der da war wie der krachende Donner, so daß wir erstarrten vor Angst und wie tot waren, denn wir gaben uns verloren. Und siehe, es kam ein riesiger Fisch zu uns empor, so groß wie ein hoher Berg, und bei seinem Anblick wurden wir wild vor Entsetzen und machten uns, bitterlich weinend, zum Tode bereit, indem wir staunten ob seines riesenhaften Wuchses und seines schauerlichen Anblicks. Doch siehe, da erschien ein zweiter Fisch, ungeheuerlicher noch als irgend etwas, was wir bis jetzt gesehen hatten. Wir aber klagten um unser

Leben und nahmen Abschied voneinander. Doch plötzlich tauchte ein dritter Fisch empor, der war noch größer als die beiden ersten; und bei seinem Anblick floh uns die Kraft des Denkens und die Vernunft, und wir waren betäubt vor dem Übermaß unserer Angst und unseres Grauens. Und diese drei Fische begannen das Schiff zu umkreisen, und der dritte und größte sperrte das Maul auf, um es zu verschlucken, also, daß wir ihm ins Maul hineinsehen konnten, und siehe, es war weiter als das Tor einer Stadt, und sein Schlund war wie ein langes Tal. Da flehten wir inbrünstig zum Allmächtigen und riefen seinen Apostel (auf dem Segen ruhe und Frieden!) um Hilfe an, und plötzlich erhob sich eine gewaltige Bö und traf das Schiff, das aus dem Wasser emporsprang und auf ein großes Riff aufschlug, das die Stätte der Meeresungeheuer war, und dort zerbrach es und fiel in seine Planken auseinander, und alle und alles an Bord stürzten ins Meer hinab. Ich riß mir alle Kleider bis auf das Hemd vom Leibe und schwamm eine Weile umher, bis ich eine der Schiffsplanken fand, an die ich mich klammerte; dann bestieg ich sie wie ein Pferd, und die Winde und Wasser spielten mit mir, und die Wogen hoben mich hoch empor und schleuderten mich tief hinab; und vor Furcht und Not und Hunger und Durst war ich in der schlimmsten Lage. Da machte ich mir Vorwürfe ob dessen, was ich getan hatte, und meine Seele lechzte nach einem Leben des Behagens und der Ruhe, so daß ich bei mir selber sprach: ›O Sindbad, o Seefahrer, du bereust nicht, und doch erduldest du immer Mühsal und Beschwerden. Du willst nicht verzichten auf die Fahrten zur See; und wenn du sagst: Ich verzichte, so lügst du in deinem Verzicht. Also trage geduldig, was du erleidest, denn wahrlich, du verdienst, was dir widerfährt; denn solches ist mir von Allah bestimmt (Sein Name sei erhöht!), um mich abzuwenden von meiner Gier nach dem Gewinn, der alles entspringt, was ich erdulde, denn ich habe Reichtum die Fülle.‹ Und als ich zu Verstande kam, sprach ich: ›Wahrlich, diesmal bereue ich meine Lust an Gewinn und Abenteuern vor dem Höchsten in aufrichtiger Reue; und nie wieder will ich mit der Zunge oder in Gedanken auch nur von Reisen reden.‹

Paul Scheerbart

Die Seeschlange

Und er nahm sein Notizbuch, blätterte wieder darin und sprach:

»Lieber Hans, ich will Dir nur noch eine andere Geschichte vorlesen, die ich mir ebenfalls in Südamerika aufgeschrieben habe. Ein alter Einsiedler, der beinahe den Ruf eines Heiligen genoß, erzählte mir das Folgende. Ich will Dir das so vorlesen, wie ichs mir damals aufgeschrieben habe. Ich habe versucht, die Geschichte in dem trockenen Tone des alten Mannes zu schreiben. Es war das ein sehr merkwürdiger alter Herr mit langen weißen Haaren und ohne jeden Bart. Er hatte ein dunkelgelbes Pergamentgesicht. Es wird Dir vieles in seiner Erzählung sehr drollig klingen, doch ich muß Dir das so vorlesen, um selber wieder in eine erträgliche Stimmung versetzt zu werden. Wir können auch darüber lachen. Und ich glaube, das Lachen wird uns Beiden gut tun.«

Und sie lächelten Beide und tranken dazu, und der Kapitän las die nun folgende Erzählung des amerikanischen Einsiedlers vor:

»Die Seeschlange habe ich in einer stürmischen Nacht nicht bloß von außen gesehen, ich habe sie auch in ihrem Innern kennen gelernt. Ich hatte monatelang geistige Getränke nicht getrunken, obgleich ich täglich mehrere Meilen zu Fuß zurücklegen mußte. Ich befand mich grade auf einer großen Inspektionsreise im Dienste meines Ordens. Ich ging nun eines Abends mit einem mir unbekannten Manne, der eine lange Leiter trug, am Strande entlang und sah plötzlich ein hellblaues Licht dicht überm Meere. Und dann sah ich den gelben Kopf eines seltsamen riesigen Fisches unter dem hellblauen Licht. Mein Begleiter sagte mir, daß das der Kopf der Seeschlange sei. Den gelben Kopf umrahmte eine riesige Halskrause, die aus lauter hellblauen Spitzen bestand. Und von dieser Halskrause, die immer größer wurde, je mehr sich die Schlange dem Ufer näherte, ging das hellblaue

Licht aus. Wie die Kiemen eines japanischen Schleierfisches bewegten sich die Spitzengewebe dieser Halskrause. Und als das Ungetüm den gelben Kopf auf den Strand legte, ragte die Halskrause ganz steif ringsum im Halbkreise in die Höhe wie ein riesiger hellblauer Spitzenfächer – wie ein aparter Heiligenschein. Das Maul des Ungetüms stand offen, doch der Unterkiefer besaß eine sehr beträchtliche Höhe – mindestens eine solche von sechs Mannslängen. Nun lehnte mein Begleiter seine Leiter an den Unterkiefer des Tieres und bat mich hinaufzusteigen. Ich tats. Und als ich oben anlangte und erstaunt in den Rachen der Seeschlange hineinblickte, zog mein Begleiter unten die Leiter fort und ging die Dünen hinauf – zum nächsten Fischerdorf – ohne mich weiter eines Blickes zu würdigen. Ich aber bemerkte, daß der ganze Kopf der Schlange ein hellgelber durchsichtiger Bernsteinkopf war. Zähne besaß das Tier nicht. An Stelle der Zunge führte eine Elfenbeintreppe tief in den Leib der Schlange hinunter. Und ich benutzte die Elfenbeintreppe und befand mich bald in einer hellgelben Bernsteinhalle, die sehr hell leuchtete. Nun dauerte es nicht lange, und es kam auf einem schmalen Schienenwege eine elektrische Bahn herbeigefahren. Und jeder Wagen dieser Bahn war ein breiter bequemer Divan mit vielen Pelzdecken, Kissen und Polstern. Mehrere Herren sprangen gewandt herunter und nahmen zur Begrüßung ihren Kopf ab, wie andre Leute ihren Hut abnehmen.«

Hier lachte sowohl der alte Lorenz wie auch der Kapitän, dieser aber fuhr fort:

»Da mich die Herren, nachdem sie sich ihren Kopf wieder aufgesetzt hatten, aufforderten, mirs doch auf einem der Divane bequem zu machen, tat ich dieses und fuhr nun lange lange Zeit immer tiefer in den Schlangenleib hinein, der von oben bis unten überall durchsichtige Bernsteinhaut zeigte, sodaß die Fahrt sehr amüsant war; ich lernte die Tiefsee gründlich kennen – ich sah tanzende Walfische und kämpfende Meergeister, Korallenwälder und Robbenpaläste, unterseeische Kriegsschiffe und grimmige Seelöwen, bunte Kamm-Krokodile und kolossale Seepferdchen, die überall Streit anfingen – ich sah auch bunte Tellermuscheln, die aufgesperrt größer waren als ein zwanzigstöckiges Geschäftshaus – und Riesenquallen, denen diese Tellermuscheln als Nahrung dienten. Zuletzt indessen kam das Allerbeste – da sah ich in den Magnetberg hinein, der im untern Teile ganz durchsichtig ist wie wasserhelles Glas. Um den Magnetberg wand sich nämlich das Schwanzende der Seeschlange spiralförmig rum wie ein Schneckengehäuse. Durch den durchsichtigen Magnetberg konnte ich ins Innere der Erde blicken, und da lebten wilde Geister, die ich nicht beschreiben kann.«

Der Kapitän Schwarz hörte zu lesen auf und sah lächelnd dem alten Lorenz ins Gesicht. Doch das blickte mit weit aufgerissenen Augen ins Leere und schien ganz abwesend zu sein.

Christoph Martin Wieland

Aristipp an Kleonidas in Cyrene

Alle Götter der bei den Elemente, denen du bey unserm Abschied mein Leben so dringend empfahlst, schienen es mit einander abgeredet zu haben, die Überfahrt deines Freundes nach *Kreta* zu begünstigen. Wir hatten, was in diesen Meeresgegenden selten ist, das schönste Wetter, den heitersten Himmel, die freundlichsten Winde; und da ich dem alten Vater Oceanus den schuldigen Tribut schon bey einer frühern Seereise bezahlt hatte, genoß ich dießmahl der herrlichsten aller Anschauungen so rein und ungestört, daß mir die Stunden des ersten Tages und der ersten Hälfte einer lieblichen mondhellen Nacht zu einzelnen Augenblicken wurden.

Gleichwohl – darf ich dirs gestehen, Kleonidas? däuchte michs schon am Abend des zweyten Tages, als ob mir das majestätische, unendliche Einerley unvermerkt lange Weile zu machen anfange. Himmel und Meer, in Einen unermeßlichen Blick vereinigt, ist vielleicht das größte und erhabenste Bild, das unsre Seele fassen kann; aber nichts als Himmel und Meer, und Meer und Himmel, ist, wenigstens in die Länge, keine Sache für deinen Freund Aristipp; und ich glaube wirklich, daß mir ein kleiner Sturm, mit Donner und Blitz und übrigem Zubehör, bloß der Abwechslung wegen, willkommen gewesen wäre. Du weißt, daß außer dem nah an Kreta liegenden Inselchen *Gaudos*, kein einziges Eiland zwischen *Cyrene* und *Gortyna* zu sehen ist; überdieß wollte auch der Zufall, daß uns auf der ganzen Reise, außer drey oder vier Cyprischen Kornschiffen, und einer für Korinth befrachteten Tyrischen Pinasse, die sich so nah als möglich an der Küste hielten, kein einziges Fahrzeug begegnete, womit wir uns auf eine oder andre Art hätten unterhalten können. Es fehlte mir also, wie du siehest, nicht an Muße, so viele Grillen zu fangen als ich wollte; und wie weit es endlich mit mir gekommen seyn müsse, kannst du daraus abnehmen, daß ich stundenlang vom Verdeck in die See hinab schaute, ob nicht irgend einer von den Fischgöttern oder Götterfischen, womit ihr Dichter den Ocean bevölkert habt, aus der Tiefe herauffahren, bey unsrer Erblickung in sein krummes Horn stoßen, und die übrigen Meerwunder, seine Gespielen, zusammen rufen werde, um unsre auf den Wellen leicht dahin gleitende Barke zu umkreisen, und durch muthwillige Spiele und Neckereyen aufzuhalten. Das Schauspiel, das wir ihnen gaben, ist freylich seit der Zeit, da das erste von *Pallas Athene* selbst erbaute Schiff eine Schaar kühner Göttersöhne nach *Kolchis* trug, um – ein goldnes Widderfell zu erobern, etwas so alltägliches für diese Meerbewohner geworden, daß ein unbedeutendes Fahrzeug, wie das unsrige, sich nicht schmeicheln durfte großes Aufsehen bey ihnen zu erregen: aber daß in drey langen Tagen auch nicht ein einziges rosenarmiges Meermädchen mit grünen Locken und milchweißem Busen auftauchen wollte, um meine des Herumschwebens zwischen Luft und Wasser müden Blicke auf ihrer reitzenden Gestalt ausruhen zu lassen, das war doch wirklich zu grausam, und bewies mir den großen Unterschied, den die Götter zwischen euch Dichtern und uns andern prosaischen Menschen machen, zu meiner nicht geringen Demüthigung.

Johann Gottfried Herder

Von den wahren Meeresbewohnern

Ich komme wieder aufs Meer zurück und in seinen Grund. Ist da nicht solch eine Kette von Geschöpfen wie auf der Erde? Und wo die Seemenschen? Tritonen und Sirenen sind Erdichtungen; aber daß es nicht wenigstens Meeraffen gebe, glaube ich sehr wohl. Maupertuis' Leiter wird nicht voll, bis das Meer entdeckt ist. Natürlich können sie so wenig schwimmen, wie wir fliegen. Der Fisch fühlt wenig: sein Kopf, seine Schuppen – sind, was dem Vogel Federn und sein Kopf, jedes in sein Element. Da singt der Luftvogel, und dazu sein Kopf; der Fisch, was tut er? Was hat er für neue Wassersinne, die wir Luft-Erdengeschöpfe nicht fühlen? Sind sie nicht analogisch zu entdecken? Wenn ein Mensch je die magnetische Kraft innewürde, so wäre es ein Blinder, der nur hören und fühlen, oder gar ein Blinder, Tauber, Geruch- und Geschmackloser, der nur fühlen könnte. Was hat ein Fisch für Sinne? In der Dämmerung des Wassers siehet er, in der schweren Luft höret er; in ihrer dicken Schale fühlt die Auster – welch ein Gefühl, daß solche starke Haut nötig war, sie zu dekken, daß Schuppen nötig waren, sie zu überkleiden? Aber ein Gefühl welcher Dinge? Vermutlich ganz andrer als irdischer. Wie sich Welle in Welle bricht, so fließen die Luftundulationen und Schälle ineinander. Die Sinnlichkeit der Wasserwelt verhält sich also wie das Wasser zur Luft in Hören und Sehen! Ei, wie Geruch, Geschmack und Gefühl? – Wie die Welle das Schiff umschließt, so die Luft den sich bewegenden Erdball; dieser hat zum eignen Schwunge seine Form wie das unvollkomme Schiff zum Winde! Jener wälzt sich durch, durch eigne Kraft; dieser durchschneidet das Wasser durch Kraft des Windes! Der elektrische Funke, der das Schiff umfließt, was ist er bei einer ganzen Welt? Nordlicht? Magnetische Kraft? – Die Fische lieben sich, daß sie sich, wo kaum eine dünnere Schuppe ist, aneinander reiben, und das gibt welche Millionen Eier! Der unempfindliche Krebs und der Mensch, welche Einwürkung und Zubereitung haben sie nicht nötig! Kennet der Fisch Gattin? Sind die Gesetze der Ehe anders als untergeordnete Gesetze der Fortpflanzung des Universums?

Franz Kafka

Poseidon

Poseidon saß an seinem Arbeitstisch und rechnete. Die Verwaltung aller Gewässer gab ihm unendliche Arbeit. Er hätte Hilfskräfte haben können, wie viel er wollte, und er hatte auch sehr viele, aber da er sein Amt sehr ernst nahm, rechnete er alles noch einmal durch und so halfen ihm die Hilfskräfte wenig. Man kann nicht sagen, daß ihn die Arbeit freute, er führte sie eigentlich nur aus, weil sie ihm auferlegt war, ja er hatte sich schon oft um fröhlichere Arbeit, wie er sich ausdrückte, beworben, aber immer, wenn man ihm dann verschiedene Vorschläge machte, zeigte es sich, daß ihm doch nichts so zusagte, wie sein bisheriges Amt. Es war auch sehr schwer, etwas anderes für ihn zu finden. Man konnte ihm doch unmöglich etwa ein bestimmtes Meer zuweisen; abgesehen davon, daß auch hier die rechnerische Arbeit nicht kleiner, sondern nur kleinlicher war, konnte der große Poseidon doch immer nur eine beherrschende Stellung bekommen. Und bot man ihm eine Stellung außerhalb des Wassers an, wurde ihm schon von der Vorstellung übel, sein göttlicher Atem geriet in Unordnung, sein eherner Brustkorb schwankte. Übrigens nahm man seine Beschwerden nicht eigentlich ernst; wenn ein Mächtiger quält, muß man ihm auch in der aussichtslosesten Angelegenheit scheinbar nachzugeben versuchen; an eine wirkliche Enthebung Poseidons von seinem Amt dachte niemand, seit Urbeginn war er zum Gott der Meere bestimmt worden und dabei mußte es bleiben.

Am meisten ärgerte er sich – und dies verursachte hauptsächlich seine Unzufriedenheit mit dem Amt – wenn er von den Vorstellungen hörte, die man sich von ihm machte, wie er etwa immerfort mit dem Dreizack durch die Fluten kutschiere. Unterdessen saß er hier in der Tiefe des Weltmeeres und rechnete ununterbrochen, hie und da eine Reise zu Jupiter war die einzige

Unterbrechung der Eintönigkeit, eine Reise übrigens, von der er meistens wütend zurückkehrte. So hatte er die Meere kaum gesehn, nur flüchtig beim eiligen Aufstieg zum Olymp, und niemals wirklich durchfahren. Er pflegte zu sagen, er warte damit bis zum Weltuntergang, dann werde sich wohl noch ein stiller Augenblick ergeben, wo er knapp vor dem Ende nach Durchsicht der letzten Rechnung noch schnell eine kleine Rundfahrt werde machen können.

Christian Friedrich Daniel Schubart

Neue Meergötter

Seitdem Neptun die Oberherrschaft der Wasserwelt hat, gabs Myriaden Sterbliche, die mit dem erznen Brustharnisch ihr Leben auf zerbrechlichen Balken dem Meer anvertrauten. Nicht die Liebe wie der sanfte Geßner meint, sondern Neugierde, heisses Verlangen zu wissen, was drüben über'm Meer vorgeht, und sträflicher Durst nach dem Golde ferner Welten gab uns den Muth ein, den Ocean zu beschiffen. Welche schreckliche Trauerspiele sind nicht schon auf ihm gespielt worden! Wie fürchterlich groß ist der Mensch, der's wagt, unter Sturm und Winden, unter herabhangenden Wettern, unter Brausen der Meerswogen eine *Seeschlacht* zu liefern! Der Pilot, der ein Kriegsschiff regiert, muß in diesem entsetzlichen Augenblick, wie Ariadne auf Naxos, den fürchterlichen Klaggesang 'rausheulen:

Wohin? Wo flieh ich hin?
Hier ist der Tod!

Neben mir – unter mir – über mir Tod! Und doch wärs ein sehr furchtsamer Wunsch, wenn wir mit einigen sehr unmännlichen Weltweisen wünschen wollten, daß die Menschen niemal das Meer beschift hätten! Wie sehr ist nicht seit der Entdeckung der Schiffarth unsre kosmologische Kenntniß vermehrt worden! Welche Reichthümer sind nicht durch die Seehandlung in alle Weltadern ausgeströmt! Welche Beyträge zur philosophischen Geschichte des Menschengeschlechts haben wir nicht schon aus den Insuln der Wilden, wo wir den Menschen in seiner Ungestalt erblicken, herübergeholt! – Also immerfort aufs Meer, wer Ungestümm genug hat, sich diesem trotzigen Element anzuvertrauen!

Europa hats in der Schiffarth allen andern Welttheilen weit zuvorgethan, (das Mährchen mit den tausend Schiffen des Xerxes widerlegt meinen Satz nicht; die damaligen Schiffe der Perser wären nur ausgehölte Kürbisschaalen gegen ein heutiges Kriegsschif.) Unter den Griechen und Römern, Karthago mit eingerechnet, hatte die Schiffarth schon was mehr zu bedeuten. Aber wie unsicher mußte nicht ihre Fahrt seyn, da sie weder Kompaß noch Seecharten hatten. Jetzt aber würde die vereinte Seemacht der Europäer allein im Stande seyn, alle Ufer der Erde anzudonnern, und ihren Bewohnern Gesetze vorzuschreiben. Die Lage der Deutschen hat's vielleicht verursacht, daß sie nie auf der See ihre Rolle spielen konnten, wenn wir nicht den deutschen Kaiser Karl V. unter unsre Landsleute zählen wollen. Doch scheints, als wenn wir jetzt auf einmal zwey deutsche Seemächte bekommen sollten.

Schon ziehen sie in Sturm und Wetter
Heran; Neptun erhebe dich!
Empfang des Meeres neue Götter:
Joseph und *Friederich*!

In *Ostende* und *Niepoort* macht der Kaiser alle Anstalten, eine Flotte zu errichten. Dieß hat die Holländer so aufmerksam gemacht, daß sie nicht nur die Ausfuhr alles Schiffsgeräths, sondern auch ihren Innwohnern verboten haben, einer fremden Macht zur See zu dienen. In den Preußischen Häfen Stettin, Memel und Embden sind bereits vershiedene Schiffe zum Auslaufen fertig, und wann *Friedrich* noch *Danzig* bekommt; so wird's ihm ein leichtes seyn, eine Seemacht zu errichten, die in kurzem der Rußischen gleichkommt. – Dann sollen's fremde Nationen mit Staunen erfahren, was deutscher Muth auch auf'm Meer vermag. Auch von uns wird's dann heißen:

»Sie siegen in der finstern Schlacht,
Wo Schiff an Schiff sich donnernd legt.

Siebentes Kapitel

Das sich dem geheimnisvollen Verschwinden der Seemänner widmet, fürderhin dem Schrecken der Gespensterschiffe und den späten Konsequenzen des fliegenden Holländers Gemäßigt durch aufklärende Worte zum Seespuk

Logbuch der »Demeter« – Von Varna nach Whitby

Begonnen den 18. Juli. Die seltsamen Dinge, sie sich ereigneten, zwingen mich, von jetzt ab bis zur Landung genaue Notizen zu machen.

Am 6. Juli beendigten wir die Einnahme der Ladung, Silbersand und Kisten mit Erde. Mittags setzten wir Segel. Ostwind, frisch. Die Besatzung bestand aus fünf Mann, zwei Maaten, einem Koch und mir selbst (Kapitän).

Am 11. Juli in der Morgendämmerung Einfahrt in den Bosporus. Revision durch türkische Zollbeamte. Bakschisch. Alles in Ordnung. 4 Uhr nachmittags Weiterfahrt.

12. Juli. Dardanellen. Noch mehr Zollbeamte und das Flaggschiff der Bewachungsflotte. Wieder Bakschisch. Revision von oben bis unten, aber rasch erledigt. Wir wollen bald fort. Bei Dunkelheit in den Archipel eingelaufen.

Am 13. Juli. Kap Matapan passiert. Mannschaft über irgend etwas ungehalten; scheinen erbittert, wollen aber nicht sprechen.

Am 14. Juli. Mannschaft scheint ängstlich. Alles kräftige Kerle, die schon früher mit mir gefahren waren. Der Maat konnte nicht herausbringen, was los war; sie sagten, es sei etwas, und bekreuzigten sich. Der Maat verlor mit einem von ihnen die Geduld und schlug ihn. Erwartete heftigen Tumult, aber alles war ruhig.

Am 15. Juli. Früh meldete der Maat, daß einer der Leute, Namens Petrowski, fehle. Konnte es mir nicht erklären. Nahm Backbordwache acht Glas letzte Nacht; wurde durch Abramoff abgelöst, ging aber nicht zu Bett. Mannschaft noch niedergeschlagener. Alle sagten, sie erwarteten etwas Besonderes, wollten aber nicht mehr sagen, als daß etwas an Bord sei. Der Maat wurde sehr heftig mit ihnen, befürchtete eine Meuterei.

Am 17. Juli. Gestern kam einer der Leute, Olgaren, zu mir in die Kajüte und vertraute mir völlig verstört an, daß er meine, es befinde sich ein fremder Mann an Bord. Er erzählte mir, daß er als Wachhabender sich hinter dem Deckhäuschen vor einer Regenböe geschützt, aufgestellt und einen großen hageren Mann gesehen habe, der keinem von der ganzen Besatzung glich. Er kam die Mannschaftsstiege herauf, ging auf Deck gegen den Bug zu und verschwand. Er folgte ihm vorsichtig, doch als er an den Bug kam, fand er niemand und die Luken waren alle geschlossen. Er war vor abergläubischer Furcht fast wahnsinnig; ich bin in Sorge, es könnte eine Panik entstehen. Um dies zu verhindern, werde ich heute das ganze Schiff von vorne bis hinten sorgfältig durchsuchen lassen.

Später am Tage nahm ich mir sämtliche Leute zusammen und sagte ihnen, daß ich, weil sie glaubten, es sei etwas Fremdes an Bord, das ganze Schiff bis ins kleinste Winkelchen durchsuchen lassen wolle. Der erste Maat war ärgerlich und sagte, das wäre Unsinn; solch dummen Ideen nachzugeben, heiße die Mannschaft demoralisieren; er meinte, er wolle sich verpflichten, mit einem Hebebaum ihnen ihre Angst auszutreiben. Ich beauftragte ihn mit der Führung des Ruders, während die Uebrigen, weit vorgebeugt, mit Lampen in den Händen zu suchen begannen. Kein Winkel blieb undurchforscht. Es waren nur die großen Holzkisten, nirgends aber ein versteckter Winkel, wo sich ein Mensch hätte verborgen halten können. Die Leute atmeten ordentlich auf, als die Suche vorüber war, und gingen mit neuem Mut an ihre Arbeit. Der erste Maat grollte, sagte aber nichts.

22. Juli. – – Schlechtes Wetter die letzten drei Tage und alle Leute fleißig in den Segeln –, keine Zeit, um sich der Angst hinzugeben. Die Leute scheinen ihre Furcht vergessen zu haben. Der Maat ist wieder beruhigt und alles im besten Geleise. Ich lobte die Mannschaft für ihr gutes Verhalten bei dem schlechten Wetter. Passierten Gibraltar und dann durch die Straße hinaus in die offene See. Alles in Ordnung.

24. Juli. – – Es liegt ein Fluch auf dem Schiff. Schon ein Mann weniger, nun Einfahrt in den Golf von Biscaya bei furchtbarem

Unwetter, und schließlich heute Nacht wieder ein Mann verloren – – verschwunden. Wie der erste, kam er von Wache ab und ward nicht mehr gesehen. Die Leute, in voller Furcht und Panik, sandten eine Bittschrift, zu zweien die Wachen beziehen zu dürfen, da sie allein sich fürchteten. Der Maat wütend. Ich befürchte, es gibt irgend einen Skandal, denn entweder er oder die Mannschaft verüben eine Gewalttat.

28. Juli. – – Vier Tage in der Hölle; herumgeworfen in einer Art Maelstrom und der Wind ein Sturm. Kein Schlaf für uns. Die Leute alle erschöpft, weiß kaum, wie ich Wachen noch geben soll, da keiner bereit ist, eine solche zu beziehen. Der zweite Maat erbot sich freiwillig, zu steuern und zu wachen, um die Leute ein paar Stunden Ruhe genießen zu lassen. Der Wind läßt nach; die See ist zwar noch aufgeregt, aber man fühlt, daß sie stiller wird; das Schiff läuft ruhiger.

29. Juli. – – Wieder eine Tragödie. Ich hatte die Nacht über Einzelwachen aufgestellt, da die Mannschaft zu müde war, sie zu verdoppeln. Als die Morgenwache an Deck kam, fand sie niemand außer dem Steuermann. Sie stieß einen Schrei aus und alles rannte an Bord. Alles durchsucht, nichts gefunden. Sind nun ohne zweiten Maat, und die Mannschaft in voller Panik. Der Maat und ich kamen überein, von nun an bewaffnet zu gehen und auf alle Anzeichen zu achten.

30. Juli. – – Letzte Nacht. Wir freuen uns, in der Nähe Englands zu sein. Schönes Wetter; alle Segel gesetzt. Zog mich völlig erschöpft zurück; fiel in tiefen Schlaf. Wurde aufgeweckt durch den Maaten, der mir meldete, daß sowohl Wach- wie Steuermann fehlten. Nur ich, der Maat und zwei Mann sind noch zur Bedienung des Schiffes übrig.

1. August. – – Zwei Tage Nebel, keine Segel gesichtet. Hatte gehofft, im englischen Kanal ein Notsignal abgeben oder irgendwo anlaufen zu können. Kann die Segel nicht reffen, muß also vor dem Wind laufen. Ich hätte ja nicht die Leute, um sie wieder setzen zu können. Ich habe das Gefühl, als trieben wir einem gräßlichen Unglück entgegen. Der Maat ist nun mehr ent-

mutigt als die anderen. Die Leute sind über die Furcht hinaus; arbeiten wacker und geduldig und sind auf das Schlimmste gefaßt. Sie sind Russen, er Rumäne.

2. August, Mitternacht. – – Hatte einige Minuten geschlafen; erwachte durch einen Schrei direkt vor meiner Türe. Ich konnte vor Nebel nichts sehen. Rannte an Deck und stieß dort mit dem Maat zusammen. Er sagte mir, daß er auf den Schrei sofort herbeigelaufen sei, daß er aber keine Spur von dem Wachhabenden gefunden habe. Wieder einer dahin! Gott helfe uns! Der Maat behauptete, wir hätten die Enge von Dover schon passiert; er habe durch eine Lücke im Nebel das North Foreland erkannt, als eben der Schrei des Mannes ertönte. Wenn es wirklich so ist, befinden wir uns in der Nordsee; nur Gott kann uns in dem Nebel geleiten, der mit uns zu gehen scheint; aber Gott hat uns verlassen.

3. August. – – Mitternachts ging ich, um den Mann am Steuer abzulösen, als ich aber dorthin kam, fand ich niemand vor. Der Wind war gleichmäßiger, und da wir mit ihm segelten, ging das Schiff sehr ruhig. Ich durfte das Steuer nicht unbedient lassen und rief deshalb nach dem Maat. Nach einigen Augenblicken kam er in seinen Flanellkleidern an Bord gerannt. Er sah wild und verstört aus, und ich fürchte, daß sein Verstand Schaden gelitten hat. Er trat dicht an mich heran und wisperte mir voll Entsetzen ins Ohr, als habe er Angst, die Luft könne es vernehmen: »Es ist hier; nun weiß ich es. Auf Wache letzte Nacht sah ich es, so groß wie einen Menschen, mager und totenbleich. Es stand am Bug und sah hinaus. Ich schlich mich hinter das Gespenst und stach mit meinem Messer nach ihm; aber das Messer ging durch, wie durch Luft.« Wie er so sprach, nahm er sein Messer und fuchtelte wild damit herum. Dann fuhr er fort: »Aber es ist hier und ich werde es finden. Es ist im Schiffsraum, vielleicht in einer der Kisten. Ich will sie aufmachen, eine nach der anderen, und nachsehen. Sie bedienen einstweilen das Steuer.« Und mit einem warnenden Blick, den Finger an den Lippen, ging er hinunter. Indessen hatte sich ein stoßweiser Wind erhoben und ich durfte das Ruder nicht verlassen. Ich sah ihn wieder an Deck kommen, mit

einer Werkzeugkiste und einer Laterne, und dann die vordere Stiege hinuntersteigen. Er ist toll, verrückt, vollkommen wahnsinnig, und ein Versuch, ihn aufzuhalten, wäre jedenfalls umsonst. Den großen Kisten kann er nichts anhaben; sie sind als »Erde« deklariert, und sie etwas herumzustoßen, ist das unschädlichste Ding der Welt. So stehe ich hier, achte auf das Steuer und schreibe meine Notizen. Ich kann nichts tun als auf Gott vertrauen und warten, bis der Nebel sich aufklärt. Dann, wenn ich mit dem herrschenden Winde keinen Hafen anlaufen kann, werde ich die Segeltaue kappen, still liegen und um Hilfe signalisieren.

Nun ist bald alles vorbei. Gerade wiegte ich mich in der Hoffnung, daß der Maat etwas beruhigter wiederkommen werde – – ich hörte ihn unten im Schiffsraum klopfen, diese Arbeit ist gut für ihn – –, da kam die Luke herauf plötzlich ein furchtbarer Schrei, der mir das Blut gerinnen machte, und dann rannte er an Deck, wie aus der Kanone geschossen – – ein rasender Tobsüchtiger, mit rollenden Augen und verzerrtem Antlitz. »Retten Sie mich! Retten Sie mich!« schrie er und starrte um sich in das Nebelgrau. Sein Entsetzen verwandelte sich in Hoffnungslosigkeit, und mit tonloser Stimme sagte er: »Es wäre besser, Kapitän, Sie kämen mit mir, ehe es zu spät ist. Er ist da, ich weiß nun das Geheimnis. Die See wird mich vor ihm retten und ich bin von allem befreit.« Ehe ich ein Wort erwidern oder auf ihn zutreten konnte, um ihn zu halten, war er auf die Reeling gesprungen und warf sich kurz entschlossen in die See. Ich glaube, ich kenne nun auch sein Geheimnis. Er war der Wahnsinnige, der die Leute, einen nach dem anderen, verschwinden machte und ihnen nun gefolgt ist. Gott helfe mir! Wie soll ich all das verantworten, all diese Greuel, wenn ich in den Hafen komme? Wenn ich in den Hafen komme! Wird das wohl noch der Fall sein?

4. August. – – Immer noch Nebel, den der Sonnenaufgang nicht durchdringt. Ich weiß, daß jetzt gerade die Sonne aufgeht, denn ich bin Seemann, erkennen kann ich es nicht. Ich durfte nicht hinuntergehen, durfte das Steuer nicht verlassen; so stand

ich hier die ganze Nacht, und in der Finsternis sah ich *Ihn* – – *Es*! Gott verzeihe mir die große Sünde, aber der Maat tat recht daran, über Bord zu gehen. Es ist besser als Mann zu sterben; als Seemann den Tod in den blauen Fluten zu suchen, kann einem nicht verübelt werden. Aber ich bin Kapitän und darf mein Schiff nicht verlassen. Ich will den Feind, das Ungeheuer, bekämpfen, denn ich werde meine Hände an das Ruder binden, wenn meine Kräfte zu schwinden beginnen, und etwas darum winden, das Er – Es – nicht berühren kann. Und dann möge guter Wind kommen oder schlimmer, ich habe meine Seele und meine Ehre als Kapitän gerettet. Ich werde schwächer und die Nacht bricht herein. Wenn ich *Ihn* wieder von Angesicht zu Angesicht sehe, werde ich wohl keine Zeit mehr haben, zu handeln ... Wenn wir schiffbrüchig werden, mag man diese Flasche finden, und die, welche sie finden, werden verstehen; wenn nicht ..., gut, dann sollen alle Menschen wissen, daß ich meiner Pflicht getreu geblieben bin. Gott und die heilige Jungfrau und alle Heiligen, helft einer armen, irrenden Seele, die versucht hat, ihre Schuldigkeit zu tun ...

Georg Heym

Das Schiff

Es war ein kleiner Kahn, ein Korallenschiffer, der über Kap York in der Harafuhra-See kreuzte. Manchmal bekamen sie im blauen Norden die Berge von Neuguinea ins Gesicht, manchmal im Süden die öden australischen Küsten wie einen schmutzigen Silbergürtel, der über den zitternden Horizont gelegt war.

Es waren sieben Mann an Bord. Der Kapitän, ein Engländer, zwei andere Engländer, ein Ire, zwei Portugiesen und der chinesische Koch. Und weil sie so wenig waren, hatten sie gute Freundschaft gehalten.

Nun sollte das Schiff herunter nach Brisbane gehen. Dort sollte gelöscht werden, und dann gingen die Leute auseinander, die einen dahin, die andern dorthin.

Auf ihrem Kurs kamen sie durch einen kleinen Archipel, rechts und links ein paar Inseln, Reste von der großen Brücke, die einmal vor einer Ewigkeit die beiden Kontinente von Australien und Neuguinea verbunden hatte. Jetzt rauschte darüber der Ozean, und das Lot kam ewig nicht auf den Grund.

Sie ließen den Kahn in eine kleine schattige Bucht der Insel einlaufen und gingen vor Anker. Drei Mann gingen an Land, um nach den Bewohnern der Insel zu suchen.

Sie wateten durch den Uferwald, dann krochen sie mühsam über einen Berg, kamen durch eine Schlucht, wieder über einen bewaldeten Berg. Und nach ein paar Stunden kamen sie wieder an die See.

Nirgends war etwas Lebendes auf der ganzen Insel. Sie hörten keinen Vogel rufen, kein Tier kam ihnen in den Weg. Überall war eine schreckliche Stille. Selbst das Meer vor ihnen war stumm und grau. »Aber jemand muß doch hier sein, zum Teufel«, sagte der Ire.

Sie riefen, schrien, schossen ihre Revolver ab. Es rührte sich nichts, niemand kam. Sie wanderten den Strand entlang, durch Wasser, über Felsen und Ufergebüsch, niemand begegnete ihnen. Die hohen Bäume sahen auf sie herab, wie große gespenstische Wesen, ohne Rauschen, wie riesige Tote in einer furchtbaren Starre. Eine Art Beklemmung, dunkel und geheimnisvoll, fiel über sie her. Sie wollten sich gegenseitig ihre Angst ausreden. Aber wenn sie einander in die weißen Gesichter sahen, so blieben sie stumm.

Sie kamen endlich auf eine Landzunge, die wie ein letzter Vorsprung, eine letzte Zuflucht in die See hinauslief. An der äußersten Spitze, wo sich ihr Weg wieder umbog, sahen sie etwas, was sie für einen Augenblick starr werden ließ.

Da lagen übereinander drei Leichen, zwei Männer, ein Weib, noch in ihren primitiven Waschkleidern. Aber auf ihrer Brust, ihren Armen, ihrem Gesicht, überall waren rote und blaue Flekken wie unzählige Insektenstiche. Und ein paar große Beulen waren an manchen Stellen wie große Hügel aus ihrer geborstenen Haut getrieben.

So schnell sie konnten, verließen sie die Leichen. Es war nicht der Tod, der sie verjagte. Aber eine rätselhafte Drohung schien auf den Gesichtern dieser Leichname zu stehen, etwas Böses schien unsichtbar in der stillen Luft zu lauern, etwas, wofür sie keinen Namen hatten, und das doch da war, ein unerbittlicher eisiger Schrecken.

Plötzlich begannen sie zu laufen, sie rissen sich an den Dornen. Immer weiter. Sie traten einander fast auf die Hacken.

Der letzte, ein Engländer, blieb einmal an einem Busch hängen; als er sich losreißen wollte, sah er sich unwillkürlich um. Und da glaubte er hinter einem großen Baumstamm etwas zu sehen, eine kleine schwarze Gestalt wie eine Frau in einem Trauerkleid.

Er rief seine Gefährten und zeigte nach dem Baum. Aber es war nichts mehr da. Sie lachten ihn aus, aber ihr Lachen hatte einen heiseren Klang.

Endlich kamen sie wieder an das Schiff. Das Boot ging zu Wasser und brachte sie an Bord.

Wie auf eine geheime Verabredung erzählten sie nichts von dem, was sie gesehen hatten. Irgend etwas schloß ihnen den Mund.

Als der Franzose am Abend über die Reeling lehnte, sah er überall unten aus dem Schiffsraum, aus allen Luken und Ritzen scharenweise die Armeen der Schiffsratten ausziehen. Ihre dikken, braunen Leiber schwammen im Wasser der Bucht, überall glitzerte das Wasser von ihnen.

Ohne Zweifel, die Ratten wanderten aus.

Er ging zu dem Iren und erzählte ihm, was er gesehen hatte. Aber der saß auf einem Tau, starrte vor sich hin und wollte nichts hören. Und auch der Engländer sah ihn wütend an, als er zu ihm vor die Kajüte kam. Da ließ er ihn stehen.

Es wurde Nacht und die Mannschaften gingen herunter in die Hängematten. Alle fünf Mann lagen zusammen. Nur der Kapitän schlief allein in einer Koje hinten unter dem Deck. Und die Hängematte des Chinesen hing in der Schiffsküche.

Als der Franzose vom Deck herunterkam, sah er, daß der Ire und der Engländer miteinander ins Prügeln geraten waren. Sie wälzten sich zwischen den Schiffskisten herum, ihr Gesicht war blau vor Wut. Und die andern standen herum und sahen zu. Er fragte den einen von den Portugiesen nach dem Grund dieses Zweikampfes und erhielt die Antwort, daß die beiden um einen Wollfaden zum Strumpfstopfen, den der Engländer dem Iren fortgenommen hätte, ins Hauen gekommen wären.

Endlich ließen sich die beiden los, jeder kroch in einen Winkel der Kajüte und blieb da sitzen, stumm zu den Späßen der anderen.

Endlich lagen sie alle in den Hängematten, nur der Ire rollte seine Matte zusammen und ging mit ihr auf Deck.

Oben durch den Kajüteneingang war dann wie ein schwarzer Schatten zwischen Bugspriet und einem Tau seine Hängematte zu sehen, die zu den leisen Schwingungen des Schiffes hin und her schaukelte.

Und die bleierne Atmosphäre einer tropischen Nacht, voll

von schweren Nebeln und stickigen Dünsten, senkte sich auf das Schiff und hüllte es ein, düster und trostlos.

Alle schliefen schon in einer schrecklichen Stille, und das Geräusch ihres Atems klang dumpf von fern, wie unter dem schweren Deckel eines riesigen schwarzen Sarges hervor.

Der Franzose wehrte sich gegen den Schlaf, aber allmählich fühlte er sich erschlaffen in einem vergeblichen Kampf, und vor seinem zugefallenen Auge zogen die ersten Traumbilder, die schwankenden Vorboten des Schlafes. Ein kleines Pferd, jetzt waren es ein paar Männer mit riesengroßen altmodischen Hüten, jetzt ein dicker Holländer mit einem langen weißen Knebelbart, jetzt ein paar kleine Kinder, und dahinter kam etwas, das aussah wie ein großer Leichenwagen, durch hohle Gassen in einem trüben Halbdunkel.

Er schlief ein. Und im letzten Augenblick hatte er das Gefühl, als ob jemand hinten in der Ecke stände, der ihn unverwandt anstarrte. Er wollte noch einmal seine Augen aufreißen, aber eine bleierne Hand schloß sie zu.

Und die lange Dünung schaukelte unter dem schwarzen Schiffe, die Mauer des Urwaldes warf ihren Schatten weit hinaus in die kaum erhellte Nacht, und das Schiff versank tief in die mitternächtliche Dunkelheit.

Der Mond steckte seinen gelben Schädel zwischen zwei hohen Palmen hervor. Eine kurze Zeit wurde es hell, dann verschwand er in die dicken, treibenden Nebel. Nur manchmal erschien er noch zwischen den treibenden Wolkenfetzen, trüb und klein, wie das schreckliche Auge der Blinden.

Plötzlich zerriß ein langer Schrei die Nacht, scharf wie mit einem Beil.

Er kam hinten aus der Kajüte des Kapitäns, so laut, als wäre er unmittelbar neben den Schlafenden gerufen. Sie fuhren in ihren Hängematten auf, und durch das Halbdunkel sahen sie einander in die weißen Gesichter.

Ein paar Sekunden blieb es still; auf einmal hallte es wieder, ganz laut, dreimal. Und das Geschrei weckte ein schreckliches

Echo in der Ferne der Nacht, irgendwo in den Felsen, nun noch einmal, ganz fern, wie ein ersterbendes Lachen.

Die Leute tasteten nach Licht, nirgends war welches zu finden. Da krochen sie wieder in ihre Hängematten und saßen ganz aufrecht darin wie gelähmt, ohne zu reden.

Und nach ein paar Minuten hörten sie einen schlürfenden Schritt über Deck kommen. Jetzt war es über ihren Häuptern, jetzt kam ein Schatten vor der Kajütentür vorbei. Jetzt ging es nach vorn. Und während sie mit weit aufgerissenen Augen einander anstarrten, kam von vorn aus der Hängematte des Iren noch einmal der laute, langgezogene Schrei des Todes. Dann ein Röcheln, kurz, kurz, das zitternde Echo und Grabesstille.

Und mit einem Male drängte sich der Mond wie das fette Gesicht eines Malaien in ihre Tür, über die Treppe, groß und weiß, und spiegelte sich in ihrer schrecklichen Blässe.

Ihre Lippen waren weit auseinander gerissen, und ihre Kiefer vibrierten vor Schrecken.

Der eine der Engländer hatte einmal den Versuch gemacht, etwas zu sagen, aber die Zunge bog sich in seinem Munde nach rückwärts, sie zog sich zusammen; plötzlich fiel sie lang heraus wie ein roter Lappen über seine Unterlippe. Sie war gelähmt, und er konnte sie nicht mehr zurückziehen.

Ihre Stirnen waren kreideweiß. Und darauf sammelte sich in großen Tropfen der kalte Schweiß des maßlosen Grauens.

Und so ging die Nacht dahin in einem phantastischen Halbdunkel, das der große versinkende Mond unten auf dem Boden der Kajüte ausstreute. Aber auf den Händen der Matrosen erschienen manchmal seltsame Figuren, uralten Hieroglyphen vergleichbar, Dreiecke, Pentagrammata, Zeichnungen von Gerippen oder Totenköpfen, aus deren Ohren große Fledermausflügel herauswuchsen.

Langsam versank der Mond. Und in dem Augenblick, wo sein riesiges Haupt oben hinter der Treppe verschwand, hörten sie aus der Schiffsküche vorn ein trockenes Ächzen und dann ganz deutlich ein leises Gemecker, wie es alte Leute an sich haben, wenn sie lachen.

Und das erste Morgengrauen flog mit schrecklichem Fittich über den Himmel.

Sie sahen sich einander in die aschgrauen Gesichter, kletterten aus ihren Hängematten und mit zitternden Gliedern krochen sie alle herauf auf das Verdeck.

Der Gelähmte mit seiner heraushängenden Zunge kam zuletzt herauf. Er wollte etwas sagen, aber er bekam nur ein gräßliches Stammeln heraus. Er zeigte auf seine Zunge und machte die Bewegung des Zurückschiebens. Und der eine der Portugiesen faßte seine Zunge an mit vor Angst blauen Fingern und zwängte ihm die Zunge in den Schlund zurück.

Sie blieben dicht aneinandergedrängt vor der Schiffsluke stehen und spähten ängstlich über das langsam heller werdende Deck. Aber da war niemand. Nur vorn schaukelte noch der Ire in seiner Hängematte im frischen Morgenwind, hin und her, hin und her, wie eine riesige schwarze Wurst.

Und gleichsam, wie magnetisch angezogen, gingen sie langsam, in allen Gelenken schlotternd, auf den Schläfer zu. Keiner rief ihn an. Jeder wußte, daß er keine Antwort bekommen würde. Jeder wollte das Gräßliche so lange wie möglich hinausschieben. Und nun waren sie da, und mit langen Hälsen starrten sie auf das schwarze Bündel da in der Matte. Seine wollene Decke war bis an seine Stirn hochgezogen. Und seine Haare flatterten bis über seine Schläfen. Aber sie waren nicht mehr schwarz, sie waren in dieser Nacht schlohweiß geworden. Einer zog die Decke von dem Haupte herunter, und da sahen sie das fahle Gesicht einer Leiche, die mit aufgerissenen und verglasten Augen in den Himmel starrte. Und die Stirn und die Schläfen waren übersät mit roten Flecken, und an der Nasenwurzel drängte sich wie ein Horn eine große blaue Beule heraus.

»Das ist die Pest.« Wer von ihnen hatte das gesprochen? Sie sahen sich alle feindselig an und traten schnell aus dem giftigen Bereich des Todes zurück.

Mit einem Male kam ihnen allen zugleich die Erkenntnis, daß sie verloren waren. Sie waren in den mitleidlosen Händen eines furchtbaren unsichtbaren Feindes, der sie vielleicht nur für eine kurze Zeit verlassen hatte. In diesem Augenblick konnte er aus dem Segelwerk heruntersteigen oder hinter einem Mastbaum hervorkriechen; er konnte in der nämlichen Sekunde schon aus der Kajüte kommen oder sein schreckliches Gesicht über den Bord heben, um sie wie wahnsinnig über das Schiffsdeck zu jagen.

Und in jedem von ihnen keimte gegen seine Schicksalsgenossen eine dunkle Wut, über deren Grund er sich keine Rechenschaft geben konnte.

Sie gingen auseinander. Der eine stellte sich neben das Schiffsboot, und sein bleiches Gesicht spiegelte sich unten im Wasser. Die andern setzten sich irgendwo auf die Bordbank, keiner sprach mit dem andern, aber sie blieben sich doch alle so nahe, daß sie in dem Augenblick, wo die Gefahr greifbar wurde, wieder zusammenlaufen konnten. Aber es geschah nichts. Und doch wußten sie alle, es war da und belauerte sie.

Irgendwo saß es. Vielleicht mitten unter ihnen auf dem Verdeck, wie ein unsichtbarer weißer Drache, der mit seinen zitternden Fingern nach ihren Herzen tastete und das Gift der Krankheit mit seinem warmen Atem über das Deck ausbreitete.

Waren sie nicht schon krank, fühlten sie nicht irgendwie eine dumpfe Betäubung und den ersten Ansturm eines tödlichen Fiebers? Dem Mann am Bord schien es so, als wenn unter ihm das Schiff anfing zu schaukeln und zu schwanken, bald schnell, bald langsam. Er sah sich nach den andern um und sah in lauter grüne Gesichter, wie sie in Schatten getaucht waren und schon ein schreckliches Blaßgrau in einzelnen Flecken auf den eingesunkenen Backen trugen.

»Vielleicht sind die überhaupt schon tot und du bist der einzige, der noch lebt«, dachte er sich. Und bei diesem Gedanken lief ihm die Furcht eiskalt über den Leib. Es war, als hätte plötzlich aus der Luft heraus eine eisige Hand nach ihm gegriffen.

Langsam wurde es Tag.

Über den grauen Ebenen des Meeres, über den Inseln, überall lag ein grauer Nebel, feucht, warm und erstickend. Ein kleiner roter Punkt stand am Rande des Ozeans, wie ein entzündetes Auge. Die Sonne ging auf.

Und die Qual des Wartens auf das Ungewisse trieb die Leute von ihren Plätzen.

Was sollte nun werden? Man mußte doch einmal heruntergehen, man mußte etwas essen.

Aber der Gedanke: dabei vielleicht über Leichen steigen zu müssen …

Da, auf der Treppe hörten sie ein leises Bellen. Und nun kam zuerst die Schnauze des Schiffshundes zum Vorschein. Nun der Leib, nun der Kopf, aber was hing an seinem Maul? Und ein rauher Schrei des Entsetzens kam aus vier Kehlen zugleich.

An seinem Maul hing der Leichnam des alten Kapitäns; seine Haare zuerst, sein Gesicht, sein ganzer fetter Leib in einem schmutzigen Nachthemde kam heraus, von dem Hunde langsam auf das Deck gezerrt. Und nun lag er oben vor der Kajütentreppe, aber auf seinem Gesicht brannten dieselben schrecklichen roten Flecken.

Und der Hund ließ ihn los und verkroch sich.

Plötzlich hörten sie ihn fern in einem Winkel laut murren, in ein paar Sätzen kam er von hinten wieder nach vorn, aber als er an dem Großmast vorbeikam, blieb er plötzlich stehen, warf sich herum, streckte seine Beine wie abwehrend in die Luft. Aber mitleidslos schien ihn ein unsichtbarer Verfolger in seinen Krallen zu halten.

Die Augen des Hundes quollen heraus, als wenn sie auf Stielen säßen, seine Zunge kam aus dem Maul. Er röchelte ein paarmal, als wenn ihm der Schlund zugedrückt würde. Ein letzter Krampf schüttelte ihn, er streckte seine Beine von sich, er war tot.

Und gleich darauf hörte der Franzose den schlürfenden Schritt neben sich ganz deutlich, während das Grauen wie ein eherner Hammer auf seinen Schädel schlug.

Er wollte seine Augen schließen, aber es gelang ihm nicht. Er war nicht mehr Herr seines Willens.

Die Schritte gingen geradenwegs über das Deck, auf den Portugiesen zu, der sich rücklings gegen die Schiffswand gelehnt hatte und seine Hände wie wahnsinnig in die Bordwand krallte.

Der Mann sah offenbar etwas. Er wollte fortlaufen, er schien seine Beine mit Gewalt vom Boden reißen zu wollen, aber er hatte keine Kraft. Das unsichtbare Wesen schien ihn anzufassen. Da riß er gleichsam wie im Übermaß seiner Anstrengung seine Zähne auseinander, und er stammelte mit einer blechernen Stimme, die wie aus einer weiten Ferne heraufzukommen schien, die Worte: »Mutter, Mutter.«

Seine Augen brachen, sein Gesicht wurde grau wie Asche. Der Krampf seiner Glieder löste sich. Und er fiel vornüber, und er schlug schwer mit der Stirn auf das Deck des Schiffes.

Das unsichtbare Wesen setzte seinen Weg fort, er hörte wieder die schleppenden Schritte. Es schien auf die beiden Engländer loszugehen. Und das schreckliche Schauspiel wiederholte sich noch einmal. Und auch hier war es wieder derselbe zweimalige Ruf, den die letzte Todesangst aus ihrer Kehle preßte, der Ruf: »Mutter, Mutter«, in dem ihr Leben entfloh.

»Und nun wird es zu mir kommen«, dachte der Franzose. Aber es kam nichts, alles blieb still. Und er war allein mit den Toten.

Der Morgen ging dahin. Er rührte sich nicht von seinem Fleck. Er hatte nur den einen Gedanken, wann wird es kommen. Und seine Lippen wiederholten mechanisch immerfort diesen kleinen Satz: »Wann wird es kommen, wann wird es kommen?«

Die Nebel hatten sich langsam verteilt. Und die Sonne, die nun schon nahe am Mittag stand, hatte das Meer in eine ungeheure strahlende Fläche verwandelt, in eine ungeheure silberne Platte, die selber wie eine zweite Sonne ihr Licht in den Raum hinausstrahlte.

Es war wieder still. Die Hitze der Tropen brodelte überall in der Luft. Die Luft schien zu kochen. Und der Schweiß rann ihm in dicken Furchen über das graue Gesicht. Sein Kopf, auf dessen Scheitel die Sonne stand, kam ihm vor wie ein riesiger roter Turm, voll von Feuer. Er sah seinen Kopf ganz deutlich von innen heraus in den Himmel wachsen. Immer höher, und immer heißer wurde er innen. Aber drinnen, über eine Wendeltreppe, deren letzte Spiralen sich in dem weißen Feuer der Sonne verloren, kroch ganz langsam eine schlüpfrige weiße Schnecke. Ihre Fühler tasteten sich in den Turm herauf, während ihr feuchter Schweif sich noch in seinem Halse herumwand.

Er hatte die dunkle Empfindung, daß es doch eigentlich zu heiß wäre, das könnte doch eigentlich kein Mensch aushalten.

Da – bum – schlug ihm jemand mit einer feurigen Stange auf den Kopf, er fiel lang hin. Das ist der Tod, dachte er. Und nun lag er eine Weile auf den glühenden Schiffsplanken.

Plötzlich wachte er wieder auf. Ein leises dünnes Gelächter schien sich hinter ihm zu verlieren. Er sah auf, und da sah er: das Schiff fuhr, das Schiff fuhr, alle Segel waren besetzt. Sie bauschten sich weiß und blähend, aber es ging kein Wind, nicht der leiseste Hauch. Das Meer lag spiegelblank, weiß, eine feurige Hölle. Und in dem Himmel oben, im Zenith, zerfloß die Sonne wie eine riesige Masse weißglühenden Eisens. Überall troff sie über den Himmel hin, überall klebte ihr Feuer, und die Luft schien zu brennen. Ganz in der Ferne, wie ein paar blaue Punkte, lagen die Inseln, bei denen sie geankert hatten.

Und mit einem Male war das Entsetzen wieder oben, riesengroß wie ein Tausendfüßler, der durch seine Adern lief und sie hinter sich erstarren machte, wo er mit dem Gewimmel seiner kalten Beinchen hindurchkam.

Vor ihm lagen die Toten. Aber ihr Gesicht stand nach oben. Wer hatte sie umgedreht? Ihre Haut war blaugrün. Ihre weißen Augen sahen ihn an. Die beginnende Verwesung hatte ihre Lippen auseinandergezogen und die Backen in ein wahnsinniges Lächeln gekräuselt. Nur der Leichnam des Iren schlief ruhig in seiner Hängematte. Er versuchte sich langsam an dem Schiffsbord in die Höhe zu ziehen, gedankenlos.

Aber die unsagbare Angst machte ihn schwach und kraftlos. Er sank in seine Knie. Und jetzt wußte er, jetzt wird es kommen. Hinter dem Mastbaum stand etwas. Ein schwarzer Schatten. Jetzt kam es mit seinem schlürfenden Schritte über Deck. Jetzt stand es hinter dem Kajütendache, jetzt kam es hervor. Eine alte Frau in einem schwarzen altmodischen Kleid, lange weiße Locken fielen ihr zu beiden Seiten in das blasse alte Gesicht. Darin steckten ein paar Augen von unbestimmter Farbe wie ein paar Knöpfe, die ihn unverwandt ansahen. Und überall war ihr Gesicht mit den blauen und roten Pusteln übersät, und wie ein Diadem standen auf ihrer Stirn zwei rote Beulen, über die ihr weißes Großmutterhäubchen gezogen war. Ihr schwarzer Reifrock knisterte, und sie kam auf ihn zu. In einer letzten Verzweiflung richtete er sich mit Händen und Füßen auf. Sein Herz schlug nicht mehr. Er fiel wieder hin.

Und nun war sie schon so nahe, daß er ihren Atem wie eine Fahne aus ihrem Munde wehen sah.

Noch einmal richtete er sich auf. Sein linker Arm war schon gelähmt. Etwas zwang ihn stehenzubleiben, etwas Riesiges hielt ihn fest. Aber er gab den Kampf noch nicht auf. Er drückte es mit seiner rechten Hand herunter, er riß sich los.

Und mit schwankenden Schritten, ohne Besinnung, stürzte er den Bord entlang, an dem Toten in der Hängematte vorbei, vorn, wo die große Strickleiter vom Ende des Bugspriets zu dem vordersten Maste herauflief.

Er kletterte daran herauf, er sah sich um.

Aber die Pest war hinter ihm her. Jetzt war sie schon auf den untersten Sprossen. Er mußte also höher, höher. Aber die Pest ließ nicht los, sie war schneller wie er, sie mußte ihn einholen. Er griff mit Händen und Füßen zugleich in die Stricke, trat da und dorthin, geriet mit einem Fuße durch die Maschen, riß ihn wieder heraus, kam oben an. Da war die Pest noch ein paar Meter entfernt. Er kletterte an der höchsten Rahe entlang. Am Ende war ein Seil. Er kam an dem Ende der Rahe an. Aber wo war das Seil? Da war leerer Raum.

Tief unten war das Meer und das Deck. Und gerade unter ihm lagen die beiden Toten.

Er wollte zurück, da war die Pest schon am anderen Ende der Rahe.

Und nun kam sie freischwebend auf dem Holze heran wie ein alter Matrose mit wiegendem Gang.

Nun waren es nur noch sechs Schritte, nur noch fünf. Er zählte leise mit, während die Todesangst in einem gewaltigen Krampf seine Kinnbacken auseinanderriß, als wenn er gähnte. Drei Schritte, zwei Schritte.

Er wich zurück, griff mit den Händen in die Luft, wollte sich irgendwo festhalten, überschlug sich und stürzte krachend auf das Deck, mit dem Kopf zuerst auf eine eiserne Planke. Und da blieb er liegen mit zerschmettertem Schädel.

Ein schwarzer Sturm zog schnell im Osten über dem stillen Ozean auf. Die Sonne verbarg sich in den dicken Wolken, wie ein Sterbender, der ein Tuch über sein Gesicht zieht. Ein paar große chinesische Dschunken, die aus dem Halbdunkel herauskamen, hatten alle Segel besetzt und fuhren rauschend vor dem Sturme einher mit brennenden Götterlampen und Pfeifengetön. Aber an ihnen vorbei fuhr das Schiff riesengroß wie der fliegende Schatten eines Dämons. Auf dem Deck stand eine schwarze Gestalt. Und in dem Feuerschein schien sie zu wachsen, und ihr Haupt erhob sich langsam über die Masten, während sie ihre gewaltigen Arme im Kreise herumschwang gleich einem Kranich gegen den Wind. Ein fahles Loch tat sich auf in den Wolken. Und das Schiff fuhr geradenwegs hinein in die schreckliche Helle.

Wilhelm Hauff

Die Geschichte von dem Gespensterschiff

Mein Vater hatte einen kleinen Laden in Balsora; er war weder arm noch reich und war einer von jenen Leuten, die nicht gerne etwas wagen, aus Furcht, das wenige zu verlieren, das sie haben. Er erzog mich schlicht und recht, und brachte es bald so weit, daß ich ihm an die Hand gehen konnte. Gerade als ich achtzehn Jahr alt war, als er die erste größere Spekulation machte, starb er, wahrscheinlich aus Gram, tausend Goldstücke dem Meere anvertraut zu haben. Ich mußte ihn bald nachher wegen seines Todes glücklich preisen, denn wenige Wochen hernach, lief die Nachricht ein, daß das Schiff, dem mein Vater seine Güter mitgegeben hatte, versunken sei. Meinen jugendlichen Mut konnte aber dieser Unfall nicht beugen. Ich machte alles vollends zu Geld, was mein Vater hinterlassen hatte, und zog aus, um in der Fremde mein Glück zu probieren, nur von einem alten Diener meines Vaters begleitet, der sich aus alter Anhänglichkeit nicht von mir und meinem Schicksal trennen wollte.

Im Hafen von Balsora schifften wir uns mit günstigem Winde ein. Das Schiff, auf dem ich mich eingemietet hatte, war nach Indien bestimmt. Wir waren schon fünfzehn Tage auf der gewöhnlichen Straße gefahren, als uns der Kapitän einen Sturm verkündete. Er machte ein bedenkliches Gesicht, denn es schien, er kenne in dieser Gegend das Fahrwasser nicht genug, um einem Sturm mit Ruhe begegnen zu können. Er ließ alle Segel einziehen, und wir trieben ganz langsam hin. Die Nacht war angebrochen, war hell und kalt, und der Kapitän glaubte schon, sich in den Anzeichen des Sturmes getäuscht zu haben. Auf einmal schwebte ein Schiff, das wir vorher nicht gesehen hatten, dicht an dem unsrigen vorbei. Wildes Jauchzen und Geschrei erscholl aus dem Verdeck herüber, worüber ich mich zu dieser angstvollen Stunde, vor einem Sturm, nicht wenig wunderte. Aber der Kapitän an meiner Seite wurde blaß, wie der Tod. »Mein Schiff ist verloren«, rief er, »dort segelt der Tod!« Ehe ich ihn noch über diesen sonderbaren Ausruf befragen konnte, stürzten schon heulend und schreiend die Matrosen herein: »Habt ihr ihn gesehn?« schrieen sie, »jetzt ist's mit uns vorbei!«

Der Kapitän aber ließ Trostsprüche aus dem Koran vorlesen, und setzte sich selbst ans Steuerruder. Aber vergebens! Zusehends brauste der Sturm auf, und ehe eine Stunde verging, krachte das Schiff und blieb sitzen. Die Boote wurden ausgesetzt, und kaum hatten sich die letzten Matrosen gerettet, so versank das Schiff vor unsern Augen, und als ein Bettler fuhr ich in die See hinaus. Aber der Jammer hatte noch kein Ende. Fürchterlicher tobte der Sturm, das Boot war nicht mehr zu regieren. Ich hatte meinen alten Diener fest umschlungen und wir versprachen uns, nie voneinander zu weichen. Endlich brach der Tag an; aber mit dem ersten Blick der Morgenröte faßte der Wind das Boot, in welchem wir saßen, und stürzte es um. Ich habe keinen meiner Schiffsleute mehr gesehen. Der Sturz hatte mich betäubt; und als ich aufwachte, befand ich mich in den Armen meines alten treuen Dieners, der sich auf das umgeschlagene Boot gerettet, und mich nachgezogen hatte. Der Sturm hatte sich gelegt. Von unserem Schiff war nichts mehr zu sehen, wohl aber entdeckten wir, nicht weit von uns, ein anderes Schiff, auf das die Wellen uns hintrieben. Als wir näher hinzukamen, erkannte ich das Schiff als dasselbe, das in der Nacht an uns vorbeifuhr, und welches den Kapitän so sehr in Schrecken gesetzt hatte. Ich empfand ein sonderbares Grauen vor diesem Schiffe. Die Äußerung des Kapitäns, die sich so furchtbar bestätigt hatte, das öde Aussehen des Schiffes, auf dem sich, so nahe wir auch herankamen, so laut wir schrieen, niemand zeigte, erschreckten mich. Doch es war unser einziges Rettungsmittel, darum priesen wir den Propheten, der uns so wundervoll erhalten hatte.

Am Vorderteil des Schiffes hing ein langes Tau herab. Mit Händen und Füßen ruderten wir darauf zu, um es zu erfassen. Endlich glückte es. Noch einmal erhob ich meine Stimme, aber immer blieb es still auf dem Schiff. Da klimmten wir an dem Tau hinauf, ich als der Jüngste voran. Aber Entsetzen! Welches Schauspiel stellte sich meinem Auge dar, als ich das Verdeck betrat. Der Boden war mit Blut gerötet, zwanzig bis dreißig Leichname in türkischen Kleidern lagen auf dem Boden, am mittleren Mastbaum stand ein Mann, reich gekleidet, den Säbel in der Hand, aber das Gesicht war blaß und verzerrt, durch die Stirne ging ein großer Nagel, der ihn an den Mastbaum heftete, auch er war tot. Schrecken fesselte meine Schritte, ich wagte kaum zu atmen. Endlich war auch mein Begleiter heraufgekommen. Auch ihn überraschte der Anblick des Verdeckes, das gar nichts Lebendiges, sondern nur so viele schreckliche Tote zeigte. Wir wagten es endlich, nachdem wir in der Seelenangst zum Propheten gefleht hatten, weiter vorzuschreiten. Bei jedem Schritte sahen wir uns um, ob nicht etwas Neues, noch Schrecklicheres sich darbiete; aber alles blieb, wie es war; weit und breit nichts Lebendiges, als wir und das Weltmeer. Nicht einmal laut zu sprechen wagten wir, aus Furcht, der tote, am Mast angespießte Capitano, möchte seine starren Augen nach uns hindrehen, oder einer der Getöteten möchte seinen Kopf umwenden. Endlich waren wir bis an eine Treppe gekommen, die in den Schiffsraum führte. Unwillkürlich machten wir dort halt und sahen einander an, denn keiner wagte es recht, seine Gedanken zu äußern.

»O Herr,« sprach mein treuer Diener, »hier ist etwas Schreckliches geschehen. Doch, wenn auch das Schiff da unten voll Mörder steckt, so will ich mich ihnen doch lieber auf Gnade und Ungnade ergeben, als längere Zeit unter diesen Toten zubringen.« Ich dachte wie er, wir faßten ein Herz und stiegen voll Erwartung hinunter. Totenstille war aber auch hier, und nur unsere Schritte hallten auf der Treppe. Wir standen an der Thüre der Kajüte. Ich legte mein Ohr an die Thüre und lauschte; es war nichts zu hören. Ich machte auf. Das Gemach bot einen unordentlichen Anblick dar. Kleider, Waffen und anderes Geräte lag untereinander. Nichts in Ordnung. Die Mannschaft oder wenigstens der Capitano mußte vor kurzem gezecht haben, denn es lag alles noch umher. Wir gingen weiter von Raum zu Raum, von Gemach zu Gemach, überall fanden wir herrliche Vorräte in Seide, Perlen, Zucker u. s. w. Ich war vor Freude über diesen Anblick außer mir, denn da niemand auf dem Schiff war, glaubte ich, alles mir zueignen zu dürfen, Ibrahim aber machte mich aufmerksam darauf, daß wir wahrscheinlich noch sehr weit vom Land seien, wohin wir allein und ohne menschliche Hülfe nicht kommen können.

Wir labten uns an den Speisen und Getränken, die wir in reichlichem Maß vorfanden, und stiegen endlich wieder aufs Verdeck. Aber hier schauderte uns immer die Haut, ob dem schrecklichen Anblick der Leichen. Wir beschlossen, uns davon zu befreien und sie über Bord zu werfen; aber wie schauerlich ward uns zu Mut, als wir fanden, daß sich keiner aus seiner Lage bewegen ließ. Wie festgebannt lagen sie am Boden, und man hätte den Boden des Verdecks ausheben müssen, um sie zu entfernen, und dazu gebrach es uns an Werkzeugen. Auch der Capitano ließ sich nicht von seinem Mast losmachen, nicht einmal seinen Säbel konnten wir der starren Hand entwinden. Wir brachten den Tag in trauriger Betrachtung unserer Lage zu, und als es Nacht zu werden anfing, erlaubt ich dem alten Ibrahim, sich schlafen zu legen, ich selbst aber wollte auf dem Verdeck wachen, um nach Rettung auszuspähen. Als aber der Mond heraufkam und ich nach den Gestirnen berechnete, daß es wohl um die elfte Stunde sei, überfiel mich ein so unwiderstehlicher Schlaf, daß ich unwillkürlich hinter ein Faß, das auf dem Verdeck stand, zurückfiel. Doch war es mehr Betäubung als Schlaf, denn ich hörte deutlich die See an der Seite des Schiffes anschlagen, und die Segel vom Winde knarren und pfeifen. Auf einmal glaubte ich Stimmen und Männertritte auf dem Verdeck zu hören. Ich wollte mich aufrichten, um danach zu schauen. Aber eine unsichtbare Gewalt hielt meine Glieder gefesselt, nicht einmal die Augen konnte ich aufschlagen. Aber immer deutlicher wurden die Stimmen, es war mir, als wenn ein fröhliches Schiffsvolk auf dem Verdeck sich umhertriebe; mitunter glaubte ich, die kräftige Stimme eines Befehlenden zu hören, auch hörte ich Taue und Segel deutlich auf- und abziehen. Nach und nach aber schwanden mir die Sinne, ich verfiel in einen tieferen Schlaf, in dem ich nur noch ein Geräusch von Waffen zu hören glaubte, und erwachte erst, als die Sonne schon hoch stand und mir aufs Gesicht brannte. Verwundert schaute ich mich um, Sturm, Schiff, die Toten und was ich in dieser Nacht gehört hatte, kam mir wie ein Traum vor, aber als ich aufblickte, fand ich alles wie gestern. Unbeweglich lagen die Toten, unbeweglich war der Capitano an den Mastbaum geheftet. Ich lachte über meinen Traum und stand auf, um meinen Alten zu suchen.

Dieser saß ganz nachdenklich in der Kajüte. »O Herr!« rief er aus, als ich zu ihm hereintrat, »ich wollte lieber im tiefsten Grund des Meeres liegen als in diesem verhexten Schiff noch eine Nacht zubringen.« Ich fragte ihn nach der Ursache seines Kummers, und er antwortete mir: »Als ich einige Stunden geschlafen hatte, wachte ich auf und vernahm, wie man über meinem Haupt hin- und herlief. Ich dachte zuerst, Ihr wäret es, aber es waren wenigstens zwanzig, die oben umherliefen, auch hörte ich rufen und schreien. Endlich kamen schwere Tritte die Treppe herab. Da wußte ich nichts mehr von mir, nur hie und da kehrte auf einige Augenblicke meine Besinnung zurück, und da sah ich dann denselben Mann, der oben am Mast angenagelt ist, an jenem Tisch dort sitzen, singend und trinkend, aber der, der in einem roten Scharlachkleid nicht weit von ihm am Boden liegt, saß neben ihm und half ihm trinken.« Also erzählte mir mein alter Diener.

Ihr könnt es mir glauben, meine Freunde, daß mir gar nicht wohl zu Mut war; denn es war keine Täuschung, ich hatte ja auch die Toten gar wohl gehöret. In solcher Gesellschaft zu schiffen, war mir greulich. Mein Ibrahim aber versank wieder in tiefes Nachdenken. »Jetzt hab ich's!« rief er endlich aus; es fiel ihm nämlich ein Sprüchlein ein, das ihn sein Großvater, ein erfahrener, weitgereister Mann gelehrt hatte, und das gegen jeden Geister- und Zauberspuk helfen sollte; auch behauptete er jenen unnatürlichen Schlaf, der uns befiel, in der nächsten Nacht verhindern zu können, wenn wir nämlich recht eifrig Sprüche aus dem Koran beteten. Der Vorschlag des alten Mannes gefiel mir wohl. In banger Erwartung sahen wir die Nacht herankommen. Neben der Kajüte war ein kleines Kämmerchen, dorthin beschlossen wir uns zurückzuziehen. Wir bohrten mehrere Löcher in die Thüre, hinlänglich groß, um durch sie die ganze Kajüte zu überschauen; dann verschlossen wir die Thüre, so gut es ging, von innen, und Ibrahim schrieb den Namen des Propheten in alle vier Ecken. So erwarteten wir die Schrecken der Nacht. Es mochte wieder ungefähr elf Uhr sein, als es mich gewaltig zu schläfern anfing. Mein Gefährte riet mir daher, einige Sprüche des Korans zu beten, was mir auch half. Mit einem Male schien es oben lebhaft zu werden, die Taue knarrten, Schritte gingen über das Verdeck und mehrere Stimmen waren deutlich zu unterscheiden. Mehrere Minuten hatten wir so in gespannter Erwartung gesessen, da hörten wir etwas die Treppe der Kajüte herabkommen. Als dies der Alte hörte, fing er an, seinen Spruch, den ihn sein Großvater gegen Spuk und Zauberei gelehrt hatte, herzusagen:

»Kommt ihr herab aus der Luft,
Steigt ihr aus tiefem Meer,
Schlieft ihr in dunkler Gruft
Stammt ihr vom Feuer her:
Allah ist euer Herr und Meister
Ihm sind gehorsam alle Geister.«

Ich muß gestehen, ich glaubte gar nicht recht an diesen Spruch und mir stieg das Haar zu Berg, als die Thüre aufflog. Herein trat jener große, stattliche Mann, den ich am Mastbaum angenagelt gesehen hatte. Der Nagel ging ihm auch jetzt mitten durchs Hirn, das Schwert aber hatte er in die Scheide gesteckt, hinter ihm trat noch ein anderer herein, weniger kostbar gekleidet; auch ihn hatte ich oben liegen sehen. Der Capitano, denn dies war er unverkennbar, hatte ein bleiches Gesicht, einen großen schwarzen Bart, wildrollende Augen, mit denen er sich im ganzen Gemach umsah. Ich konnte ihn ganz deutlich sehen, als er an unserer Thür vorüberging; er aber schien gar nicht auf die Thür zu achten, die uns verbarg. Beide setzten sich an den Tisch, der in der Mitte der Kajüte stand, und sprachen laut und fast schreiend miteinander in einer unbekannten Sprache. Sie wurden immer lauter und eifriger, bis endlich der Capitano mit geballter Faust auf den Tisch hineinschlug, daß das Zimmer dröhnte. Mit wildem Gelächter sprang der andere auf und winkte dem Capitano, ihm zu folgen. Dieser stand auf, riß seinen Säbel aus der Scheide und beide verließen das Gemach. Wir atmeten freier, als sie weg waren; aber unsere Angst hatte noch lange kein Ende. Immer lauter und lauter ward es auf dem Verdeck. Man hörte eilends hin und her laufen und schreien, lachen und heulen. Endlich ging ein wahrhaft höllischer Lärm los, so daß wir glaubten, das Verdeck mit allen Segeln komme zu uns herab, Waffengeklirr und Geschrei – auf einmal aber tiefe Stille. Als wir es nach vielen Stunden wagten hinaufzugehen, trafen wir alles wie sonst; nicht einer lag anders als früher, alle waren steif wie Holz.

So waren wir mehrere Tage auf dem Schiffe; es ging immer nach Osten, wohin zu, nach meiner Berechnung, Land liegen mußte, aber wenn es auch bei Tag viele Meilen zurückgelegt hatte, bei Nacht schien es immer wieder zurückzukehren, denn wir befanden uns immer wieder am nämlichen Fleck, wenn die Sonne aufging. Wir konnten uns dies nicht anders erklären, als daß die Toten jede Nacht mit vollem Winde zurücksegelten. Um nun dies zu verhüten, zogen wir, ehe es Nacht wurde, alle Segel ein und wandten dasselbe Mittel an, wie bei der Thüre in der Kajüte; wir schrieben den Namen des Propheten auf Pergament und auch das Sprüchlein des Großvaters dazu, und banden es um die eingezogenen Segel. Ängstlich warteten wir in unserem Kämmerchen den Erfolg ab. Der Spuk schien diesmal noch ärger zu toben, aber siehe, am anderen Morgen waren die Segel noch aufgerollt, wie wir sie verlassen hatten. Wir spannten den Tag über nur so viele Segel auf, als nötig waren, das Schiff sanft fortzutreiben, und so legten wir in fünf Tagen eine gute Strecke zurück.

Endlich am Morgen des sechsten Tages entdeckten wir in geringer Ferne Land, und wir dankten Allah und seinem Propheten, für unsere wunderbare Rettung. Diesen Tag und die folgende Nacht trieben wir an einer Küste hin, und am siebenten Morgen glaubten wir in geringer Entfernung eine Stadt zu entdecken; wir ließen mit vieler Mühe einen Anker in die See, der alsobald Grund faßte, setzten ein kleines Boot, das auf dem Verdeck stand, aus, und ruderten mit aller Macht der Stadt zu. Nach einer halben Stunde liefen wir in einen Fluß ein, der sich in die See ergoß, und stiegen ans Ufer. Im Stadttor erkundigten wir uns, wie die Stadt heiße, und erfuhren, daß es eine indische Stadt sei, nicht weit von der Gegend, wohin ich zuerst zu schiffen willens war. Wir begaben uns in eine Karawanserei und erfrischten uns von unserer abenteuerlichen Reise. Ich forschte daselbst auch nach einem weisen und verständigen Mann, indem ich dem Wirt zu verstehen gab, daß ich einen solchen haben möchte, der sich ein wenig auf Zauberei verstehe. Er führte mich in eine abgelegene Straße, an ein unscheinbares Haus, pochte an und man ließ mich eintreten, mit der Weisung, ich solle nur nach Muley fragen.

In dem Hause kam mir ein altes Männlein mit grauem Bart und langer Nase entgegen, und fragte nach meinem Begehr. Ich sagte ihm, ich suche den weisen Muley und er antwortete mir, er sei es selbst. Ich fragte ihn nun um Rat, was ich mit den Toten machen solle, und wie ich es angreifen müsse, um sie aus dem Schiff zu bringen? Er antwortete mir, die Leute des Schiffes seien wahrscheinlich wegen irgendeines Frevels auf das Meer verzaubert; er glaube, der Zauber werde sich lösen, wenn man sie ans Land bringe; dies könne aber nicht geschehen, als wenn man die Bretter, auf denen sie liegen, losmache. Mir gehöre, von Gott und Rechts wegen, das Schiff samt allen Gütern, weil ich es gleichsam gefunden habe; doch solle ich alles sehr geheimhalten, und ihm ein kleines Geschenk von meinem Überfluß machen, er wolle dafür mit seinen Sklaven mir behilflich sein, die Toten wegzuschaffen. Ich versprach ihn reichlich zu belohnen, und wir machten uns mit fünf Sklaven, die mit Sägen und Beilen versehen waren, auf den Weg. Unterwegs konnte der Zauberer Muley unseren glücklichen Einfall, die Segel mit den Sprüchen des Korans zu umwinden, nicht genug loben. Er sagte, es sei dies das einzige Mittel gewesen, uns zu retten.

Es war noch ziemlich früh am Tage, als wir beim Schiff ankamen. Wir machten uns alle sogleich ans Werk, und in einer Stunde lagen schon vier in dem Nachen. Einige der Sklaven mußten sie ans Land rudern, um sie dort zu verscharren. Sie erzählten als sie zurückkamen, die Toten haben ihnen die Mühe des Begrabens erspart, indem sie, sowie man sie auf die Erde gelegt habe, in Staub zerfallen seien. Wir fuhren fort, die Toten abzusägen, und bis vor Abend waren alle ans Land gebracht. Es war endlich keiner mehr am Bord als der, welcher am Mast angenagelt war. Umsonst suchten wir den Nagel aus dem Holz zu ziehen, keine Gewalt vermochte ihn auch nur ein Haarbreit zu verrücken. Ich wußte nicht, was anzufangen war, man konnte doch nicht den Mastbaum abhauen, um ihn ans Land zu führen. Doch aus dieser Verlegenheit half Muley. Er ließ schnell einen Sklaven ans Land rudern, um einen Topf mit Erde zu bringen. Als dieser herbeigeholt war, sprach der Zauberer geheimnisvolle Worte darüber aus, und schüttete die Erde auf das Haupt des Toten. Sogleich schlug dieser die Augen auf, holte tief Atem, und die Wunde des Nagels in seiner Stirne, fing an zu bluten. Wir zogen den Nagel jetzt leicht heraus, und der Verwundete fiel einem der Sklaven in die Arme.

»Wer hat mich hieher geführt?« sprach er, nachdem er sich ein wenig erholt zu haben schien. Muley zeigte auf mich, und ich trat zu ihm. »Dank dir unbekannter Fremdling, du hast mich von langen Qualen errettet. Seit fünfzig Jahren schifft mein Leib durch diese Wogen, und mein Geist war verdammt, jede Nacht in ihn zurückzukehren. Aber jetzt hat mein Haupt die Erde berührt, und ich kann versöhnt zu meinen Vätern gehen.« Ich bat ihn, uns doch zu sagen, wie er zu diesem schrecklichen Zustand gekommen sei, und er sprach: »Vor fünfzig Jahren war ich ein mächtiger, angesehener Mann und wohnte in Algier; die Sucht nach Gewinn trieb mich, ein Schiff auszurüsten und Seeraub zu treiben. Ich hatte dieses Geschäft schon einige Zeit fortgeführt, da nahm ich einmal auf Zante einen Derwisch an Bord, der umsonst reisen wollte. Ich und meine Gesellen waren rohe Leute und achteten nicht auf die Heiligkeit des Mannes, vielmehr trieb ich mein Gespött mit ihm. Als er aber einst in heiligem Eifer mir meinen sündigen Lebenswandel verwiesen hatte, übermannte mich nachts in meiner Kajüte, als ich mit meinem Steuermann viel getrunken hatte, der Zorn. Wütend über das, was mir ein Derwisch gesagt hatte, und was ich mir von keinem Sultan hätte sagen lassen, stürzte ich aufs Verdeck und stieß ihm meinen Dolch in die Brust. Sterbend verwünschte er mich und meine Mannschaft, nicht sterben und nicht leben zu können, bis wir unser Haupt auf die Erde legen. Der Derwisch starb, und wir warfen ihn in die See und verlachten seine Drohungen; aber noch in derselben Nacht erfüllten sich seine Worte. Ein Teil meiner Mannschaft empörte sich gegen mich. Mit fürchterlicher Wut wurde gestritten, bis meine Anhänger unterlagen, und ich an den Mast genagelt wurde. Aber auch die Empörer unterlagen ihren Wunden, und bald war mein Schiff nur ein großes Grab. Auch mir brachen die Augen, mein Atem hielt an und ich meinte zu sterben. Aber es war nur eine Erstarrung, die mich gefesselt hielt; in der nächsten Nacht, zur nämlichen Stunde, da wir den Derwisch in die See geworfen, erwachte ich und alle meine Genossen, das Leben war zurückgekehrt, aber wir konnten nichts thun und sprechen, als was wir in jener Nacht gesprochen und gethan hatten. So segeln wir seit fünfzig Jahren, können nicht leben, nicht sterben; denn wie konnten wir das Land erreichen. Mit toller Freude segelten wir allemal mit vollen Segeln in den Sturm, weil wir hofften, endlich an einer Klippe zu zerschellen und das müde Haupt, auf dem Grund des Meeres, zur Ruhe zu legen. Es ist uns nicht gelungen. Jetzt aber werde ich sterben. Noch einmal meinen Dank, unbekannter Retter, wenn Schätze dich lohnen können, so nimm mein Schiff, als Zeichen meiner Dankbarkeit.«

Der Capitano ließ sein Haupt sinken, als er soeben gesprochen hatte, und verschied. Sogleich zerfiel er auch, wie seine Gefährten, in Staub. Wir sammelten diesen in ein Kästchen und begruben ihn am Lande; aus der Stadt nahm ich aber Arbeiter, die mir mein Schiff in guten Zustand setzten. Nachdem ich die Waren, die ich an Bord hatte, gegen andere mit großem Gewinn eingetauscht hatte, mietete ich Matrosen, beschenkte meinen Freund Muley reichlich, und schiffte mich nach meinem Vaterland ein. Ich machte aber einen Umweg, indem ich an vielen Inseln und Ländern landete und meine Waren zu Markt brachte. Der Prophet segnete mein Unternehmen. Nach drei Vierteljahren lief ich noch einmal so reich, als mich der sterbende Kapitän gemacht hatte, in Balsora ein. Meine Mitbürger waren erstaunt, über meine Reichtümer und mein Glück und glaubten nicht anders, als ich habe das Diamantenthal des berühmten Reisenden Sindbad gefunden. Ich ließ sie auf ihrem Glauben, von nun an aber mußten die jungen Leute von Balsora, wenn sie kaum achtzehn Jahre alt waren, in die Welt hinaus, um, gleich mir, ihr Glück zu machen. Ich aber lebte ruhig und im Frieden, und alle fünf Jahre machte ich eine Reise nach Mekka, um dem Herrn, an heiliger Stätte, für seinen Segen zu danken, und für den Capitano und seine Leute zu bitten, daß er sie in sein Paradies aufnehme.

Der fliegende Holländer

Die Fabel von dem fliegenden Holländer ist euch gewiß bekannt. Es ist die Geschichte von dem verwünschten Schiffe, das nie in den Hafen gelangen kann und jetzt schon seit undenklicher Zeit auf dem Meere herumfährt. Begegnet es einem anderen Fahrzeuge, so kommen Einige von der unheimlichen Mannschaft in einem Boote herangefahren und bitten, ein Paket Briefe gefälligst mitzunehmen. Diese Briefe muß man an den Mastbaum festnageln, sonst widerfährt dem Schiffe ein Unglück, besonders wenn keine Bibel an Bord oder kein Hufeisen am Fockmaste befindlich ist. Die Briefe sind immer an Menschen adressiert, die man gar nicht kennt oder die längst verstorben, so daß zuweilen der späte Enkel einen Liebesbrief in Empfang nimmt, der an seine Urgroßmutter gerichtet ist, die schon seit hundert Jahr' im Grabe liegt. Jenes hölzerne Gespenst, jenes grauenhafte Schiff führt seinen Namen von seinem Kapitän, einem Holländer, der einst bei allen Teufeln geschworen, daß er irgend ein Vorgebirge, dessen Namen mir entfallen, trotz des heftigsten Sturms, der eben wehte, umschiffen wolle, und sollte er auch bis zum jüngsten Tage segeln müssen. Der Teufel hat ihn beim Wort gefaßt, er muß bis zum Jüngsten Tage auf dem Meere herumirren, es sei denn, daß er durch die Treue eines Weibes erlöst werde. Der Teufel, dumm wie er ist, glaubt nicht an Weibertreue und erlaubte daher dem verwünschten Kapitän, alle sieben Jahr' einmal ans Land zu steigen und zu heirathen, und bei dieser Gelegenheit seine Erlösung zu betreiben. Armer Holländer! Er ist oft froh genug, von der Ehe selbst wieder erlöst und seine Erlöserin loszuwerden, und er begiebt sich dann wieder an Bord.

Auf diese Fabel gründete sich das Stück, das ich im Theater zu Amsterdam gesehen. Es sind wieder sieben Jahr' verflossen, der arme Holländer ist des endlosen Umherirrens müder als jemals, steigt ans Land, schließt Freundschaft mit einem schottischen Kaufmann, dem er begegnet, verkauft ihm Diamanten zu spottwohlfeilem Preise, und wie er hört, daß sein Kunde eine schöne Tochter besitzt, verlangt er sie zur Gemahlin. Auch dieser Handel wird abgeschlossen. Nun sehen wir das Haus des Schotten; das Mädchen erwartet den Bräutigam, zagen Herzens. Sie schaut oft mit Wehmuth nach einem großen verwitterten Gemälde, welches in der Stube hängt und einen schönen Mann in spanisch-niederländischer Tracht darstellt; es ist ein altes Erbstück, und nach der Aussage der Großmutter ist es ein getreues Konterfei des Fliegenden Holländers, wie man ihn vor hundert Jahr' in Schottland gesehen, zur Zeit König Wilhelm's von Oranien. Auch ist mit diesem Gemälde eine überlieferte Warnung verknüpft, daß die Frauen der Familie sich vor dem Originale hüten sollten. Eben deshalb hat das Mädchen von Kind auf sich die Züge des gefährlichen Mannes ins Herz geprägt. Wenn nun der wirkliche Fliegende Holländer leibhaftig hereintritt, erschrickt das Mädchen; aber nicht aus Furcht. Auch jener ist betroffen bei dem Anblick des Portraits. Als man ihm bedeutet, wen es vorstelle, weiß er jedoch jeden Argwohn von sich fernzuhalten; er lacht über den Aberglauben, er spöttelt selber über den fliegenden Holländer, den ewigen Juden des Oceans; jedoch unwillkürlich in einen wehmütigen Ton übergehend, schildert er, wie Mynheer auf der unermeßlichen Wasserwüste die unerhörtesten Leiden erdulden müsse, wie sein Leib Nichts anderes sei als ein Sarg von Fleisch, worin seine Seele sich langweilt, wie das Leben ihn von sich stößt und auch der Tod ihn abweist: gleich einer leeren Tonne, die sich die Wellen einander zuwerfen und sich spottend einander zurückwerfen, so werde der arme Holländer zwischen Tod und Leben hin und her geschleudert, keins von beiden wolle ihn behalten; sein Schmerz sei tief wie das Meer, worauf er herumschwimmt, sein Schiff sei ohne Anker und sein Herz ohne Hoffnung.

Ich glaube, Dieses waren ungefähr die Worte, womit der Bräutigam schließt. Die Braut betrachtet ihn ernsthaft, und wirft manchmal Seitenblicke nach seinem Konterfei. Es ist, als ob sie sein Geheimnis errathen habe, und wenn er nachher fragt: Katharina, willst du mir treu sein? antwortet sie entschlossen: Treu bis in den Tod.

Bei dieser Stelle, erinnere ich mich, hörte ich lachen, und dieses Lachen kam nicht von unten, aus der Hölle, sondern von oben, vom Paradiese. Als ich hinaufschaute, erblickte ich eine wunderschöne Eva, die mich mit ihren großen blauen Augen verführerisch ansah. Ihr Arm hing über der Galerie herab, und in der Hand hielt sie einen Apfel, oder vielmehr eine Apfelsine. Statt mir aber symbolisch die Hälfte anzubieten, warf sie mir bloß metaphorisch die Schalen auf den Kopf. War es Absicht oder Zufall? Das wollte ich wissen. Ich war aber, als ich ins Paradies hinaufstieg, um die Bekanntschaft fortzusetzen, nicht wenig befremdet, ein weißes sanftes Mädchen zu finden, eine überaus weiblich weiche Gestalt, nicht schmächtig, aber doch krystallig zart, ein Bild häuslicher Zucht und beglückender Holdseligkeit. Nur um die linke Oberlippe zog sich Etwas, oder vielmehr ringelte sich Etwas wie das Schwänzchen einer fortschlüpfenden Eidechse. Es war ein geheimnisvoller Zug, wie man ihn just nicht bei den reinen Engeln, aber auch nicht bei häßlichen Teufeln zu finden pflegt. Dieser Zug bedeutete weder das Gute noch das Böse, sondern bloß ein schlimmes Wissen; es ist ein Lächeln, welches vergiftet worden von jenem Apfel der Erkenntnis, den der Mund genossen. Wenn ich diesen Zug auf weichen vollrosigen Mädchenlippen sehe, dann fühl' ich in den eigenen Lippen ein krampfhaftes Zucken, ein zuckendes Verlangen, jene Lippen zu küssen; es ist Wahlverwandtschaft.

Ich flüsterte daher dem schönen Mädchen ins Ohr: Juffroff! ich will deinen Mund küssen.

Bei Gott, Mynheer, das ist ein guter Gedanke! war die Antwort, die hastig und mit entzückendem Wohllaut aus dem Herzen hervorklang.

Aber nein – die ganze Geschichte, die ich hier zu erzählen dachte und wozu der fliegende Holländer nur als Rahmen dienen sollte, will ich jetzt unterdrücken. Ich räche mich dadurch an den Prüden, die dergleichen Geschichten mit Wonne einschlürfen, und bis an den Nabel, ja noch tiefer, davon entzückt sind, und nachher den Erzähler schelten und in Gesellschaft über ihn die Nase rümpfen, und ihn als unmoralisch verschreien. Es ist eine gute Geschichte, köstlich wie eingemachte Ananas oder wie frischer Kaviar oder wie Trüffel in Burgunder, und wäre eine angenehme Lektüre nach der Betstunde; aber aus Rankünе, zur Strafe für frühere Unbill, will ich sie unterdrücken. Ich mache daher hier einen langen Gedankenstrich —

Dieser Strich bedeutet ein schwarzes Sofa, und darauf passierte die Geschichte, die ich nicht erzähle. Der Unschuldige muß mit dem Schuldigen leiden, und manche gute Seele schaut mich jetzt an mit einem bittenden Blick. Je nun, diesen Besseren will ich im Vertrauen gestehn, daß ich noch nie so wild geküsst worden, wie von jener holländischen Blondine, und daß Diese das Vorurtheil, welches ich bisher gegen blonde Haare und blaue Augen hegte, aufs siegreichste zerstört hat. Jetzt erst begriff ich, warum ein englischer Dichter solche Damen mit gefrorenem Champagner verglichen hat. In der eisigen Hülle lauert der heißeste Extrakt. Es giebt nichts Pikanteres als der Kontrast jener äußeren Kälte und der inneren Gluth, die bacchantisch emporlodert und den glücklichen Zecher unwiderstehlich berauscht. Ja, weit mehr als in Brünetten zehrt der Sinnenbrand in manchen scheinstillen Heiligenbildern mit goldenem Glorienhaar und blauen Himmelsaugen und frommen Lilienhänden. Ich weiß eine Blondine aus einem der besten niederländischen Häuser, die zuweilen ihr schönes Schloß am Zuydersee verließ, und inkognito nach Amsterdam und dort ins Theater ging, Jedem, der ihr gefiel, Apfelsinenschalen auf den Kopf warf, zuweilen gar in Matrosenherbergen die wüsten Nächte zubrachte, eine holländische Messaline.

– – Als ich ins Theater noch einmal zurückkehrte, kam ich eben zur letzten Scene des Stücks, wo auf einer hohen Meerklippe das Weib des fliegenden Holländers, die Frau fliegende

Holländerin, verzweiflungsvoll die Hände ringt, während auf dem Meere, auf dem Verdeck seines unheimlichen Schiffes, ihr unglücklicher Gemahl zu schauen ist. Er liebt sie und will sie verlassen, um sie nicht ins Verderben zu ziehen, und er gesteht ihr sein grauenhaftes Schicksal und den schrecklichen Fluch, der auf ihm lastet. Sie aber ruft mit lauter Stimme: Ich war dir treu bis zu dieser Stunde, und ich weiß ein sicheres Mittel, wodurch ich dir meine Treue erhalte bis in den Tod!

Bei diesen Worten stürzt sich das treue Weib ins Meer, und nun ist auch die Verwünschung des fliegenden Holländers zu Ende, er ist erlöst, und wir sehen, wie das gespenstische Schiff in den Abgrund des Meeres versinkt.

Die Moral des Stückes ist für die Frauen, daß sie sich in Acht nehmen müssen, keinen fliegenden Holländer zu heirathen; und wir Männer ersehen aus diesem Stücke, wie wir durch die Weiber, im günstigsten Falle, zu Grunde gehn.

Seespuk

Aberglaubensformen der Seeleute, die auf einem starken Vertrauen auf Vorherbestimmung und Furcht vor gewissen Vorzeichen beruhen. In den Sturmvögeln, namentlich der *Sturmschwalbe* (*Thalassidroma pelagica*, Petersvogel, Petrel und Mutter Careys Hühnchen), vermutet man die Seelen verunglückter Seeleute. Die Griechen hegten umgekehrt ein oft getäuschtes Vertrauen auf die sogen. Halkyonischen Tage (s. Halkyone). Kein Anblick war im Altertum dem Seemann gefürchteter als die Erscheinung des *Helenafeuers* (s. Elmsfeuer) auf dem Schiffe während eines Gewitters oder Seesturms, wo gegen man die Erscheinung des Elmsfeuers, wenn es, wie bei der damals vorherrschenden Takelung mit doppelter Mast- und Segelspitze, als *Dioskurenfeuer* erschien, als Rettungszeichen begrüßte (vgl. Dioskuren). Im Mittelalter traten an die Stelle der Dioskuren mehrere Heilige, namentlich St. Hermann (italienisch *Ermo, Elmo*), nach dem das Elmsfeuer benannt ist, während in der Neuzeit das Elmsfeuer vom griechischen Schiffsvolk als bedrohlich erachtet wird, so daß man es durch die Geste der Feige oder durch Entblößung des Hintern zu verscheuchen sucht. In den griechischen Gewässern fürchtet man jetzt die schöne Frau (*Kyra Kalo*) oder *schöne Gorgone*, die Tochter Alexanders d. Gr. und der Meerkönigin Thalassa, die mit großer Vorsicht behandelt sein will. Ähnlich ist der Glaube an geheimnisvolle Stimmen, die auf der See (nach Plutarchs Erzählung) den Tod des großen Pan kündeten und allgemeines Wehklagen weckten, oder die Furcht vor dem *Seegesicht* und *Gespensterschiff*. Das schnell und lautlos vorüberfliegende *Geisterschiff*, das schon in der »Odyssee« vorkommt, ist zum Teil ein Nachbild an den Glauben vom *Seelenschiff* (Charons Nachen, Naglfari der nordischen Mythologie) und namentlich an den französischen Westküsten zu

Hause. Über den *Fliegenden Holländer* und den *Klabautermann* s. d. Der Glaube an den *Schiffshalter* (*Remora*), dem man im Altertum das Festsitzen der Ruderschiffe zuschrieb, wenn sie sich am Schiffsboden ansaugten, ist ebenso wie derjenige an *Meerbischöfe, Kraken* u. *Meerweiber* (wozu die Seekühe Anlaß gegeben haben, die ihre Jungen an die Brüste drücken) und an *Magnetberge*, die alles Eisen aus dem Schiffe ziehen sollten, geschwunden. Dagegen spukt die Erscheinung der *Seeschlange* (s. d.) noch alljährlich. Viele dieser Spukformen, wie z. B. auch der Glaube an die zusammenklappenden Felsen (*Symplejaden*), an die mitten im Meere wachsende *Meerpalme*, für deren Früchte man früher die Maledivennuß ausgab, an gewaltige *Meeresstrudel* (Malstrom, Scylla und Charybdis), an die *Insel der Seligen* etc., von denen das meiste schon in der »Odyssee« vorkommt, sind weitverbreitet und vielfach aus kosmischen Anschauungen der Naturvölker entstanden. Vgl. Heims, Seespuk (Leipz. 1888).

Achtes und abschließendes Kapitel

Worin sehr knapp von Meeresimpressionen vornehmlich in den bildenden Künsten gehandelt wird
Mit einer Schlusskadenz aus Königsberg

Clemens Brentano

Verschiedene Empfindungen vor einer Seelandschaft von Friedrich, worauf ein Kapuziner

Es ist herrlich, in unendlicher Einsamkeit am Meeresufer unter trübem Himmel auf eine unbegrenzte Wasserwüste hinzuschauen, und dazu gehört, daß man dahin gegangen, daß man zurück muß, daß man hinüber möchte, daß man es nicht kann, daß man alles zum Leben vermißt, und seine Stimme doch im Rauschen der Flut, im Wehen der Luft, im Ziehen der Wolken, in dem einsamen Geschrei der Vögel vernimmt; dazu gehört ein Anspruch, den das Herz macht, und ein Abbruch, den einem die Natur tut. Dieses aber ist vor dem Bild unmöglich, und das, was ich in dem Bilde selbst finden sollte, fand ich erst zwischen mir und dem Bilde, nämlich einen Anspruch, den mir das Bild tat, indem es denselben nicht erfüllte; und so wurde ich selbst der Kapuziner, das Bild ward die Düne, das aber, wo hinaus ich mit Sehnsucht blickte, die See, fehlte ganz. Dieser wunderbaren Empfindung nun zu begegnen, lauschte ich auf die Äußerungen der Verschiedenheit der Beschauer um mich her, und teile sie als zu diesem Gemälde gehörig mit, das durchaus Dekoration ist, vor welchem eine Handlung vorgehen muß, indem es keine Ruhe gewährt.

Eine Dame und ein Herr, welcher vielleicht sehr geistreich war, traten auf; die Dame sah in ihr Verzeichnis und sprach:

»Nummer zwei: Landschaft in Öl. Wie gefällt sie Ihnen?«

Herr: Unendlich tief und erhaben.

Dame: Sie meinen die See, ja die muß erstaunlich tief sein, und der Kapuziner ist auch sehr erhaben.

Herr: Nein, Frau Kriegsrat, ich meine die Empfindung des einzigen Friedrichs bei diesem Bilde.

DAME: Ist es schon so alt, daß er es auch gesehen?
HERR: Ach, Sie mißverstehen mich, ich rede von dem Maler Friedrich; Ossian schlägt vor diesem Bilde in die Harfe. *(Ab)*

Zwei junge Damen

ERSTE DAME: Hast du gehört, Louise? das ist Ossian.
ZWEITE DAME: Ach nein, du mißverstehst ihn, es ist der Ozean.
ERSTE DAME: Er sagte aber, er schlüge in die Harfe.
ZWEITE DAME: Ich sehe aber keine Harfe. Es ist doch recht graulich anzusehen. *(Ab)*

Zwei Kunstverständige

ERSTER: Ja wohl, graulich, es ist alles ganz grau; wie der nur solche trockene Dinge malen will!
ZWEITER: Sie wollen lieber sagen, wie er so nasse Dinge so trokken malen will.
ERSTER: Er wird es wohl so gut malen, als er kann. *(Ab)*

Eine Erzieherin mit zwei Demoiselles

ERZIEHERIN: Dies ist die See bei Rügen.
ERSTE DEMOISELLE: Wo Kosegarten wohnt.
ZWEITE DEMOISELLE: Wo die Kolonialwaren herkommen.
ERZIEHERIN: Warum er nur so trübe Luft gemalt. Wie schön, wenn er im Vordergrund einige Bernsteinfischer gemalt hätte.
ERSTE DEMOISELLE: Ach ja, ich möchte mir selbst einmal eine schöne Schnur Bernstein zusammenfischen. *(Ab)*

Eine junge Frau mit zwei blonden Kindern und ein Paar Herrn

HERR: Herrlich, herrlich, dieser Mann ist doch der einzige, der in seinen Landschaften ein Gemüt ausdrückt, es ist eine große Individualität in diesem Bilde, die hohe Wahrheit, die Einsamkeit, der trübe schwermutsvolle Himmel, er weiß doch, was er malt.

ZWEITER HERR: Und malt auch, was er weiß, und fühlt es, und denkt es, und malt es.

ERSTES KIND: Was ist denn das?

ERSTER HERR: Das ist die See, mein Kind, und ein Kapuziner, der daran spazieren geht und traurig ist, daß er keinen so artigen Jungen hat wie du.

ZWEITES KIND: Warum tanzt denn der Kapuziner nicht vorn herum, warum wackelt er nicht mit dem Kopfe, wie im Schattenspiel? Das wäre doch schöner.

ERSTES KIND: Es ist wohl so ein Kapuziner, der das Wetter anzeigt, wie der vor unserm Fenster?

ZWEITER HERR: Nicht ein solcher, mein Kind, aber auch er zeigt das Wetter an, er ist die Einheit in der Allheit, der einsame Mittelpunkt in dem einsamen Kreis.

ERSTER HERR: HERR: Ja, er ist das Gemüt, das Herz, die Reflexion des ganzen Bildes in sich und über sich.

ZWEITER HERR: Wie göttlich ist diese Staffage gewählt, sie ist nicht wie bei den ordinären Herrn Malern ein bloßer Maßstab für die Höhe der Gegenstände, er ist die Sache selbst, er ist das Bild, und indem er in diese Gegend wie in einen traurigen Spiegel seiner eigenen Abgeschlossenheit hinein zu träumen scheint, scheint das schifflose einschließende Meer, das ihn wie sein Gelübde beschränkt, und das öde Sandufer, das freudenlos wie sein Leben ist, ihn wieder wie eine einsame, von sich selbst weissagende Uferpflanze symbolisch hervorzutreiben.

ERSTER HERR: HERR: Herrlich, gewiß, Sie haben recht; *(zur Dame:)* aber, meine Liebe, Sie sagen ja gar nichts.

DAME: Ach, es war mir vor dem Bilde wie zu Haus, es rührt mich recht, es ist doch recht natürlich, und als Sie so sprachen, war es mir gerade so undeutlich wie sonst, wenn ich mit unseren philosophischen Freunden am Meere spazieren ging; nur wünschte ich, daß eine frische Seeluft wehte und ein Segel herantriebe, und daß ein Sonnenblick niederglänzte und das Wasser rauschte; so ist mirs als wie Alpdrücken und Sehnsucht nach dem Vaterland im Traum; kommt weiter, es macht mich traurig. *(Ab)*

Eine Dame und ein Führer

DAME *(steht lange stumm):* Groß, unbegreiflich groß! Es ist, als wenn das Meer Youngs Nachtgedanken hätte.

HERR: Sie meinen, als wenn sie dem Kapuziner hineingefallen wären?

DAME: Wenn Sie nur nicht immer spaßten und einem die Empfindung störten. Sie empfinden heimlich doch dasselbe, aber Sie wollen im Andern belachen, was Sie in sich verehren. Ich sage, es ist als wenn das Meer Youngs Nachtgedanken hätte.

HERR: Und ich sage Ja, und zwar den Karlsruher Nachdruck und das *Bonnet de Nuit* von Mercier dazu, und Schuberts Ansicht der Natur von der Nachtseite oben ein.

DAME: Ich kann Ihnen nicht besser antworten, als mit einer parallelen Anekdote: Da der unsterbliche Klopstock zum ersten Male in seinen Gedichten gesagt hatte: »Die Morgenröte lächelt«, sagte Madame Gottsched, indem sie es las: »Was macht sie denn für ein Mäulchen?«

HERR: Gewiß kein so schönes wie das Ihre, indem Sie dies sagen.

DAME: Nun fallen Sie ins Fatale.

HERR: Und Gottsched gab seiner Frau ein Mäulchen für das Bonmot.

DAME: Ich soll Ihnen wohl gar eine Nachtmütze für das Ihrige geben, aber Sie sind selbst eine.

HERR: Nein, lieber eine Ansicht Ihrer Natur von der Nachtseite.

DAME: Sie sind unartig.

HERR: Ach, wenn wir da miteinander ständen, wie der Kapuziner steht.

DAME: Ich ließe Sie und ging zum Kapuziner.

HERR: Und bäten ihn, mich mit Ihnen zu kopulieren.

DAME: Nein, Sie ins Wasser zu werfen.

HERR: Und blieben mit dem Pater allein und verführten ihn, und verdürben das ganze Bild und seine Nachtgedanken; seht, so seid ihr Weiber, ihr vernichtet am Ende doch, was ihr empfindet, ihr saget vor lauter Lügen die Wahrheit. O, ich wollte, ich wäre der Kapuziner, der so ewig einsam hinüberschaut in das dunkle verheißende Meer, das wie die Apokalypse vor ihm liegt, so wollte ich mich ewig sehnen nach Ihnen, liebe Julie, und Sie ewig vermissen, denn diese Sehnsucht ist doch die einzige herrliche Empfindung in der Liebe.

DAME: Nein, nein, mein Lieber, auch in diesem Bilde; wenn Sie so reden, springe ich Ihnen nach ins Wasser und lasse den Kapuziner stehen. *(Ab)*

Während der ganzen Zeit hatte ein glimpflicher langer Mann mit einigen Zeichen von Ungeduld zugehört; ich trat ihm etwas auf den Fuß und er antwortete mir, als ob ich ihn dadurch um seine Meinung befragt hätte. »Es ist gut, daß die Bilder nicht hören können, sie hätten sich sonst schon längst verschleiert; die Leute gehen gar zu unzüchtig mit ihnen um und sind fest überzeugt, sie ständen hier wegen eines geheimen Verbrechens am Pranger, das die Zuschauer durchaus entdecken müssen.« – »Aber was meinen Sie denn eigentlich von dem Bilde?« fragte ich. – »Es freut mich,« sagte er, »daß es noch einen Landschaftsmaler gibt, der auf die wunderbaren Konjunkturen des Jahres und Himmels achtet, die auch in der ärmsten Gegend die ergreifendste Wirkung hervorbringen; es wäre mir aber freilich lieber, wenn dieser Künstler außer dem Gefühle dafür auch die Gabe und das Studium hätte, es in der Darstellung wahr wiederzugeben, und in dieser Hinsicht steht er ebensoweit hinter einigen Holländern zurück, die ähnliche Gegenstände gemalt haben, als er sie in der ganzen Gesinnung, worin er aufgefaßt, übertrifft; es würde nicht schwer sein, ein Dutzend Bilder zu nennen, wo Meer und Ufer und Kapuziner besser gemalt sind. Der Kapuziner erscheint in einer gewissen Entfernung wie ein brauner Fleck; und wenn ich durchaus einen Kapuziner hätte malen wollen, so hätte ich ihn lieber schlafend hingestreckt, oder betend oder schauend in aller Bescheidenheit niedergelegt, damit er den Zuschauern, denen das weite Meer doch offenbar mehr Eindruck macht als der kleine Kapuziner, nicht die Aussicht verdürbe. Wer später sich nach den Küstenbewohnern umsähe, fände immer noch in dem Kapuziner alle Veranlassung, das auszusprechen, was mehrere der Zuschauer in einer überschwenglich allgemeinen Vertraulichkeit allen laut mitgeteilt haben.«

Diese Rede gefiel mir so wohl, daß ich mich mit demselben Herrn sogleich nach Hause begab, wo ich mich noch befinde und in Zukunft anzutreffen sein werde.

Georg Forster

Dover

Den 28sten Jun. Abends 9 Uhr

Diesen Spaziergang am Strande gäb' ich nicht um vieles! Es war etwa eine Stunde nach Sonnenuntergang; der Himmel blau und heiter und wolkenleer über uns. Das Meer rauschte auf den Kieseln des abschüssigen Strandes fast ohne Wellen; denn ein sanfter Morgenwind hauchte nur längs seiner Oberfläche hin, und die Ebbe milderte die Gewalt der majestätisch anprellenden großen Kreise, die der Krümmung des Ufers parallel in schäumenden Linien verrauschten. – Hinter uns hing Shakspeare's Felsen hoch und schauervoll in der Luft: eine thurmähnliche senkrecht abgestürzte Masse, fünfhundert Fuß über der Meeresfläche erhaben, weiß, und nur mit etwas daran hangendem Grün verziert. Links auf einer ähnlichen doch etwas mindern Höhe, über dem Kieselstrande, straubten sich im magischen Lichte der Dämmerung die malerischen Thürme des Schlosses von Dover, gleichsam vor dem Sturz, an dessen Rande sie standen. Und jenseits des blauen Meeres, das links und rechts im unabsehlichen Horizont sich verlor, lag Frankreichs weiße und blaue Küste in manchen hervorspringenden Hügeln vor uns hingestreckt. So wie wir dieses Schauspiel betrachteten, und von einem Gegenstande zum andern unsre Blicke wandern ließen, wachten neue Empfindungen in uns auf. – Plötzlich, indem ich die felsenähnlichen Spitzen des Schlosses betrachtete, that mein Reisegefährte einen Schrei – des Erstaunens und Entzückens. Ich wandte mich um, und sah über dem Ufer von Calais ein aufloderndes Feuer. Es war der Vollmond, welcher göttlich aus dem Meere stieg, und allmählich sich über die Region der dichtern Dünste erhob. Welch ein Anblick von unbeschreiblicher Einfalt und Pracht! Bald höher und höher emporschwebend, schickte er von Frankreichs Ufer bis nach Albion herüber einen hellen Lichtstreif, der, wie ein gewässertes

Band, zwischen beiden Ländern eine täuschende Vereinigung zu knüpfen schien. Im Dunkel das längs der Felsenwand unter dem Schlosse herrschte, flimmerte ein Licht romantisch hervor; über Shakspeare's Cliff hing ein schöner Stern im weißesten Glanze nieder. O Natur! die Größe womit du die Seele erfüllst, ist heilig und erhaben über allen Ausdruck. Shakspeare's Cliff nannten uns die Knaben, wie sie am Strande spielten, bei diesem geliebten Namen.

Heinrich von Kleist

Empfindungen vor Friedrichs Seelandschaft

Herrlich ist es, in einer unendlichen Einsamkeit am Meeresufer, unter trübem Himmel, auf eine unbegrenzte Wasserwüste, hinauszuschauen. Dazu gehört gleichwohl, daß man dahin gegangen sei, daß man zurück muß, daß man hinüber möchte, daß man es nicht kann, daß man alles zum Leben vermißt, und die Stimme des Lebens dennoch im Rauschen der Flut, im Wehen der Luft, im Ziehen der Wolken, dem einsamen Geschrei der Vögel, vernimmt. Dazu gehört ein Anspruch, den das Herz macht, und ein Abbruch, um mich so auszudrücken, den einem die Natur tut. Dies aber ist vor dem Bilde unmöglich, und das, was ich in dem Bilde selbst finden sollte, fand ich erst zwischen mir und dem Bilde, nämlich einen Anspruch, den mein Herz an das Bild machte, und einen Abbruch, den mir das Bild tat; und so ward ich selbst der Kapuziner, das Bild ward die Düne, das aber, wo hinaus ich mit Sehnsucht blicken sollte, die See, fehlte ganz. Nichts kann trauriger und unbehaglicher sein, als diese Stellung in der Welt: der einzige Lebensfunke im weiten Reiche des Todes, der einsame Mittelpunkt im einsamen Kreis. Das Bild liegt, mit seinen zwei oder drei geheimnisvollen Gegenständen, wie die Apokalypse da, als ob es Youngs Nachtgedanken hätte, und da es, in seiner Einförmigkeit und Uferlosigkeit, nichts, als den Rahm, zum Vordergrund hat, so ist es, wenn man es betrachtet, als ob einem die Augenlider weggeschnitten wären. Gleichwohl hat der Maler zweifelsohne eine ganz neue Bahn im Felde seiner Kunst gebrochen; und ich bin überzeugt, daß sich, mit seinem Geiste, eine Quadratmeile märkischen Sandes darstellen ließe, mit einem Berberitzenstrauch, worauf sich eine Krähe einsam plustert, und daß dies Bild eine wahrhaft Ossiansche oder Kosegartensche Wirkung tun müßte. Ja, wenn man diese Landschaft mit ihrer eignen Kreide und mit ihrem eigenen Wasser malte; so, glaube ich, man könnte die Füchse und Wölfe damit zum Heulen bringen: das Stärkste, was man, ohne allen Zweifel, zum Lobe für diese Art von Landschaftsmalerei beibringen kann. – Doch meine eigenen Empfindungen, über dies wunderbare Gemälde, sind zu verworren; daher habe ich mir, ehe ich sie ganz auszusprechen wage, vorgenommen, mich durch die Äußerungen derer, die paarweise, von Morgen bis Abend, daran vorübergehen, zu belehren. cb.

Immanuel Kant

Schlusskadenz aus Königsberg

Kühne überhangende gleichsam drohende Felsen, am Himmel sich auftürmende Donnerwolken, mit Blitzen und Krachen einherziehend, Vulkane in ihrer ganzen zerstörenden Gewalt, Orkane mit ihrer zurückgelassenen Verwüstung, der grenzenlose Ozean, in Empörung gesetzt, ein hoher Wasserfall eines mächtigen Flusses u. d. gl. machen unser Vermögen zu widerstehen, in Vergleichung mit ihrer Macht, zur unbedeutenden Kleinigkeit. Aber ihr Anblick wird nur um desto anziehender, je furchtbarer er ist, wenn wir uns nur in Sicherheit befinden; und wir nennen diese Gegenstände gern erhaben, weil sie die Seelenstärke über ihr gewöhnliches Mittelmaß erhöhen, und ein Vermögen zu widerstehen von ganz anderer Art in uns entdecken lassen, welches uns Mut macht, uns mit der scheinbaren Allgewalt der Natur messen zu können.

Quellenverzeichnis

Johann Christoph Adelung (1732–1806): Das Meer. Aus: Grammatisch-kritisches Wörterbuch der Hochdeutschen Mundart, Bd. 3. Leipzig, Breitkopf 1798.

Johann Wilhelm von Archenholtz (1741–1812): Nachrichten von den Gebräuchen der Flibustier. Aus: Die Geschichte der Flibustier. Berlin, Edition Fumfei 1991.

Charles Baudelaire (1821–1867): Der Mensch und das Meer. Aus: Stefan George: Baudelaire. Gesamt-Ausgabe der Werke, Band 13/14, Berlin, Bondi 1930.

Der Beginn der siebenten Reise Sindbads des Seefahrers. Aus: Die schönsten Geschichten aus 1001 Nacht. Leipzig, Insel [1914].

Giovanni Boccaccio (1313–1375): Landolfo Ruffolo. Aus: Das Dekameron. Vollständig Ausgabe in der Übertragung von Karl Witte. München, Winkler 1979.

Clemens Brentano (1778–1842): Verschiedene Empfindungen vor einer Seelandschaft von Friedrich, worauf ein Kapuziner. Aus: Werke, Bd. 2. München, Hanser 1973.

Adelbert von Chamisso (1781–1838): An Bord. Aus: Reise um die Welt mit der Romanzoffischen Entdeckungs-Expedition in den Jahren 1815–1818. Gesammelte Werke, Bd. 3. Stuttgart, Cotta/Kröner o. J.

Georg Forster (1754–1794): Dover. Aus: Ansichten vom Niederrhein. Frankfurt am Main, Insel 1989.

Johann Wolfgang von Goethe (1749–1832): Vor dem Golf von Neapel. Aus: Italienische Reise. Sämtliche Werke nach Epochen seines Schaffens. Münchner Ausgabe. Hg. v. Klaus Richter u. a., Bd. 15. München, Hanser 1992.

Wilhelm Hauff (1802–1827): Die Geschichte von dem Gespensterschiff. Aus: Sämtliche Werke in sechs Bänden, Bd. 6. Stuttgart, Cotta o.J.

Heinrich Heine (1797–1856): Geister der Nordsee. Aus: Reisebilder I, in: Sämmtliche Werke, Neue Ausgabe in 12 Bänden, Bd. 5; Der fliegende Holländer. Aus: Memoiren des Herrn von Schnabelewopski, in: Sämmtliche Werke. Neue Ausgabe in 12 Bänden, Bd. 11. Hamburg, Hoffmann und Campe 1889.

Wilhelm Heinse (1746–1803): Überfall und Verfolgung. Aus: Ardinghello und die glückseeligen Inseln. Nördlingen, Greno 1986.

Johann Gottfried Herder (1744–1803): Von der bildenden Kraft der Meere. Aus: Ideen zur Geschichte der Menschheit, Erster Theil, in: Sämmtliche Werke. Zur Philosophie und Geschichte, Dritter Theil. Carlsruhe, Büro der deutschen Classiker, 1820; Warum Rußland noch keine gute Seeflotte hat; Gedanken zur Mythologie der Meere; Von den wahren Meeresbewohnern. Aus: Journal meiner Reise im Jahre 1769. Nördlingen, Greno 1985.

Georg Heym (1887–1912): Das Schiff. Aus: Dichtungen und Schriften, Bd. 2. Hamburg, München, Ellermann 1962.

Jean Paul (d. i. Johann Paul Friedrich Richter, 1763–1825): Gewürzinseln und Molukken in Scheerau. Aus: Die unsichtbare Loge, in: Jean Paul: Werke, Bd. 1. München, Hanser 1960.

Franz Kafka (1883–1924): Poseidon. Aus: Beschreibung eines Kampfes. Novellen, Skizzen, Aphorismen aus dem Nachlaß. Hg. v. Max Brod. Frankfurt am Main, S. Fischer 1986.

Immanuel Kant (1724–1804): Schlusskadenz aus Königsberg. Aus: Kritik der Urteilskraft. Hg. v. Wilhelm Weischedel. Frankfurt am Main, Suhrkamp 1992.

Gottfried Keller (1819–1890): Im Meer. Aus: Werke. Hg. v. Max Nußberger. Kritisch-historische und erläuternde Ausgabe, Bd. 1. Leipzig, Bibliographisches Institut o.J.

Klabund (d.i. Alfred Henschke, 1890–1928): Das Meer. Aus: Die Harfenjule. Berlin, Die Schmiede [1927].

Heinrich von Kleist (1777–1811): Empfindungen vor Friedrichs Seelandschaft. Aus: Sämtliche Werke und Briefe, Bd. 2. München, Hanser 1984.

Georg Christoph Lichtenberg (1742–1799): Warum hat Deutschland noch kein großes öffentliches Seebad? Aus: Schriften und Briefe. Bd. 3, München, Hanser 1972.

Thomas Mann (1875–1955): Meerfahrt mit ›Don Quijote‹. Aus: Schriften und Reden zur Literatur, Kunst und Philosophie, Bd. 2. Frankfurt am Main, S. Fischer 1968.
© S. Fischer Verlag GmbH, Frankfurt am Main 1968

Herman Melville (1819–1891): Die Predigt. Aus: Moby-Dick; oder: Der Wal. Deutsch von Friedhelm Rathjen. Frankfurt am Main, Fischer Taschenbuch Verlag 2009.
Copyright © 2004 für die deutsche Übersetzung by www.Zweitausendeins.de, Postfach, D-60381 Frankfurt am Main.

Meyers Großes Konversationslexikon: Seespuk. Meyers Großes Konversations-Lexikon, Bd. 18. Leipzig, Bibliographisches Institut 1909.

Octave Mirbeau (1848–1917): Vom Roten Meer in den Indischen Ozean. Aus: Der Garten der Qualen. Deutsche Bearbeitung von Friedrich Brock. Berlin, G. Fischer o.J.

Robert Müller (1887–1924): Geschichte der Insel. Aus: Das Inselmädchen. Paderborn, Igel 1994.

Friedrich Nietzsche (1844–1900): Im grossen Schweigen. Aus: Morgenröthe. Kritische Studienausgabe, Bd. 3. München, Deutscher Taschenbuch Verlag 1988.

Oekonomische Encyclopädie: Schiffbruch. Aus: Johann Georg Krünitz: Ökonomische Encyklopädie oder Allgemeines System der Staats-, Stadt-, Haus- und Landwirtschaft Bd. 143. Berlin, Pauli 1826.

Edgar Allan Poe (1809–1849): In Seenot. Aus: Die denkwürdigen Erlebnisse des Artur Gordon Pym. Werke, hg. v. Theodor Etzel, Bd. 4. Berlin, Propyläen o. J.

Der Prophet Jona. Aus: Die gantze Heilige Schrifft Deudsch. Übersetzt von Martin Luther, Bd. 2. München, Rogner & Bernhard 1972.

François Rabelais (ca. 1494–1553): Wie Pantagruel nach dem Orakel der Göttin Bakbuk in See ging. Aus: Gargantua und Pantagruel. Übs. v. Gottlob Regis, Bd. 2. München/Leipzig, Müller 1911.

Paul Scheerbart (1863–1915): Die Seeschlange. Aus: Die Seeschlange. Ein See-Roman, in: Dichterische Hauptwerke. Stuttgart, Goverts 1962.

Friedrich Schiller (1759–1805): Die Majestät der Natur. Aus: Über das Erhabene, in: Sämtliche Werke, Bd. V. Erzählungen, Theoretische Schriften. München, Hanser 2004.

Arthur Schopenhauer (1788–1860): Philosophische Nachbemerkung. Aus: Sämtliche Werke. Textkritisch bearbeitet und hg. v. Wolfgang Frhr. v. Löhneysen. Bd. 1, Die Welt als Wille und Vorstellung I. Frankfurt am Main, Suhrkamp 1986.

Christian Friedrich Daniel Schubart (1739–1791): Neue Meergötter. Aus: Deutsche Chronik auf das Jahr 1775. Heidelberg, Schneider 1975.

Marcel Schwob (1867–1905): Der Major Stede Bonnet – Ein Freibeuter zu seinem Vergnügen. Aus: Der Roman der zweiundzwanzig Lebensläufe. Deutsch von Jakob Hegner. Nördlingen, Greno 1986.

Johann Gottfried Seume (1763–1810): Transportschiff in die neue Welt. Aus: Mein Leben. Nördlingen, Greno 1986.

Der Stadt Hamburg Statuta und Gerichts Ordnung: Vom See=Raube. Hamburg, Heinrich Volckers, ca. 1680.

Robert Louis Stevenson (1850–1894): Was ich in der Apfeltonne hörte. Aus: Die Schatzinsel. Auf der Grundlage der Übersetzung von Heinrich Conrad. Frankfurt, Fischer Taschenbuch Verlag 2009.

Bram Stoker (1847–1912): Logbuch der »Demeter« – Von Varna nach Whitby. Aus: Dracula. Ein Vampyr-Roman. Aus dem Englischen von Heinz Widtmann. Franfurt am Main, Fischer Taschenbuch Verlag 2008.

Georg Trakl (1887–1914): Klage. Aus: Dichtungen und Briefe. Salzburg, Otto Müller 1974.

Kurt Tucholsky (1890–1935): Der Priem. Aus: Gesammelte Werke in zehn Bänden. Bd 9. Reinbek bei Hamburg, Rowohlt 1975.

Jules Verne (1828–1905): Standard-Island. Aus: Die Propeller-Insel. Leipzig, Bibliographische Anstalt o. J.

Christoph Martin Wieland (1733–1813): Aristipp an Kleonidas in Cyrene. Aus: Aristipp und einige seiner Zeitgenossen. Zürich, Haffmans 1993.

Thomas Mann

Der Tod in Venedig und andere Erzählungen

Band 90027

Thomas Manns Erzählungen sind vor allem eines: großartige und abgründige Liebesgeschichten. Der alternde Gustav Aschenbach zum Beispiel, den es nach Venedig treibt, verliebt sich an der schwülen Lagune hoffnungslos in den jungen Tadzio und bringt es auch dann nicht über sich, die Stadt zu verlassen, als die Cholera ausbricht ... Luchino Visconti hat die Melancholie und Sinnlichkeit des ›Tod in Venedig‹ kongenial verfilmt, Benjamin Britten hat sie vertont, und John Neumeier hat sie sogar getanzt.

Das gesamte Programm von Fischer Klassik
finden Sie unter:
www.fischer-klassik.de

Fischer Taschenbuch Verlag

fi 90027 / 1

Herman Melville
Moby-Dick
Roman
Aus dem Amerikanischen von Friedhelm Rathjen
Band 90195

Melvilles weltberühmter ›Moby-Dick‹ ist ein Abenteuerroman im doppelten Wortsinn: Mit seiner Geschichte vom fanatischen Kapitän Ahab und seiner Jagd nach dem Weißen Wal erzählt der Roman eines der packendsten Seeabenteuer der Weltliteratur. Mit seinem enzyklopädischen Anspruch unternimmt der Roman aber zugleich auch eine faszinierende und irrwitzige Reise durch die abenteuerlichsten Wissens- und Sprachgebiete seiner Zeit.

»Friedhelm Rathjen hat die liebevollste aller Moby-Dick-Übersetzungen geliefert.«
Klaus Brinkbäumer, Kulturspiegel

Das gesamte Programm von Fischer Klassik
finden Sie unter:
www.fischer-klassik.de

Fischer Taschenbuch Verlag

fi 90195 / 1

Kurt Tucholsky

Schloß Gripsholm

Rheinsberg

Band 90069

In seinen Liebesromanen nimmt der berühmte Satiriker Kurt Tucholsky eine Art Auszeit von den politischen Kämpfen der Weimarer Republik. Zwar fehlt auch die Zeitkritik nicht. Immer aber bleibt alles wunderbar leicht und fast märchenhaft. Mit ihrer Lebensfreude und entspannten Erotik verkörpern die Liebespaare, die Tucholsky auf ihren sommerlichen Urlaubsreisen begleitet, eine Art Gegenwelt zum deutsch-nationalen Spießertum und wirken aus heutiger Sicht wie die ersten Vertreter der Toskana-Fraktion oder der bourgeoisen Berliner Boheme.

Das gesamte Programm von Fischer Klassik
finden Sie unter:
www.fischer-klassik.de

Fischer Taschenbuch Verlag

fi 90069 / 1

Jules Verne
20 000 Meilen unter den Meeren
Band 90070

Der Roman über den geheimnisvollen Kapitän Nemo, der mit seinem U-Boot Nautilus durch die Weltmeere taucht, gehört zu den bekanntesten Werken Jules Vernes. Phantastische Abenteuer wie der Kampf mit einem Riesenkraken oder die Entdeckung des sagenhaften Atlantis machen diesen Roman nicht nur zu einem spannenden Lesevergnügen, sondern auch zu einer beliebten Vorlage für opulente Verfilmungen. Vor allem Walt Disneys Kinofassung mit James Mason und Kirk Douglas aus dem Jahr 1954 gehört längst zu den Klassikern des Abenteuerfilms.

Das gesamte Programm von Fischer Klassik
finden Sie unter:
www.fischer-klassik.de

Fischer Taschenbuch Verlag

fi 90070 / 1

Gottfried Keller

Der grüne Heinrich

Band 90122

Ein verspäteter Romantiker, der unbedingt Künstler werden will; einer, der vor lauter Sehnsucht und Ambition nicht die bürgerliche Kurve kriegt; ein ganz attraktiver Kerl zwar, aber einer, der sich nicht entscheiden und schon gar keine Verantwortung übernehmen will – nein, das ist nicht die Beschreibung eines Mittdreißigers der Generation Praktikum. Es ist die Hauptfigur aus Gottfried Kellers großem Roman ›Der grüne Heinrich‹. Der vorliegenden Ausgabe liegt nicht die »erwachsenere« Spätfassung, sondern die viel »grünere«, sprich: wildere Erstfassung aus dem Jahr 1854/55 zugrunde.

Das gesamte Programm von Fischer Klassik
finden Sie unter:
www.fischer-klassik.de

Fischer Taschenbuch Verlag

fi 90122 / 1

Johann Wolfgang Goethe
Italienische Reise
Band 90147

»Italiener sein, verflucht! / Ich hab' es oft und oft versucht / – es geht nicht.« Unsere ewige Italien-Sehnsucht, die der Dichter Robert Gernhardt in diesen Versen aufs Korn nimmt, fing nicht erst mit der »Toskana-Fraktion« an. Schon Johann Wolfgang Goethe trieb die Sehnsucht nach Freiheit und blühenden Zitronen aus Deutschland hinaus über die Alpen. Seine ›Italienische Reise‹ markiert nichts Geringeres als den Beginn der Weimarer Klassik und ist längst ein Klassiker der Reiseliteratur.

Das gesamte Programm von Fischer Klassik
finden Sie unter:
www.fischer-klassik.de

Fischer Taschenbuch Verlag

fi 90147 / 1

Jean Paul

Flegeljahre

Band 90094

Kann ein Mann so unerotisch, so ambitionslos sein? Walts Softie-Selbstgenügsamkeit bringt seinen pragmatischen Bruder zur Weißglut. Zu allem Überfluss liebt er auch die schöne Wina, sie aber steht auf Walt. Jean Paul parodiert frech-witzig das Genre des Bildungsromans, denn sein »fauler« Held hat nicht die Absicht, sich von fremden Erwartungen aus der Ruhe bringen zu lassen. Dennoch muss er einen Aufgabenparcours durchlaufen – so will es der testamentarisch letzte Streich des reichen Van der Kabel – und könnte am Ende Millionär werden.

Das gesamte Programm von Fischer Klassik
finden Sie unter:
www.fischer-klassik.de

Fischer Taschenbuch Verlag

fi 90094 / 1

Christoph Martin Wieland
Das große Lesebuch
Band 90089

Christoph Martin Wieland ist nicht nur ein großer Aufklärer und Vorläufer der Weimarer Klassik gewesen. Er ist über seinen Klassikerstatus hinaus auch ein Zeitgenosse des 21. Jahrhunderts, den es unbedingt wiederzuentdecken gilt: Seine menschenfreundliche Ironie, sein radikaler Kosmopolitismus mitten in der Provinz, seine atemberaubende Fähigkeit zum Dialog – alles das macht seine Prosa zu einem bis heute wirksamen Gegengift gegen jede Form des Fundamentalismus. ›Das große Lesebuch‹ bietet einen umfassenden Überblick über Wielands beeindruckendes Gesamtwerk.

Das gesamte Programm von Fischer Klassik
finden Sie unter:
www.fischer-klassik.de

Fischer Taschenbuch Verlag

fi 90089 / 1

Franz Kafka

Das Urteil

Die Verwandlung

Originalfassung

Band 90020

Normaler Versicherungsangestellter im Leben, hat Franz Kafka ein eigenwilliges Werk voll grotesker Begebenheiten hinterlassen: eine faszinierende Widersprüchlichkeit. Ein Angestellter verwandelt sich in einen Käfer, ein Sohn geht auf die rätselhafte Prophetie seines Vaters hin ins Wasser. Irrwitzig, rätselhaft, doch mit überzeugender Plausibilität erzählt Kafka vom Kampf des Menschen gegen eine verborgene Übermacht.

Das gesamte Programm von Fischer Klassik finden Sie unter:
www.fischer-klassik.de

Fischer Taschenbuch Verlag

fi 90020 / 1

Bram Stoker

Dracula

Band 90108

Fritz Murnaus ›Nosferatu‹, Roman Polanskis ›Tanz der Vampire‹ – neben Frankenstein zählt der Fürst der Finsternis zu den klassischen Helden des Horrorfilms. Grundlage aller Adaptionen und Varianten ist der berühmteste Vampirroman der Weltliteratur: Bram Stokers ›Dracula‹. Vom düsteren Karpatenschloss über den Pfahl, der dem Opfer ins Herz gerammt werden muss, bis hin zu Draculas Gegner, dem genialen Professor van Helsing: Stokers effektvoller Gruselroman, der hier in der Erstübersetzung vorgelegt wird, hat die Weichen für das gesamte Vampirgenre gestellt.

Das gesamte Programm von Fischer Klassik
finden Sie unter:
www.fischer-klassik.de

Fischer Taschenbuch Verlag

fi 90108 / 1